OLIVIER WEBER

LE GRAND FESTIN
DE L'ORIENT

ROBERT LAFFONT

© Éditions Robert Laffont, S.A., Paris, 2004
ISBN 2-221-09802-1

À mes enfants, Hugo et Julia

« L'Occident comme l'Orient
T'offrent à goûter des choses pures.
Laisse là les caprices, laisse l'écorce,
Assieds-toi au grand festin :
Tu ne voudrais pas, même en passant,
Dédaigner ce plat. »

Goethe, *Le Divan*

Venise

Au bout du corte Seconda del Milion, près d'un petit canal de Venise, se cache la Ca'Polo, la maison de Marco Polo, ou prétendument celle qui fut habitée par l'illustre voyageur de la route de la Soie, tant elle se niche dans un endroit que les Vénitiens ignorent bien souvent, à moins qu'ils ne feignent de l'ignorer, comme s'il n'était pas question qu'ils soient fiers de cet ancêtre. Pour apercevoir la demeure un peu oubliée, il convient d'emprunter le sotoportego del Milion, un boyau bordé par deux murs de vieilles briques ocre où il faut baisser la tête si on ne veut pas finir dans le prochain rio, assommé, puis frôler l'eau verdâtre qui s'invite jusque dans les rez-de-chaussée, et qui mouille les pieds des gens du cru. Là, au bout d'une minuscule place où il vaut mieux ne pas bousculer son voisin, on découvre une maison blanche, modeste, quelques étages plongeant dans les eaux sombres. La maison en fait a été rebâtie, et un humble écriteau daté de 1881 et qui fut scellé sur décret de la commune indique qu'« Ici s'érigeait la maison de Marco Polo qui a visité les régions les plus lointaines de l'Asie et les a décrites ». Pour les avoir décrites, Marco Polo les a décrites, et il en eut tout le loisir lors de son séjour dans les prisons génoises, au retour de sa route de la Soie, parcours chaotique qui le mena jusqu'à la cour de Kubilay. Bien qu'il souffrît de son séjour en geôle, non seulement en raison des privations mais aussi par sentiment d'injustice à son égard, lui qui ouvrit la voie fabuleuse de l'Orient, l'explorateur et commerçant

11

génois eut ainsi tout le temps de s'occuper de sa relation de voyage.

Son compagnon de cellule est un écrivain, Rusticello de Pise, hasard qui pousse le Vénitien à égrener le temps en couchant sur le papier tout ce qu'il lui reste de mémoire, de souvenirs, d'images, et il lui en reste, après vingt-cinq années de pérégrinations. Rusticello, qui n'est pas un mauvais bougre, en tout cas pas du genre à décourager son voisin pour des raisons de gros sous ou de querelles d'éditeur à Saint-Germain-des-Prés, cherche à obtenir le meilleur de Marco, le pousse dans ses retranchements, sollicite ses confessions, le titille au fond du noir cachot, et Marco Polo, dans son obscurité envahissante, parvient à voir la lumière, cette lueur qui nous fait ressusciter lorsque tout s'éteint, jusqu'au plus profond de soi. Ligne par ligne, page par page, naît ainsi *Le Devisement du monde*, livre fourre-tout, et c'est bien le moins que l'on espère de ce genre d'ouvrage censé résumer un quart de siècle de galères, d'espoirs, de vents maudits des steppes, d'attentes interminables dans les caravansérails alors que sévit le mauvais temps, des périls et des maraudeurs de petit et grand acabit. J'avais aimé le début de son livre, « Seigneurs, Empereurs et Rois, Ducs et Marquis, Comtes, Chevaliers et Bourgeois, et vous tous qui voulez connaître les différentes races d'hommes, et la variété des diverses régions du monde, et être informés de leurs us et coutumes, prenez donc ce livre et faites-le lire », prémices comminatoires et à la mesure du périple, mais les grands voyages commencent souvent par une convocation un peu cavalière.

C'est Cloé, illustratrice qui séjourna longtemps à Venise pour ses études d'architecture, l'un des meilleurs endroits pour cela dit-elle, qui m'a fait découvrir la maison de Marco, après avoir demandé son chemin à plusieurs Vénitiens qui ne semblaient pas du tout d'accord sur le quartier d'origine du marchand. Elle connaissait la Mongolie et rêvait comme moi de repartir vers la haute Asie, vers l'Afghanistan précisément, là où Marco Polo découvrit la « terre du sire des Tartares du Levant », qui jouxtait celle des Assassins. Dans son *Devisement du monde*, Marco Polo montre un certain penchant pour l'euphémisme, notamment quand il décrit la ville de Balkh, dans le Khorasan, au nord de l'actuel Afghanistan, comme une cité « vilainement endommagée » par les conquêtes des Barbares, expression qui signifie en fait que les Mongols ne se sont pas gênés pour raser la ville, couper les têtes, ériger des montagnes de crânes.

Avec sa voix douce, Cloé a parfois du mal à se faire entendre des Vénitiens, mais ceux-ci finissent par l'écouter, « ah oui, Marco Polo », se souviennent-ils en se grattant la tête ou en se plongeant dans une profonde méditation, et les visages s'éclairent lorsque l'on croit avoir trouvé la bonne réponse, oui, par là, après le petit pont, attention au canal, oui, un grand homme, on n'en fait plus des comme ça, mais vous savez, ici, on a fini un peu par le laisser tomber.

Avec ses pinceaux, ses aquarelles, son carton à dessins et ses petits carnets, Cloé ressemble à un Petit Poucet qui sèmerait des illustrations aux quatre coins du vent, à la fois pour se repérer dans un maelström d'images et pour mieux brouiller les pistes. Il faut une certaine dose de patience pour la suivre dans les rues de Venise, tant les haltes sont fréquentes, les arrêts-dessins, les pauses-portraits, ces portraits qu'elle garde ou lègue comme autant de souvenirs. Quand on lui suggère qu'elle pourrait vivre avec des croquis en guise de troc, des « tro-quis », elle relève la tête en riant : « Mais c'est déjà fait ! », et de rappeler les repas dans les restaurants qu'elle a réussi à s'offrir grâce à quelques menus dessinés à la hâte. Je me dis alors que de tels portraits représenteraient un bon viatique pour pénétrer en Afghanistan, arrondir les angles devant des gardes à la mine patibulaire et soudoyer un gabelou irascible. Devant la maison de Marco Polo transformée en théâtre discret, sur cette courette minuscule bordée par l'eau sale où le soleil ne s'invite que quelques heures par jour, il n'y a cependant rien à peindre. Et pourtant, tout devrait commencer là, dans cette antichambre de la route de la Soie, route de l'icône, de la lumière et de l'obscurantisme toujours renouvelé, cette antichambre qui résonne encore des pas du Vénitien.

En quittant le sotoportego del Milion, après avoir retraversé le pont Marco Polo, minuscule, seul legs de la Sérénissime à son illustre citoyen, Cloé m'a montré une double poignée de fer qui trône au coin d'un vieux mur. Et là, sous des voûtes semi-circulaires et à volutes qui rappellent l'influence byzantine, la vieille bataille entre Venise et Constantinople, je fus contraint de prononcer trois vœux, dont deux au moins resteront secrets par pur oubli, sûrement en raison du mauvais chianti du soir même, et dont le troisième consistait à me faciliter la tâche pour remonter la route de la Soie, qui débutait ici, près d'un pilier de bois en putréfaction au-delà de ces eaux verdâtres qui léchaient un mur rongé comme un visage fripé par trop de mauvaises nuits.

Dans la chambre du petit hôtel vénitien qui jouxte le Canal Grande, entre le palais Labia et l'église Santa Maria Degli Scalzi, éclairée par une lumière douce de fin du jour que tamisent les persiennes un peu vermoulues, je me plonge dans la lecture du *Livre du Dedans* de Roumi, le poète du XIIIe siècle qui avait illuminé l'esprit de Goethe quand il écrivit *Le Divan*. À vrai dire, bien qu'il soit le poète le plus lu aux États-Unis depuis une décennie et maître du soufisme, le *tasawwuf*, cette mystique qui est d'abord un chemin pour la révélation de l'âme, Djalaluddine Roumi n'est pas toujours accessible et il faut parfois quelques efforts pour comprendre ses métaphores et ses poèmes, ou au contraire pas d'efforts du tout, une sorte de léthargie, un demi-sommeil de début de soirée qui vous fait tournoyer sur les mots comme tournoient les derviches tourneurs, le mouvement que Roumi a fondé, afin de s'approprier le divin sur terre.

Fils d'un maître soufi, Roumi, qui aurait pu connaître Marco Polo, le croiser dans une quelconque escale du Levant, est né à Balkh, ou Bactres, qui a donné le nom de Bactriane, la contrée du nord de l'Afghanistan – « Je suis de cette ville qui est une ville infinie, / Et le chemin qui y mène est un chemin sans fin. » Sa famille décida de s'exiler alors que Djalaluddine Roumi était très jeune afin de fuir l'avancée des Mongols, et il finit sa vie à Konya, en Turquie, autre étape de la route de la Soie, sur la route de l'Occident. De même que Marco Polo, à la recherche, lui, des Mongols, se destinait à avancer sans cesse dans l'autre sens, on peut facilement imaginer que le poète aurait pu s'aventurer jusque dans le comptoir vénitien, comme d'autres marchands orientaux, afin de conjuguer un peu plus savoir, écriture et aventure, trois critères qui se trouvent dans le *Livre des Merveilles* du Vénitien, et dans le *Livre du Dedans* et autres récits de Roumi. Si ce dernier fascine tant, et de plus en plus en Occident (au point de rejoindre bientôt le mythe de Marco Polo), c'est en raison de la puissance de ses contes et poèmes mais aussi par l'évocation de son amour divin, sa manière de transcender le religieux, de rechercher la vérité par l'amour et le don de soi et de mettre à bas le grand malentendu entre les deux mondes.

Au lieu de rencontrer Marco Polo, Roumi rencontre Shams de Tabriz, un vagabond pétri de mysticisme qui l'impressionne grandement. À trente-sept ans, Roumi subit un choc profond, une illumination qui transforme sa vie – « Il est celui qui fait entrer la lumière dans le monde » – et ainsi le soufisme, cette dévotion en cours depuis déjà trois siècles, cette voie spirituelle de l'islam et qu'il va revigorer par ses poèmes, sa vision mystique et la danse mélangée avec les mots et avec Dieu. Le derviche Shams, qui vagabonde en hardes d'une ville à l'autre depuis son départ de Perse, égrène ses jours à expliquer aux gens qui l'hébergent la proximité de Dieu. Lorsqu'il voit Roumi à Konya, la capitale des Seldjoukides, il pose son balluchon, comprend que le moment est venu de s'installer et d'entreprendre une longue réflexion avec ce poète qui ne peut qu'approfondir son chemin spirituel, lui qui revendique le départ de sa ville natale non pour fuir les Mongols mais afin de ne plus « maintenir les apparences » et se rendre au pays des Grecs, pour se mêler à eux et « les conduire à la bonne doctrine ». Il est vrai que le père de Djalaluddine Roumi, Bahoddine Valad, surnommé pour son savoir Sultan al-Ulamâ, « le Sultan des savants », maître du soufisme, cet ascétisme mystique né au VIIe siècle en réaction au luxe ostentatoire des califes, cette intériorisation de l'islam, n'hésitait pas à fustiger les philosophes et les docteurs de la religion ou à leur reprocher leur manque de vertu, au point que ses diatribes parvinrent à

15

l'oreille du roi, par la bouche du maître en spiritualité du souverain, lequel aurait ordonné la disgrâce du philosophe. Bien lui en prit car à peine arrivé à Bagdad, le père de Djalaluddine découvre la terrible nouvelle : Gengis Khan a ordonné la destruction de la ville de Balkh, contrée des mystiques et des philosophes, piétinée par cinq cent mille hommes. Quand le voyageur arabe Ibn Battouta arpente les abords de la ville deux cents ans plus tard, elle n'offre encore au regard que cendres et désert.

Sur le chemin de l'exode, la famille de Roumi, qui n'a que quatre ans, s'arrête à Nichapour, siège de l'un des premiers courants mystiques de l'islam, la *malâmatiyya*, pour y rencontrer le poète Farid-od-din Attâr, auteur du *Langage des oiseaux*, lequel lance au père : « Bientôt ton fils mettra le feu aux brûlés de l'univers. » Avant de réaliser cette prédiction, c'est Roumi qui subit le rite du feu, consumé par la rencontre avec Shams de Tabriz. « J'étais cru, puis je fus cuit et enfin consumé », dit-il, foudroyé par le regard du vieux sage. Ils s'enferment tous deux et passent leurs jours et leurs nuits à parler de Dieu et de ses secrets. Dès lors amour divin et amour charnel semblent se confondre dans la poésie de Roumi. Quand Shams de Tabriz choisit de reprendre son bâton de pèlerin, poussé en cela par les foudres de la communauté des soufis, Roumi s'abandonne à une profonde tristesse qu'il inscrit sur des parchemins comme autant de larmes de mélancolie. La légende indique que Roumi se rend alors à la mosquée, appuie sa main au pilier et effectue une ronde lente afin de remercier Dieu de cette rencontre avec Shams de Tabriz, qui finit par revenir à Konya, après un exil à Damas, jusqu'à ce qu'il périsse sous les coups des fidèles de Roumi, ou qu'il disparaisse du décor, sans que nul ne connaisse sa fin véritable. C'est le début d'une immense douleur, mais Roumi s'aperçoit que ce qu'il cherchait en Shams n'est autre que ce qui se trouve en lui. La quête de Shams est en fait sa propre quête, et c'est ainsi que Roumi entra dans un profond mysticisme afin de lutter par l'amour contre un monde de pacotille.

Trieste

Trieste est une ville négligée qui doit sa décadence à son isolement, surtout après 1945, lorsque les Yougoslaves l'envahirent puis coupèrent ses voies de ravitaillement une décennie plus tard. Quand on descend la route en direction du port, qui fut si longtemps l'unique débouché maritime de l'empire autrichien, on ressent ce sentiment d'isolement, ce penchant à l'insularité, avec la mer pour ligne d'espoir. Devant leurs camions rangés côte à côte sur les quais déserts, des chauffeurs routiers grecs attendent le *Lefka Ori*, le prochain bateau pour Patras, ce qui laisse largement le temps à l'un d'entre eux, Constantin, qui ressemble à la fois à Mark Knopfler, le guitariste fondateur de Dire Straits, et à Imran Khan, l'ex-joueur vedette de cricket au Pakistan et play-boy des nuits londoniennes, de siroter sa bière et de négocier une cabine à bas prix, l'une des dernières, celles laissées aux camionneurs quand ils ne dorment pas sur le pont.

Le pont du *Lefka Ori*, justement, se révèle fort encombré, Grecs émigrés de retour au pays pour quelques semaines, Albanais qui ont laissé plusieurs Mercedes dans les soutes, Macédoniens détestant ces derniers et les regardant en chiens de faïence, Turcs qui se font discrets, de peur de déclencher une vendetta de cent ans, alors que Constantin, passablement éméché, mais qu'importe puisque le camion roule de lui-même à fond de cale, mille deux cents kilomètres sans tenir le volant, Constantin donc me souffle que tout cela, ces gesticulations, ces guerres qui ont sévi dans les Balkans, sur le flanc bâbord du bateau, ces cicatrices qui sont loin d'être refermées, « c'est de la faute des Turcs », ce à quoi je me permets de répondre en disant que les Turcs sont partis depuis longtemps, mais Constantin s'acharne, non, ils ont planté de la mauvaise graine, cela va encore durer, conversation qui aurait pu continuer pendant des heures et que Constantin abrège pour aller chercher un *doner kebab*, sandwich turc qu'il ne renie aucunement, et arrosé d'une nouvelle bière, ce qui vaut au camionneur de répondre parfaitement au roulis, avec même un penchant pour l'anticiper.

La route de la Soie, Constantin s'en moque comme de l'an 1824, date de la mort de lord Byron durant la lutte contre les Turcs, puis il se reprend, oui, cette route, je la fais tous les jours, je la prolonge, la Suisse, l'Allemagne, le Danemark, plus de soie mais du nylon, des pneus, de l'huile d'olive. Quand il apprend que je veux remonter la route dans l'autre sens, non pas jusqu'en Chine mais jusque dans les montagnes afghanes, il me regarde d'un air ahuri, et je ne sais si son air doit plus aux bières enfilées sous la canicule ou à un doute profond, « un rêve de camionneur fou, c'est sûr, mais tu ferais aussi bien de t'arrêter chez moi, près d'Athènes », lance-t-il dans un souffle rauque, effort suprême alors que la brise du soir se met à balayer le pont.

Devant nous, la côte dalmate étale ses petits ports, ses villages aux blanches maisons, peut-être la patrie d'origine de la famille Polo, noyée dans un nuage de couleurs chaudes où se découpent de petits voiliers qui semblent frôler une falaise, puis le tout disparaît dans le flou, un flou que précisément s'emploie à dépeindre Cloé, qui s'est embarquée elle aussi pour Patras à bord du *Lefka Ori*. Elle croque, esquisse, à côté d'un autre illustrateur, Bertand, remet à plus tard les contours précis et les nuances qu'elle se force à mémoriser, « le temps presse, jamais sinon je n'arriverai à tout peindre jusqu'à Ispahan ». À la proue du navire, au-delà des cordes de chanvre qui s'étalent sur le pont, épaisses comme des cuisses de marin, l'écume devient longue et généreuse.

Constantin peut s'estimer heureux car il a obtenu une couchette. Il n'en va pas de même pour maints passagers, les couchettes deuxième classe, les seules abordables, étant complètes. Il reste des bancs sur le pont arrière, quelques mètres carrés sur les coursives exposées au grand vent et au bruit des moteurs et un peu de moquette près des escaliers qui mènent aux étages inférieurs, endroit que je choisis après une première inspection au cours de laquelle les passants ne paraissent pas trop nombreux.

Il y a là Barmak, un Afghan réfugié en France qui rentre au pays voir ses parents et pour filmer une suite de documentaires sur la route de la Soie, après l'exil de la douleur, « de ceux qui restent loin de leur patrie, de ceux qu'abandonne la caravane » (Nezâmi, poète persan du XIIe siècle). Barmak est un être doux, qui sait à la fois se révéler prolixe et demeurer coi quand il le faut, devant un paysage ou après avoir évoqué ses souvenirs d'Afghanistan, bercail qu'il connaît mal puisqu'il l'a quitté voici deux décennies, à l'âge de quatorze ans, et qu'il a longtemps imaginé dans ses rêves grâce aux cadeaux de son père, des livres et recueils de poètes, de mystiques, de soufis, Hafiz, Attâr, Roumi et d'autres, tous vénérés par Victor Hugo. Le pays de son enfance devient imaginé, rêvé – « Pourquoi nous créons-nous des pays légendaires, s'ils doivent être l'exil de notre cœur ? » se demandait Aragon. S'il prend le chemin de son exil à rebours, lui, le poète, c'est pour répondre à l'appel de Bachelard : « Tous nos rêves d'enfant sont à reprendre pour qu'ils gagnent leur plein essor de poésie. » Il entend redécouvrir son pays, visiter chaque lieu, jouer au Huron dans son propre fief. Barmak compose un drôle de personnage, fait de tendresse et de raidissements, d'humour chaleureux et de cynisme, et sans doute lui en a-t-il fallu beaucoup pour survivre, de l'humour et du cynisme. La première fois d'ailleurs qu'il est rentré en Afghanistan, un mois et demi plus tôt, c'était pour filmer la tournée des Clowns sans frontières, une association de comiques censés dérider les patients sur leur lit d'hôpital. Barmak avait visité Kaboul avec eux et on l'imagine sans peine passer devant la caméra pour mimer, gesticuler, singer je ne sais quel moine-soldat devant une foule de malades en délire. Barmak a le rire dans le sang, et il sait que le rire est l'une des rares thérapies pour guérir l'Afghanistan de ses drames et de ses tragédies vécus jusqu'au plus profond de la chair.

 Barmak, qui partage avec moi un bout de moquette dans l'escalier de poupe, a cependant un défaut, la fâcheuse habitude de se relever pour se livrer à la figure du poirier, ça me calme les nerfs, le poirier, ça me fait descendre le sang dans la tête, c'est important, il est mieux là qu'ailleurs, le sang, et en plus je vois le monde à l'envers, à moins qu'il ne soit déjà à l'envers, ce qui fait alors que je le verrais à l'endroit, et Barmak, en short, les pieds vers le faux plafond peint en jaune, talons serrés, les orteils légèrement écartés, les doigts de la main en éventail sur la moquette, se laisse aller à sa méditation préférée, au milieu des passagers inquiets pour ce voyageur à tête renversée ou furieux de ne pouvoir circuler à leur guise, mais pour le plus grand bonheur des enfants qui voient descendre des poches du gourou à l'envers des pièces de monnaie en cascade.

 Barmak à l'envers n'en resterait pas là dans ses accès d'originalité s'il n'avait, revenu à la position debout, du moins la tête en haut, l'envie fréquente de jouer de la guimbarde, cet instrument de musique constitué d'une languette de métal que l'on fait vibrer avec l'index devant la bouche. À force de contorsions, de mimiques, de gestes penchés vers l'avant, Barmak à l'endroit parvient à produire des sons inimaginables, des cris du fond du poitrail, des onomatopées, des éructations, tant et si bien que mes voisins et moi finissons par croire qu'il s'agit d'un langage naturel, d'une sorte de dialecte inventé ici même, pour les besoins de la cause, une nostalgie passagère, avec des trémolos et des basses qui expriment à la fois les joies et les affres, pour ne pas dire l'appréhension, de l'exilé de retour au pays, là-bas, par-delà la mer Adriatique, les plateaux d'Asie Mineure et les déserts de Perse.

 Cette route, Barmak à l'envers n'est guère pressé de l'emprunter. Il compte prendre tout son temps, s'attarder à Istanbul, à l'endroit ou la tête renversée, errer de caravansérail en caravansérail, flâner dans les villages des routes de la Soie, visiter surtout les étapes de la vie du poète Roumi, Konya, en Anatolie, Kayseri, Nichapour en Iran et autres lieux plus ou moins oubliés de l'histoire, hormis des fidèles soufis de par le monde, et jusqu'aux États-Unis où le mystique est désormais vénéré. Ce qui fascine Barmak, c'est le degré de liberté absolu du soufi, fort de son symbolisme qui lui permet de s'éloigner du dogme, demande aux croyants de vénérer l'Au-delà davantage que la Pierre noire de La Mecque, porte l'amour dans son cœur et n'hésite pas à boire du vin ou se promener nu une fois atteint un degré élevé d'élévation de l'âme, histoire de se moquer des bigots et des sectaires. Et c'est ainsi que Barmak à l'envers livre sa propre définition de la voie mystique, entre une séance de tête en bas et une autre de guimbarde, un peu dégrisé du tangage et du roulis, à savoir que « le soufisme est l'alchimie de l'âme », laissant entendre que ce cheminement spirituel est proche de la pierre philosophale, réflexion que j'entendrai maintes fois sur la route de la Soie et celle de Roumi, ou encore que « le soufisme transforme le cuivre de l'âme en or ».

Quand il ressort sur le pont, la nuit tombée, par un vent à renverser tous les adeptes du poirier, Barmak, qui peut réciter par cœur de longs poèmes de Roumi, notamment ceux qui ont trait à la douleur de l'éloignement, ce qui correspond à sa propre douleur, celle de l'exil, apparaît plus confiant. Il regarde tantôt à bâbord les lueurs de la côte croate et tantôt à tribord le néant, le noir absolu, que transpercent de temps à autre les loupiotes d'un cargo ou d'un voilier, et cette pérégrination maritime, cette rêverie entre lumière et obscurité, moment hugolien « où l'on sent en soi quelque chose qui s'endort et quelque chose qui s'éveille », paraissent résumer aussi ce qui l'attend au bout de la longue route, un mélange de sombre et de clair, un flou ambiant qui ne laisse filtrer que peu de luminosité. Parfois, Barmak semble murmurer le cri d'Eluard : « Oh! vivre un moins terrible exil du ciel très tendre! »

Constantin, que j'observe au loin visiblement en train d'aborder une Scandinave en partance pour les îles grecques ou la côte turque, titube de plus en plus, sans que la gîte en soit responsable. Quand Barmak tangue, lui, c'est davantage dû à l'exercice prolongé de la tête renversée ou à un long morceau à la guimbarde, instrument qui exige sa dose de souffle sous les bourrasques tonnant sur le pont arrière. Il me dit aussi que de cet instrument, dont on ne sait plus s'il est à vent, à corde ou de percussion, surgit tout l'esprit du poète Roumi comme un bon vieux djinn d'une lampe à huile.

Mer Adriatique

Sur le pont du paquebot grec, il vaut mieux être sensible aux bruits, notamment au cri des cormorans, qui ont la fâcheuse habitude de vous traquer, surtout lorsque vous détenez en main un morceau de pain. C'est pour éviter une nouvelle attaque d'oiseau que je me réfugie dans la coursive du pont bâbord où je retrouve Barmak, à l'endroit, en train de faire ses gammes à la guimbarde. Quand je lui demande ce qu'il compte trouver au bout du chemin, par-delà les oasis et les montagnes d'Asie centrale, il se met à chanter doucement un couplet de sa composition, « Sur la route de soi », où il est davantage question d'accomplissement personnel et de cheminement que de négoce ou de retour au bercail. Et avec ses cheveux épais que décoiffe le vent, les yeux masqués par ses lunettes teintées, Barmak parvient si bien à se déhancher et à gesticuler pour souligner cette volonté de quête que je finis par l'accompagner, et tous les deux, tête penchée en avant, avec des mimiques, nous ressemblons à des vagabonds égarés sur l'Adriatique, la voix perdue dans le brouhaha des moteurs qui crachent leur fumée noire, avec quelques chauffeurs routiers grecs qui passent sans s'arrêter sur ce flanc du bateau en se demandant sûrement quelle mouche a bien pu piquer ces deux lascars dont l'un a fréquemment la tête en bas, tournée vers le plancher de Poséidon.

Cette remontée de la route de la Soie est un tracé sinueux, à regarder sur une carte les multiples ramifications de l'itinéraire emprunté pendant des siècles par les caravaniers. À croire que cette route se partage en autant de branches que les chemins du soufisme, dont Roumi donnait une définition par une parabole : un animal inconnu, un éléphant, est présenté à des malvoyants qui tâtent la peau et les membres. L'un, en palpant la trompe, déclare qu'il s'agit d'un tuyau ; le second, appuyé à la jambe, clame que c'est un pilier ; le troisième, caressant le dos, estime qu'il se trouve face à un trône. Ces personnages ont chacun une perception de la vérité en fonction de leur propre vérité, suggère Roumi, et il leur faut trouver le bon cheminement pour accéder à la connaissance.

Le tracé de la route de la Soie rappelle que l'Occident s'est défini ainsi, comme dans un miroir. Aller à la rencontre de l'Orient, chercher au tréfonds de l'Asie les multiples facettes de son image *a contrario*. Les croisades, dès la première, celle lancée par Urbain II en 1096 à Clermont-Ferrand, ont formé une première gangue qui a permis à l'Occident d'entrevoir ses contours, mais avec violence, dans le sang et la guerre, pour ne pas dire, souvent, le massacre. La route de la Soie, elle, forme sur les cartes une topographie plus douce, une alchimie de la rencontre moins brutale. Chargés des ballots de marchandises accumulés dans les caravansérails comme des trésors merveilleux, en valeur mais aussi en symboles, la litanie de négociants, d'envoyés, de plénipotentiaires d'Orient et d'Occident qui se croisent sur cette route participe au Grand Festin de Goethe, celui du mariage des genres et des goûts, une épiphanie de saveurs que le glaive n'avilit pas. Les marchands d'Occident achètent de la soie, mais aussi maints tissus, de la gaze de Gaza, de la mousseline de Mossoul, du baldaquin – *baldacco* en ancien italien – de Bagdad, du damas de Damas. Sur le chemin qu'emprunte Marco Polo, la fureur a laissé la place à une envie de dialogue, une fringale de découverte qui est d'abord celle de l'autre. L'Occident s'invente peu à peu une image tempérée, faite d'indulgence et de tolérance. Telle est la grande leçon de Goethe, distillée dans ses écrits depuis *Les Affinités électives* : s'adapter, sans renoncer à soi. Découvrir l'autre, sans concession aucune, sans bataille. Goethe, quand il écrit *Le Divan*, en voyage pour prendre les eaux, se trouve précisément à la lisière de son pays, sur le Rhin, en 1814 et 1815, quand pointe la paix dans un décor encore guerrier. *Le Divan*, qui vénère Hafiz, cité par Victor Hugo quelques années plus tard dans *Les Orientales*, et Roumi, est une poésie des frontières, la quête d'un dramaturge aux marges d'un vieux monde en remous, le voyage d'un vieil écrivain jouisseur qui pratique la philosophie du renoncement, comme Hafiz et Roumi justement, un lyrisme des confins qui prône à travers ses lignes l'espérance et le brassage des plaisirs. *Le Divan* est un périple dans l'Orient imaginaire qui n'est pas encore un orientalisme de pacotille, avec sa sagesse et sa capacité d'adaptation. Goethe a perçu à travers l'œuvre de ses aînés la finesse de la poésie persane, qui laisse loin derrière elle la pensée dichotomique, laquelle a émigré de la contrée des zoroastriens, précisément en Perse, vers l'Occident. Zoroastre, ou Zarathoustra, c'est le Bien contre le Mal, Ahura Mazda contre Ahriman. Goethe, c'est le bien avec le mal, pour le dépasser, au-delà même de la pensée nietzschéenne. Dans *Paix de l'âme chez le voyageur*, Goethe évoque la bassesse qui est puissance, s'affirme dans le Mal et dispose du Bien « selon son bon plaisir ». Il invite alors le voyageur à ne pas s'insurger contre cette fatalité, dans un élan qui n'aurait pas déplu à un sage oriental ou à Roumi, et à laisser tourner et poudroyer le tourbillon de sable de la petitesse. « Goethe : l'Orphée et l'Horace allemands réunis dans un même homme », s'exclamait Lamartine. Vers la fin de sa vie, Goethe est davantage Orphée qu'Horace, davantage poète que combattant, et voit dans le cheminement vers l'Orient le salut de l'Occident, sans que celui-ci perde pour autant son âme, au contraire.

La route de la Soie dessine ainsi le cordon ombilical de la compréhension, fondée sur une relation marchande et non pas conquérante. « Vous tous qui voulez connaître les différentes races d'hommes, et la variété des diverses régions du monde, et être informés de leurs us et coutumes... » écrivait Marco Polo, qui devinait l'importance de cette ouverture, cette trouée vers l'Orient, « quand on marche à la rencontre du vent-grec, du levant et de la tramontane ». Tracée avec les premières ambassades et les négociants envoyés par les Romains, à partir du

1er siècle avant notre ère, cette route fut aussi celle des échanges intellectuels et religieux, n'en déplaise à Sénèque qui voyait dans la soie « des vêtements de tissus dans lesquels il n'y a rien qui puisse protéger le corps, ni seulement la pudeur », tant et si bien qu'il s'étonnait d'un tel engouement pour ce commerce avec des êtres lointains, dans des pays qualifiés d'obscurs, « afin que, même à leurs amants, nos dames ne montrent pas plus d'elles-mêmes dans leur chambre qu'en public ».

Barmak se révèle de plus en plus passionné par cette route, à tel point qu'il en oublie sa posture matinale du poirier et sa guimbarde, bien que cet instrument lui permette aussi de se remémorer maintes étapes qu'il emprunta, notamment en Iran, dont il parle la langue, au cours de ses pérégrinations de réfugié, comme son frère Hamed a sillonné la région en commerçant de pierres précieuses, d'émeraudes et de lapis-lazulis, successeur à sa manière des antiques caravaniers. Le seul souci qu'il ait, bien que je ne le sache pas encore, c'est son viatique, un titre de voyage en guise de passeport pour réfugié. Je retrouverai Barmak à Istanbul, près d'un petit hôtel qui domine le Bosphore, dans le quartier de Sainte-Sophie, où j'apprendrai qu'il a oublié de demander le visa turc avant son départ de France, oubli qui l'a poussé finalement à glisser à la frontière grecque son titre de voyage dans une pile de passeports occidentaux, devant un policier turc qui, sans doute fatigué par sa journée, ou par sa nuit puisqu'il était bien tard, à moins que ce ne soit de voir gesticuler l'individu en face de lui, a laissé sans encombre le réfugié afghan pénétrer dans l'ancien Empire ottoman.

Tandis que Barmak gagne Istanbul tant bien que mal, je traverse la Grèce dans une sorte de cercueil roulant, un véhicule qui date de Mathusalem et qui semble rendre l'âme à chaque instant, délicatesse qui permet d'effectuer de nombreuses haltes et de faire connaissance avec les garagistes du cru. En revanche, ces incertitudes mécaniques m'empêchent de revoir le monastère de Ossios Loukas, de saint Luc le Stiriote, non loin de Delphes, sous le mont Parnasse, où j'avais pu séjourner lors d'une fête religieuse organisée par les moines orthodoxes. Du haut du monastère, on découvre toute la contrée, des montagnes abruptes et des champs couverts d'oliviers, à l'orée d'une plaine qui fut prétendument l'endroit où Œdipe tua le père et où désormais les fils de l'Église viennent retrouver Dieu. Ossios Loukas est le lieu magique où le mythe et la myrrhe s'allient, dans le sillage de Byzance. Aux abords de ce petit monastère aux pierres jaunes se devinent toutes les strates de l'histoire grecque. La geste antique d'abord, avec Thèbes au pied du couvent et le sang de son roi assassiné par l'héritier Œdipe qui, pris de remords, se creva les yeux – « sur cette colline, les héros ont travaillé pour les imaginations futures, y compris celle du docteur Freud. Épaminondas, Hercule, Œdipe ont vécu là », écrivait Julien Green. La montée du culte orthodoxe ensuite, avec ce bel ermitage érigé en l'an 950 sur les flancs de la montagne des Muses par Luc le Stiriote aux guérisons et prophéties légendaires, sous la bénédiction de l'impératrice Théophano depuis la lointaine Byzance. Puis les drames de l'occupation ottomane, longue de trois siècles, jusqu'en 1821, qui entraînèrent les paysans à léguer leurs terres aux higoumènes, les moines qui, de leur bastide aux grosses pierres, là-haut, tentaient de sauver ce qui restait de la nation grecque, la foi. Et la sainte messe aujourd'hui, la célébration une fois l'an du martyr Luc, les retrouvailles du peuple hellène avec lui-même et ce qu'il a de plus profond, de plus identitaire, l'orthodoxie.

Le moine qui m'avait guidé lors de mon séjour à Ossios Loukas sous la montagne et dans les oliveraies accrochées à la roche a la parole sage, pleine de tolérance, et pour un peu il passerait pour le chantre de Roumi à la fin de ses jours, de l'autre côté de la mer Égée, à Konya, « la ville des disciples, le lieu où l'on voit des esprits qui s'engendrent et s'enflamment » écrivait Barrès, la ville où étrangement les armoiries byzantines, déjà léguées par Rome, l'aigle impériale à deux têtes, furent conservées par les Turcs Seldjoukides et le sultan qui accueillit le mystique, comme pour signaler la continuité des empires. Barrès a eu le génie de visiter Konya car le souvenir de Roumi ne pouvait que s'inscrire dans le sens de son livre *Du sang, de la volupté et de la mort*, qui avait fasciné Aragon, et dans lequel il mêlait volupté et dévotion, et volupté *dans* la dévotion.

Le moine d'Ossios Loukas connaît-il l'existence du manuscrit que je recherche, celui de Roumi, qui est conservé à la bibliothèque de la mosquée d'Istanbul, celle de Fatih ? Il ne dit mot du poète mystique et de la bibliothèque de Constantinople, ville qu'il continue à considérer comme occupée par les Turcs, et ce depuis cinq siècles et demi. Mais plusieurs moines orthodoxes ont lu Roumi, soit par amour de la poésie, soit pour connaître davantage la pensée soufie, et même pour certains afin de mieux sonder « la puissance ennemie ». Et là, dans le monastère des hauteurs de la Phocide, non loin de l'enclave sacrée du sanctuaire de Delphes, on découvre, sans que les pythies y soient pour quelque chose, que le grand drame des orthodoxes est l'affaire qui a scellé le sort de Byzance, la quatrième croisade des Vénitiens destinée à faire mordre la poussière non pas aux infidèles mais aux hérétiques de Constantinople, au terme de laquelle la grande ville du Bosphore a été pillée, en 1204. Un sac qui laissera autant de drames dans la mémoire de la chrétienté d'Orient que le schisme de 1054, quand l'envoyé du pape déposa sur l'autel de Byzance une lettre excommuniant le patriarche de Constantinople, Michel Keroularios. Le lendemain, les évêques de Constantinople répliquent, jettent la lettre papale au feu, excommunient à leur tour le plénipotentiaire de Rome, le cardinal Humbert, et entérinent la brouille entre l'Église d'Orient et l'Église d'Occident. Le vieux monde est coupé en deux. Et l'hellénisme va migrer vers l'orient, en une sorte d'hellénisme asiatisé, pour dominer ce monde-là jusqu'à ce que les conquérants ottomans mettent Constantinople à genoux. Autant que les guerres contre les Turcs et les musulmans, l'expédition lancée par la Sérénissime en 1203 et 1204 a marqué les esprits du monde orthodoxe, et ce d'une manière indélébile, avait dit le moine, index levé, qui sirotait un bon vin rouge et dégustait un fromage de chèvre. Une traîtrise, une félonie, perpétrées contre le *basileus,* l'empereur de Constantinophe qui régnait en fait « sur tout le royaume des Grecs ».

Sur ma route vers Istanbul, j'échoue dans une ville de montagne, Metsovo, qui, à voir le nombre de pare-neige sur les routes et la hauteur des piquets de balisage pour les chasse-neige, doit être totalement isolée l'hiver, ce qui rend les habitants de ces lieux particulièrement réceptifs eux aussi à l'érémitisme. Quand Dimitri, le patron de l'auberge qui m'héberge pour une nuit et domine le ravin, apprend que je me rends à Constantinople pour tenter de retrouver un manuscrit, il me regarde avec des yeux circonspects et essaie de me dissuader de remonter cette piste, avant de me dire qu'il reste quatre mille orthodoxes sur les rives du Bosphore, surtout dans le quartier du Fanar, des compatriotes un peu perdus dans une ville de dix millions d'habitants, « plus peuplée à elle seule que la Grèce » ! Dans la petite chambre lambrissée comme un sauna suédois, aux épais doubles vitrages, devant une vallée magnifique traversée par un vent frais, à mille mètres d'altitude, je dispose les livres qui m'accompagnent dont un ouvrage assez gros sur Roumi qui représente son itinéraire, de Balkh dans l'actuel Afghanistan, jusqu'à Konya, en Turquie. Alors que Metsovo s'endort, perché sur ses hauteurs ventées, au-dessus d'une forêt de sapins, je relis le périple du penseur et poète soufi et je m'aperçois que sa route est à peu de chose près l'exact tracé de l'itinéraire de Marco Polo, mais à l'envers. Tant et si bien que cette route de la Soie que je tente d'emprunter jusqu'aux montagnes afghanes et peut-être Kaboul ressemble étrangement à une remontée du long voyage de Roumi. Si Marco Polo et Djalaluddine Roumi cherchent sans cesse à s'ouvrir à l'autre, à deviner l'émerveillement du monde, les deux hommes divergent cependant sur la méthode, puisque le second se recentre davantage sur lui-même et affirme sa quête par l'introspection, par la voie de la sagesse et de l'amour.

De tout cela, des ressemblances et des divergences entre le Vénitien et le soufi, Dimitri ne retire qu'une chose, c'est que son auberge de Metsovo se situe exactement à mi-distance de Venise et de Konya, les villes où sont enterrés Polo et Roumi, et qu'il suffit de tourner la tête vers l'Orient ou l'Occident pour saisir tout ce qui rapproche les deux hommes, et tout ce qui les oppose aussi. Avant de s'en retourner vers ses rares clients, le Grec murmure encore : « Après tout, vos deux hommes, ils auraient pu se rencontrer ici même, dans ce qui n'était pas encore mon hôtel. Je n'aurais pas manqué de poser une plaque, là, sur la terrasse qui ouvre sur la vallée. » Et je me dis que, oui, les deux hommes auraient peut-être pu se rencontrer, ici ou là, surtout qu'en recoupant les dates je m'aperçois que Marco Polo a dix-neuf ans lorsqu'il part sur la route de l'Orient, *via* Saint-Jean-d'Acre, avec son père Niccolo et son oncle Matteo, qui se sont déjà rendus à deux reprises à la cour du Grand Khan. Or Marco Polo a dix-neuf ans précisément en 1273, la dernière année de vie de Djalaluddine Roumi, lequel aurait sûrement été ravi de croiser son chemin avec celui d'un autre voyageur dans un port, une citadelle, une auberge où les Sarrasins et les Francs parvenaient encore à se parler.

Istanbul

Quand je retrouve Barmak à Istanbul, il n'est pas très frais. Non pas qu'il ait fait la nouba en cours de route ou qu'il ait exagéré sur la position du poirier, mais parce qu'il se rend compte que finalement, avec son titre de voyage, il est clandestin en Turquie, sans visa, puisque le préposé aux coups de tampon à la frontière a confondu son viatique avec un passeport européen. « Peut-être aurait-il mieux valu que j'attende en Grèce un visa... » soupire-t-il avant de se dire qu'il a au moins gagné quelques jours, sans savoir cependant à quelle sauce il sera mangé si la maréchaussée turque s'aperçoit de la bévue. Pour l'heure, Barmak se confond avec la foule des milliers de Stambouliotes, sans qu'il puisse rencontrer de compatriotes afghans, malgré la présence de gens de toutes sortes, de tous horizons, Ouzbeks et Kazakhs qui ont découvert des affinités avec les cousins d'Istanbul et qui rêvent d'une grande Turquie jusqu'à l'Himalaya, Russes qui à peine débarqués du paquebot d'Odessa se ruent vers le bazar pour leur petit négoce de vêtements et de cuirs, Caucasiens qui viennent grossir les faubourgs et s'installent dans des *gecekondu*, les bidonvilles bâtis à la hâte – littéralement « construits en une nuit ».

Le petit hôtel de la rue Adliye est situé à deux pas des murs de l'ancien palais des sultans et non loin du grand bazar où se rendent les Caucasiens et autres négociants en provenance de lointaines villes des steppes. Nombre de magasins affichent leurs étals en russe et la langue de Pouchkine sert à alpaguer hommes et femmes qui marchent, le pas pressé, à la recherche de babioles ou de fourrures. Parfois on croise des hommes aux yeux en amande, débarqués de Tachkent, avec des airs de conquérants des steppes, ou des femmes aux dents en or, qui sourient avant de cracher par terre pour mieux négocier. La Horde d'Or a laissé la place, au bout de cette route de la Soie, à une troupe de négociants habiles, saltimbanques de l'Orient qui parlent un sabir nouveau, mélange de russe, de turc, d'anglais, de persan, cette langue qui imprégna l'Ottoman des siècles durant. À défaut d'un empire de la Grande Turquie, à défaut de nouveaux janissaires envoyés par les descendants des sultans à la conquête de l'Est lointain, malgré les tentatives désespérées d'Enver Pacha après la chute de la Sublime Porte pour lever une armée afin d'assouvir son rêve impérial, les cousins d'Orient viennent porter leurs marchandises et en acheter d'autres pour prolonger ce territoire des songes. Ici, dans les ruelles d'Istanbul, ils ont oublié leurs différends pour mieux négocier. Point d'escarmouches entre Azéris et Arméniens, nulle querelle entre Ouzbeks et Tadjiks ou entre Géorgiens et Abkhazes, comme si les frères ennemis avaient choisi les commerces stambouliotes pour taire leurs vieilles haines, au sein d'une ville qui baigne toujours dans les souvenirs mêlés des Ottomans et des Byzantins.

Istanbul

À l'entrée du palais de Topkapi, dans le jardin qui jouxte le Musée archéologique, m'attend un historien, Edhem Eldem. Puisque je ne le connais pas, je dois arborer une feuille de papier avec son nom inscrit dessus, comme un responsable de tour organisé à la recherche de son groupe. J'imagine un homme proche de la retraite, penché à cause d'une sacoche débordant de livres, les cheveux rares, et je découvre un homme en baskets et jeans, les mains dans les poches, les cheveux crépus, qui frétille de l'envie de me montrer tous les charmes du sérail, ses histoires cachées, ses drames enfouis sous les ors et les apparats. Il connaît par cœur l'histoire de l'Empire ottoman, c'est sa passion, celle qui le pousse à étudier toujours davantage les textes anciens en ottoman, langue qu'il parle ainsi que beaucoup d'autres, afin de mieux percer la trame des origines, celle du peuple turc, venu de l'est avec un cortège de bonheurs et de grands malheurs.

Sur les remparts du sérail, à la pointe de ce qui fut la capitale du monde musulman, l'antre des commandeurs des croyants, la Lumière de l'universel, Edhem Eldem décrit longuement la victoire du premier des sultans d'Istanbul, Mehmed II, en 1453, sur la Constantinople des chrétiens. Mais ce qui le fascine avant tout, c'est comment ce formidable Empire byzantin fut fragilisé avec des murailles lézardées comme des vieilles poteries qui laisseraient filer toute l'eau des réservoirs. « Le drame vient de l'intérieur, dit-il. Une trahison... »

LE GRAND FESTIN DE L'ORIENT

La trahison, c'est un incroyable coup de poignard dans le dos, un coup porté au XIIIe siècle par le doge vénitien Dandolo qui détourna la quatrième croisade vers Constantinople. Le vieux doge est un manipulateur. Il n'attend qu'une chose, sortir de sa pourpre, damer le pion aux patriciens, leur montrer qu'il est tout sauf un souverain prisonnier de son palais, *Rex in purpura in Urbe captivus*, selon les anciennes chroniques que perpétue la légende, puis plus tard la poésie de Byron *(Marin Faliero)* et le mélodrame de Verdi *(I due Foscari)*. Enrico Dandolo sait que sa fin est proche et veut réaliser un acte grandiose, un geste qui le rapprocherait à la fois, puisqu'il ne veut pas perdre une miette de son précieux temps, de Dieu et des hommes, un projet fou qui, s'il réussissait, le placerait dans la filiation des Alexandre le Grand et Charlemagne, à savoir renverser l'Empire byzantin, rien de moins. À plus de quatre-vingts ans, il est quasiment aveugle mais entend bien voir encore d'un œil pour admirer Byzance, aux mains de ces chrétiens d'Orient, ces renégats, ces hérétiques qui ne valent guère mieux que les infidèles. Dandolo, qui est un homme malin, sait qu'il peut divertir facilement cette quatrième croisade de nobles barons impatients de partir outre-mer, avec gens de pied et marins, un jeu d'enfant même, et tant pis si les États latins de Jérusalem attendront des lustres encore les renforts tant désirés. Byzance, déjà imprégnée du souffle des déserts et des plateaux *via* la Perse des Sassanides, mais aussi enfantée par l'esprit grec, vaut tous les déroutements. Ce vieillard cacochyme de Dandolo est vraiment prêt à tout pour parvenir à ses fins, soumettre la ville félonne qui détient, dit-on, les deux tiers de la richesse du monde, et il veut même être enterré dans la basilique Sainte-Sophie, histoire de montrer que s'il s'embarque sur une nef de Venise ce n'est sûrement pas pour rentrer au bercail de sitôt, et sans doute jamais. Là où l'on retrouve la route de la Soie, dans cette histoire, c'est que la Sérénissime veut reconquérir son monopole du commerce entre l'Orient et l'Occident, monopole entravé par ces arnaqueurs de Byzantins, toujours prêts à vous couper l'herbe sous le pied et à vous rafler une cargaison, et ce jusqu'à Trébizonde sur le Pont-Euxin, la mer Noire, que le doge Dandolo se jure de transformer en mer rouge de sang si ces petits plaisantins ne cessent pas leur commerce sacrilège tout de suite.

L'ennui pour les Byzantins, c'est que Dandolo a des idées fixes, et, même s'il est complètement fou, ou peut-être à cause de cela, il est capable d'aller jusqu'au bout de sa folie, d'autant qu'il rêve de jouer un mauvais tour au pape Innocent III à Rome, lequel veut garder sa croisade pour lui tout seul. À ce jeu, Dandolo malgré son grand âge est le plus fort. Il redouble d'ingéniosité, demande le soutien des grand seigneurs de la croisade, Foulques de Neuilly, le comte de Champagne Thibaut et Geoffroi de Villehardouin. Quand tous ces cœurs purs, arrivés au seuil de la Sérénissime, demandent au doge une flotte de nefs pour les porter jusqu'en Égypte, Dandolo, plus retors que jamais, fait monter les prix, et les Francs n'ont pour autre solution que d'accepter les exigences du Vénitien : s'emparer de Constantinople.

Le doge n'a guère eu de mal à emporter le morceau. Il est convaincant, et les croisés sont endettés. Ces Grecs de Constantinople ne sont-ils pas prêts à s'allier avec le diable ? En 1162, l'empereur de Byzance Manuel a invité dans sa ville le sultan turc Kilidj Arslan II, une petite visite de deux semaines qui montre qu'à l'époque on ne lésinait pas sur l'hospitalité. Comme le *basileus* est un homme courtois, il ne tue pas son hôte, malgré quelques précédents sous les tentes des conquérants turcs, las de palabrer avec des plénipotentiaires byzantins. Le sultan Kilidj Arslan II est un homme des steppes qui admire les bijoux de l'empereur, dont le rubis plus gros qu'une pêche à son cou, insolent, ostentatoire, brillant à en pleurer, et le trône de saphirs et de perles. L'art de recevoir de l'empereur byzantin se révélant sans limites, les domestiques servent les repas du sultan dans des plats en or et argent, vaisselle que le sultan s'empresse de soutirer. Mais l'empereur ne s'offusque pas, il continue de bien recevoir, il offre à tire-larigot sa vaisselle, ordonne banquets et jeux au cirque, organise des tournois, des fêtes où l'on célèbre le fameux feu grégeois. Le sultan n'est pas en reste, offre le meilleur de lui-même, exige que ses sujets en fassent autant, et l'un d'eux, zélé, se persuade qu'il peut voler, revêt une cape qui regorge de poches, lesquelles sont supposées se remplir d'air, puis il monte sur une tour et se lance dans le vide pour se fracasser quelques mètres plus bas, avec des poches qui ne se sont pas gonflées. Le sultan s'avoue très déçu, non pas de la mort de l'homme mais de sa position de faiblesse face au grand empereur qui lui ne manque pas ses coups. Pour un peu, le Turc ordonnerait qu'on tue une deuxième fois son mauvais Icare, cet imbécile qui non seulement a raté son vol mais l'a humilié.

À cette ville-monde qui nargue le reste du monde, à cet empereur aux ors trop clinquants, le doge Dandolo promet donc de faire mordre la poussière. On peut le croire sur parole : quand le Vénitien promet la foudre, la foudre tonne, car il aime les excès, étant donné qu'il ne peut plus voir grand-chose, pas plus que sa main devant le visage, ainsi que l'a noté Villehardouin, ce qui ne l'empêche guère de redoubler de ruse face aux croisés, à tel point qu'il réussit à embobiner les nouveaux envoyés des châtelains divers, non, pas Byzance, ne vous inquiétez pas, c'est un trop gros morceau, et puis ce sont des frères chrétiens, mais Jérusalem, et le vieux doge parvient à obtenir de beaux paraphes au bas de ses parchemins. Après avoir dépouillé les croisés, jusqu'au marquis Boniface de Montferrat qui vide ses derniers coffres, après les avoir obligés à suivre sa ligne, le vieux doge malin porte le coup de grâce : ces fidèles en mal de conquête, reclus sur l'île du Lido dans l'attente du grand départ, il leur faut un chef, un vrai, fût-il malvoyant, car peu importe d'y voir, il faut disposer d'un trône, et convoiter une vraie couronne. Face aux caciques francs, réunis dans la basilique, Dandolo, habile et superbe, lance :

« Seigneurs, je suis un homme vieux et faible. Mais je vois que nul ne saurait vous gouverner mieux que moi, qui suis votre seigneur. Si vous vouliez accorder que je prisse le signe de la croix pour vous défendre et pour vous guider, et que mon fils restât à ma place et gardât le pays, j'irais vivre ou mourir avec vous. »

Villehardouin, qui nous livre cette scène, chroniqueur de la quatrième croisade pris de remords par ce sale boulot de faux croisé, écrit que le doge se leva ensuite, se signa devant l'autel en pleurant, puis se fit coudre la croix « sur un grand chapeau de coton parce qu'il voulait que les gens la vissent ».

Et c'est ainsi que la flotte de la quatrième croisade forte de quatre cent quatre-vingts vaisseaux quitte Venise pour conquérir d'abord Zara, sur la côte adriatique, premier test, histoire de se dégourdir les épées et de se faire excommunier par un pape furieux, puis pour se diriger vers la ville impie, aux mains de ces sacripants de Génois et de Pisans qui traitent mieux leurs juifs que les chrétiens latins.

Odon le Deuil, chroniqueur de la deuxième croisade dans les pas de Louis VII le Jeune, de 1147 à 1149, y va de son couplet anti-Byzance dans sa relation de voyage : « La ville est sale, dégoûtante, pleine d'ordures. Les maisons des riches débordent sur les rues qui sont abandonnées aux pauvres. Il s'y commet à la faveur des ténèbres des crimes et des scélératesses. En tout, cette ville dépasse la mesure. » Et comment la première ville du monde chrétien ne pourrait-elle pas dépasser la mesure, nombril de l'empire des croyants ? Non seulement elle dépasse la mesure, mais elle dépasse toutes les bornes. Ces mécréants de Byzantins ont même converti des Turcs pour ensuite les anoblir, tel Siyavuch qui, après avoir abjuré l'islam, est nommé duc d'Anchialos, ou ce prince seldjoukide qui est intronisé bras droit de l'empereur Jean II Comnène. Cela dit, l'islam se défend puisqu'à l'inverse le fils du même empereur byzantin se rend à Konya et se convertit à la religion de Mahomet. Autre hérésie, ces Constantinopolitains tentent de briser le lien séculaire entre philosophie et théologie, notamment sous l'influence de Jean l'Italien, qui enseigne le néoplatonisme et le discours de Plotin. Autant de raisons pour mater cette rébellion des âmes qui excite la passion des croisés, « sus aux hérétiques » et non plus « sus aux mahométans et à leurs mahomeries (mosquées) », excitation que Dandolo entretient de bon cœur.

Lorsqu'ils voient arriver l'immense flotte, les Byzantins sont d'abord surpris puis consternés : ces diables de Vénitiens viennent pour s'emparer de leur ville, et le premier siège, face à Galata, ne dure qu'un jour, le temps de prendre la tour de bois. La chaîne qui barre la Corne d'Or sur cinq cents mètres est rompue et les lourds anneaux s'enfoncent dans les eaux. La ville elle-même ne résiste guère et Dandolo lance ses troupes à l'assaut du palais de Blachernes sur la Corne d'Or qui, selon Benjamin de Tudèle, « surpassait par l'opulence et la beauté de sa structure toutes les demeures princières de la terre : la peinture d'histoire rehaussait l'éclat des colonnes du trône doré, enrichi de pierres précieuses ». Dandolo, de plus en plus malvoyant, ne distingue pas grand-chose depuis sa nef mais moins il semble voir, plus il pousse ses marins à l'assaut, « gonfanon de saint Marc par-devant lui », faute de quoi ils auront affaire à sa colère. Le drapeau vénitien parvient à terre et toute la troupe s'élance de peur d'être maudite à vie, ou occise, bien que ce ne soit pas pire pour un sujet du doge.

Avant que la ville ne soit dévastée, les Byzantins, seigneurs du monde pendant des siècles, dépositaires de Rome et d'Athènes, maîtres du négoce de l'étain, de l'or, du blé et du cuivre sur les routes de la Soie, mettent genou en terre. Leur empereur a fui. Il reste un ancien roitelet, Isaac Ange, pas très en forme, fatigué d'avoir trop régné, presque grabataire, que l'on remet sur le trône comme on place un vieillard sur une chaise. Dandolo, qui attend son tour, accepte. Les deux hommes ont de quoi s'entendre : tous les deux sont aveugles ou presque. L'absence de vision, cela crée des liens, et le Vénitien et le Byzantin s'entendent à merveille pour dépouiller les premiers faubourgs de Constantinople, sans voir la souffrance et les massacres dans le lieu que Strabon appelait « la ville en face des aveugles », du fait que les premiers résidents de Byzance, les Chalcédoniens, s'étaient trompés de rive et avaient choisi la côte la moins bien située. On imagine les deux malvoyants négocier à distance, voilà un peu d'or, regarde comme cela brille, et là un peu d'argent, à tel point que le fils du Byzantin, couronné à ses côtés, ordonne que l'on coule les objets du culte, même si le clergé crie au sacrilège. Mais leur successeur, Alexis Doukas, dit le Murzuphle en raison de ses sourcils épais qui forment une seule barre sur le front, refuse de payer la dot, bien que les Francs lui aient déjà ravi son icône, « si belle et si riche qu'on n'en vît jamais de si belle », écrit le chevalier Robert de Clari, et c'est la guerre. Dandolo, un peu las par tant de tracasseries, se déchaîne, neuf mois après l'arrivée des Vénitiens et des croisés dans le détroit du Bosphore. Quand les assaillants parviennent à pénétrer dans le cœur de la vieille ville, c'est le carnage, un abominable bain de sang – « Sang sacré du firmament, / Sang de la terre blessée », dit la *Chanson orientale* de Garcia Lorca. Le doge malvoyant n'a aucun complexe et ne redoute pas le Jugement dernier, après ce bain de sang.

Puis le doge, fier de sa prise, accorde un petit cadeau à ses troupes : trois jours et trois nuits de pillages, de viols, de brutalités inouïes. Tout y passe, et le butin est immense, rapporte Geoffroi de Villehardouin dans sa *Conquête de Constantinople*, l'or, l'argent, la vaisselle, les pierres précieuses, le satin, les vêtements de soie, les manteaux de vair, de gris et d'hermine, « et tous les objets de prix qui furent jamais trouvés sur terre », ce en quoi il oublie, en chroniqueur prude, les femmes et les jeunes filles, soucieux sans doute d'épargner au lecteur le récit des viols en série. Villehardouin lui-même semble s'en donner à cœur joie et ne sait plus où donner de la tête, et il y a de quoi car, avoue-t-il, « en conscience, depuis que le monde fut créé, il ne fut fait tant de butin en une ville ». La moitié est réservée aux Vénitiens, le reste aux chevaliers et seigneurs croisés. Quant aux simples soldats, ils n'ont pas grand-chose de réservé alors ils réservent et se servent eux-mêmes, fouillent les caches, déterrent les trésors, fracassent les murs pour dégotter les magots, quitte à couper des doigts au passage afin d'obtenir quelques confidences.

L'empereur byzantin aux gros sourcils, le Murzuphle, est rattrapé dans sa fuite, emmené en haut de la colonne de Théodose, d'où la vue est admirable, et précipité dans le vide après un dernier regard sur la ville en feu. Saccagées, profanées, les églises ne sont pas épargnées. On dirait que les croisés connaissent l'emplacement de chaque icône, chaque relique, et pour cause, puisque le roi latin de Jérusalem Amaury Ier, embarqué en l'an de grâce 1171 sur une flotte de dix galères pour quémander à Constantinople une aide contre les Sarrasins, eut la chance de contempler exceptionnellement tous les trésors de l'empereur byzantin, « les lieux où seuls les domestiques pouvaient pénétrer, les demeures consacrées aux usages les plus secrets, les basiliques inaccessibles aux plus vulgaires, les trésors et tout ce qu'il y a de plus désirable déposé par les ancêtres » selon le récit de Guillaume de Tyr dans son *Historia rerum in partibus transmarinis gestarum*, titre traduit plus commodément par *Chronique*. Tout défile devant les yeux du roi de Jérusalem, y compris les précieuses reliques que convoite Rome, la croix du Christ, les clous, la lance, l'éponge, le roseau, la couronne d'épines, le suaire et les sandales. L'inventaire qu'en dresse Guillaume de Tyr, dont le livre connut un grand succès quelques années après sa mort, servira de guide touristique aux pillards de Constantinople, une sorte de Guide bleu pour détrousseur de saint chemin. Les rares survivants l'eurent mauvaise car la fureur des assaillants était motivée en grande partie par ce que leurs prédécesseurs avaient vu lors des fabuleuses réceptions organisées par l'empereur.

« Ils fracassèrent les saintes images et jetèrent les reliques des martyrs dans des lieux que j'aurais honte de citer », écrit un témoin du sac de Constantinople, Nicétas Khoniatès. Pour humilier les vaincus, les croisés et soldats du Vénitien redoublent d'imagination, en oubliant la sainte croix cousue sur l'épaule, signe d'abstinence tant que la croisade ne sera pas achevée, se ruent sur les putains, en placent une sur le siège du patriarche, nue, jambes écartées, dansent de manière obscène dans les églises, et convoquent même des religieuses pour leur signifier sous la chaire vide que leur virginité a assez duré, virginité qu'elles perdent sur-le-champ. Tandis que les Francs pillent, détruisent, brûlent, les Vénitiens, eux, collectent, raflent tout ce qu'ils trouvent, envoient des cargaisons entières de richesses vers la Sérénissime dont les quatre chevaux de bronze qui trônent toujours en haut de Saint-Marc. Dandolo se frotte les mains, et même s'il refuse la couronne de Byzance afin d'éviter que les élus de Venise ne lui cherchent des poux dans la tête, il officie comme un empereur et peut mourir tranquille, sans prendre la peine de regagner sa ville natale. Avant d'expirer, il a pris soin de se proclamer « Seigneur d'un quart plus un demi-quart de l'Empire romain ». Alors que sa tombe de marbre blanc brille dans la basilique Sainte-Sophie, la ville agonise elle aussi, ruinée, brisée, comme si elle ne pouvait jamais se remettre de ce sac engendré par la ruse, la perfidie, la duplicité. Piliers de l'Église de Rome, les Francs remettent en selle le rite latin dans tous les lieux de culte chrétiens. Les Byzantins, contraints à l'exil ou réduits en quasi-servage, vouent aux gémonies ces Francs de Constantinople, arrogants, et qui ont la fâcheuse habitude non seulement d'exterminer, ce qu'on pourrait leur pardonner sur cette route barbare où la vie est une plaisanterie, mais aussi de convertir de force, et tout cela pour assouvir les ambitions de Venise, en rivalité avec Gênes, afin de mieux contrôler la route de la Soie.

Que cette heure soit la plus sombre de l'histoire de Byzance, Dandolo s'en moque comme de sa première nef. Il a son argent, puisque les Francs ont assez pillé pour le rembourser, et il ne peut voir la destruction des saintes images puisqu'il est aveugle. C'est un iconoclasme fort, compulsif, que les Vénitiens ont instauré afin de détruire le mythe de la rivale, et l'Empire latin remplace désormais l'Empire byzantin, avec une chaîne ininterrompue de ports et de comptoirs sous la coupe de Venise depuis la lagune jusqu'à Constantinople, au détriment des grands rivaux, les Génois. Le sac de Byzance et l'iconoclasme, que partageront longtemps musulmans et chrétiens sur cette route de la Soie, laisseront des traces profondes dans l'histoire et pour l'heure causent un immense chaos dans le monde. Mais qu'importe que les porteurs de la croix mettent en péril la chrétienté orientale. Le doge peut dormir tranquille. La route de la Soie, sa route, est à nouveau sous le contrôle de la Sérénissime.

Au XIVe siècle, Rome et les royaumes acquis au pape se bouchent les oreilles quand les Byzantins réclament de l'aide afin de contrer les Turcs menaçants. Malgré les appels au secours, l'Occident demeure sourd et muet devant l'avancée de l'Infidèle sur les terres de la chrétienté. Pourtant le pape Clément IV tente de ranimer l'esprit de la croisade en 1344, mais sans succès. Ni la sauvegarde de Jérusalem ni celle de Constantinople ne semblent plus intéresser les peuples d'Occident. Épisode peu connu de l'histoire des croisades, une nouvelle expédition tente cependant de desserrer l'étau turc à la fin du XIVe siècle. Les contingents sont faibles, quelques bataillons venus de France, de Hongrie et d'Allemagne, et cela ne suffit pas à repousser les infidèles, tout juste les croisés parviennent-ils à sauver Nicopolis, en 1396. C'est une expédition piteuse, une croisade avortée. Quand l'empereur de Constantinople, Manuel II, se déplace en personne pour obtenir l'assistance des peuples frères, tel un mendiant fébrile, clamant à la limite de l'apoplexie qu'il est « prêt à céder Constantinople à qui jurerait de la défendre », il ne reçoit que fins de non-recevoir.

Constantinople est humiliée et trahie.

Le slogan « Plutôt le turban que la mitre », en vogue depuis quelques années chez les Byzantins qui se mettent à préférer les Ottomans aux frères chrétiens, n'a jamais eu autant de valeur.

Depuis le sac de Constantinople, tribut des vainqueurs, Venise s'est mise à imiter sa rivale grâce au fabuleux trésor de guerre qu'accapare Dandolo. En retour, sous le règne latin, Constantinople se grime peu à peu en vassale vénitienne. Quand il débarque sur les rives du Bosphore, Théophile Gautier croit trouver le décorum fastueux des *Mille et Une Nuits* mais il ne rencontre que Venise, avec des colonnes qui surgissent du pavé à l'instar des piliers de la nef de Saint-Marc, des arcs de coupole qui s'évasent telle la sphère des cieux, des pendentifs qui écrivent des courbes géantes, comme si la Sérénissime avait voulu copier à tout prix, en miniature, la ville mythique des détroits.

Istanbul

À Istanbul se cache une bibliothèque peu connue, celle de Fatih, et guère fréquentée. Du petit hôtel où je réside, dans la minuscule rue Adliye qui se ferme sur un escalier plongeant vers la mer et où un camion par une manœuvre inexplicable a renversé tout son chargement de briques, écrasant deux voitures au grand dam des riverains, la mosquée est assez loin, et il faut traverser le bazar, île au milieu du trajet, ce qui est de bon augure pour voir ce qu'il reste des comptoirs de la soie, matière qui trouve toujours acheteur malgré la rude concurrence du nylon et autres tissus synthétiques. Dans ce maelström de tissus nuancés, on peut constater que le rouge demeure toujours prisé, sans doute pour rappeler que le pourpre longtemps dominait les autres couleurs dans la ville, en tout cas au temps de Byzance, pourpre que je retrouverai jusqu'au bout du chemin, dans les montagnes afghanes, avec la Ville Rouge, Shahr-i-Zohak, cette forteresse sculptée dans la roche, dévastée par les Mongols de Gengis Khan en 1221 et pillée aujourd'hui par les trafiquants d'art et leurs sbires locaux.
« La pourpre est le plus noble des suaires », proclamait un dicton byzantin, qui renvoie au mot de Goethe dans *Le Traité des couleurs* qualifiant le rouge de couleur apocalyptique. Quand Théodora, impératrice de Byzance, fille de montreur d'ours, ancienne actrice de mime, veut empêcher son époux Justinien de fuir, alors que la foule rassemblée dans l'hippodrome pour les courses de chars demande sa destitution, en 532,

elle lui lance cette phrase, tant et si bien qu'elle finit par ordonner à son empereur de mari de rester sur le trône. Procope, qui ne pouvait pas souffrir Théodora, qu'il traitait de prostituée et qu'il décrivait dans ses *Anecdota* comme une grande spécialiste des prouesses sexuelles de groupe, pour ne pas dire de parties carrées, lui reconnaît au moins le mérite d'avoir sauvé le sceptre, ce qui ne l'empêcha pas, toujours selon Procope, décidément bien renseigné, de s'adonner à nouveau à ses nuits raffinées. Ainsi Théodora, la catin devenue impératrice selon les uns, le symbole de la lutte féministe selon les autres, représente-t-elle déjà un mythe, très présent dans la tradition judéo-chrétienne, de la femme qui combat et qui gagne, soit par la poésie sentimentale comme Sapho, soit par la décapitation, telle Judith qui brandit la tête d'Holopherne.

La révolte de l'hippodrome, soigneusement préparée par les opposants de l'empereur, est encore une histoire de couleurs car la foule, divisée en deux camps, les Bleus et les Verts, ce qui correspond aux couleurs des deux clans de cochers, les premiers à tendance aristocratique et fidèles au dogme, les seconds plutôt issus du peuple et plus renégats, la foule donc a pour habitude de se chamailler et de crier « Nika, nika » à l'adresse de ses idoles, ce qui signifie « Gagne, gagne », une vieille querelle à Constantinople qui avait valu en son temps à la ville d'être brûlée, comme le rappelle Théophile Gautier. Mais ce jour-là, nulle différence entre les deux groupes de spectateurs, tout le monde s'unit contre l'empereur, Bleus et Verts mêlés, puis se lance dans les rues, met le feu à la préfecture, au Sénat, aux deux églises Sainte-Sophie et Sainte-Irène. Retranché dans son palais, inquiet devant ce mélange de couleurs qui n'est jamais très bon, Justinien prépare sa fuite quand Théodora intervient, lui parle du rouge byzantin, et cela suffit pour que l'empereur reprenne confiance, donne l'ordre de la répression à un jeune général de l'empire, Bélisaire, âgé de vingt ans et des poussières, qui exécute trente mille personnes un dimanche et se réinstalle sur son trône, brièvement occupé par un vieux neveu, Hypatios, incapable de régner, couard, tremblant de peur devant la foule, et exécuté finalement sur ordre de Théodora – ce qui laisse penser qu'une actrice qui est devenue célèbre davantage par ses courtisaneries que par son jeu théâtral peut être terriblement sanguinaire –, corps jeté à la mer, qu'il contribua à teinter de pourpre sur quelques mètres. Désormais, le pouvoir appartient *aussi* à Théodora, qui ne cesse de le rappeler à son époux et de réclamer la pourpre, c'est-à-dire un titre d'impératrice. Son cri, n'en déplaise à Procope, devenu le lieutenant de Bélisaire, a sauvé en fait toute la chrétienté, et rarement une seule phrase n'eut autant d'impact car Justinien rétabli sur son trône s'en alla guerroyer contre les Goths qui dévastaient l'Occident, en 532, au moment aussi où il ordonna la reconstruction de Sainte-Sophie, en plus grand, aux murs pourpres évidemment, campagne qui mena les Byzantins jusqu'à Rome, juste retour des choses pour ceux qui s'estiment dépositaires de l'ordre romain.

Quand Justinien rentre à Constantinople, Procope relève maintes frasques de Théodora, la garce, lui conteste le titre de « lumière qui brille au-dessus des hommes sages » et se déchaîne dans ses écrits, genre littéraire éloigné de sa rhétorique habituelle, de sa trilogie du divin, du surnaturel et de l'onirique, et redonne du souffle au genre du *psogos*, le désaveu tendancieux, tendance qui fut aux Byzantins l'équivalent de la presse à ragots d'aujourd'hui. Procope s'évertue tant à détruire le mythe de Théodora, la femme combattante qui ne serait en fait qu'une souillon, qu'il y parvient, notamment après quelques descriptions très précises de son anatomie. Mais le mythe de la pourpre, qui représente le sang, demeure intact.

L'empereur Justinien et son épouse Théodora ne craignent pas les séditieux, les petits comploteurs, les avides du pouvoir comme eux, mais redoutent les artistes et les peintres. Ils portent l'iconoclasme en eux, commandent quelques autodafés, menacent de jeter aux oubliettes les poètes. C'est une manie en Occident, au moment où le pape Grégoire le Grand, surnommé « le consul de Dieu », fait une flambée des beaux ouvrages de la bibliothèque Palatine. L'école d'Athènes est fermée, celle d'Alexandrie aussi, et poètes, philosophes et savants décident d'émigrer vers l'orient, à la recherche d'un autre festin. Le roi sassanide Chosroês les accueille à sa cour, en Perse. Ailleurs en

Orient, on reçoit avec les mêmes égards ces exilés de l'art, qui ouvrent des universités, des maisons de poésie, des écoles de géométrie, des ateliers d'architecture. Les émigrés enrichissent alors la pensée musulmane, qui se fera une joie de rendre la pareille à l'Occident, pour édulcorer le grand malentendu.

Justinien est cependant un malin. Il ferme les écoles de philosophie mais introduit le ver à soie à Constantinople, comme si l'empereur byzantin voulait briser la pensée pour mieux imposer le négoce. L'intolérance d'ailleurs pointe son nez dans l'enceinte de Byzance, avec un *basileus* qui réprime les chrétiens jugés hérétiques, les juifs et les païens. Une contradiction flagrante monte dans l'esprit de Byzance : née de l'esprit grec, qui engendra ici une relation de liberté avec Dieu, l'âme byzantine se contre elle-même par le poids des dogmes, la lourdeur de la bureaucratie impériale et toute despotique. Les ors trop appuyés empêchent la rêverie. L'art byzantin s'impose trop de frontières et pas assez de paysages. L'image se meurt de trop de pureté. La destruction des icônes est inscrite en germe dans le règne de Justinien. Le début de la décadence de Byzance aussi.

Quand il voit le jour en 958 dans le palais secret de Porphyra, Basile II est aussitôt classé prince porphyrogénète, « né dans la pourpre », en fait né dans le salon décoré de porphyre et de marbre rouge où les impératrices délivrent leur rejeton. Car « l'histoire, raconte Goethe, nous rapporte bien des choses sur la *convoitise* que les régents nourrissaient envers le pourpre. Un environnement de cette couleur est toujours solennel et somptueux ». Le prince porphyrogénète n'est cependant pas un demeuré comme nombre de princes. Il a de l'envergure, sait très vite qu'il est investi d'une mission, sauver l'Empire byzantin, rien de moins. Il va donner une victoire à Constantinople, la plus grande gloire depuis Justinien au VIe siècle : battre les Bulgares, et marier le pourpre au plus fort des iconoclasmes, l'aveuglement, au sens littéral, des hommes. Lorsqu'il lance en 1014 ses troupes sur l'ennemi, les soldats de Samuel, tsar de Bulgarie, l'*imperator* byzantin ordonne de ne faire aucun quartier. Les fantassins moulinent, sabrent, décapitent, puis capturent quatorze mille vaincus. Basile II, vieux célibataire sans maîtresse qui n'a épousé que sa ville, songe que sa puissance vient de l'iconoclasme, celui instauré trois siècles plus tôt par Léon III l'Isaurien qui ordonna la destruction de toutes les images saintes. En fait, Basile II est au-dessus de ça, il ne veut pas détruire d'images, d'ailleurs il n'y en a pas dans ce coin reculé, la haute vallée du Strymon. Alors il détruira les regards. « L'œil doit son existence à la lumière » disait Goethe. Dans le monde des croyants, on ne peut supprimer la lumière, tranche le *basileus*. Mais on peut tuer l'œil.

Il ordonne, campé devant la tente impériale dans ses bottes de pourpre, qu'on lui amène les prisonniers et qu'on leur crève les yeux afin qu'ils ne convoitent plus le rouge et n'admirent plus le bleu, « l'aumône bleue de ce ciel moribond » (Garcia Lorca). Ce qui est fait aussitôt, par des centaines de bourreaux, à la chaîne, avec des dagues, des épées, des couteaux, des ciseaux grossiers qui n'arrivent même plus à tailler les barbes, et quand les bras fatiguent, avec des clous, des outils, des pointes de métal qui s'enfoncent dans les regards terrifiés et déjà perdus vers l'infini du malheur, vers le royaume des sans-yeux. C'est un terrible tableau qui s'offre au regard des derniers voyants, un sur cent, soit cent quarante prisonniers, afin qu'ils rapportent la nouvelle au tsar Samuel. Puis les colonnes d'aveugles sont jetées dans la nature, en direction de la retraite du Bulgare, et c'est une longue armée de plaintifs, d'agonisants, qui se traînent, les orbites creuses comme des tombes, guidés par les épargnés. Basile II n'est plus porphyrogénète mais *Bulgaroktonos*, « le Tueur de Bulgares », le prince rouge devenu le bourreau des couleurs. Quand il voit débarquer la troupe, Samuel le Bulgare est frappé d'apoplexie et meurt deux jours plus tard. Telle est la leçon qu'offre au monde Byzance : plus cruel que la mort, le spectacle de la mort, drapée de pourpre.

Et plus dure que la destruction des images, le spectacle de la destruction des images.

Ce rapport de l'image à la mort hante encore les étapes de la route de la Soie, de l'adoration des fresques et des miniatures persanes à la destruction des idoles et des bouddhas de pierre.

Istanbul

La pourpre fut tellement associée à l'histoire de l'Empire byzantin qu'avant de mourir, sous les coups des Ottomans en 1453, après un long siège, Constantin, le dernier des empereurs, revêt ses bottes de la même couleur pour charger l'ennemi, une sorte d'attaque suicide sur la foule des Turcs, déjà en train de ferrailler dans les rues de la ville à l'agonie, et l'empereur, qui préfère cette charge héroïque à la fuite, se lance dans la bataille à l'endroit où elle est la plus féroce, sabre, mouline, coupe quelques têtes, perce des flancs de chevaux, taille des bras, puis lui-même, tel un soldat anonyme, débarrassé de ses domestiques, protovestiaires, lieutenants et généraux, sans insignes impériaux, chancelle, tombe sous le poids de l'adversaire, s'allonge parmi les milliers de corps byzantins, mercenaires ou autochtones, et meurt dans la masse des sans-vie, inondée par un ruisseau de sang. « Le carnage fut tel, écrit Chateaubriand dans son *Itinéraire de Paris à Jérusalem*, citant le moine Robert, que les cadavres mutilés étaient entraînés par les flots de sang jusque dans le parvis ; les mains et les bras coupés flottaient sur ce sang, et allaient s'unir à des corps auxquels ils n'avaient point appartenu. » Alors que les maisons sont pillées, les femmes violées par les fantassins mais aussi par les marins turcs, qui ne veulent pas perdre une miette du gâteau, les enfants empalés, Sainte-Sophie dévalisée pendant que les moins beaux des fidèles sont tués, les plus forts emmenés en captivité, et les prêtres, qui donnent leur dernière messe, massacrés sur l'autel, un soldat du sultan victorieux Mehmed II aperçoit des bottes pourpres. Ce sont celles de l'empereur, occis comme un misérable fantassin, lui le Constantin, onzième du nom et mort onze siècles après son idole, Constantin Ier, fondateur de Constantinople, la ville-phare devenue débauchée, royaume des brigands, que Théophile Gautier dans sa chronique quatre siècles plus tard ne tient même pas à défendre, quitte à exalter la victoire des Turcs, puisque, « comme toujours, la jeune barbarie l'emporta sur la civilisation décrépite ».

Le Grand Turc vainqueur n'a que vingt et un ans, l'âge de Bélisaire quand il sauva le trône byzantin. Sur ses épaules pèse la destinée de l'Empire, mais aussi de l'alliance des deux mondes, même si l'un est défunt. Mehmed II, c'est l'arche brisée des Ottomans qui se fond dans le cintre des basiliques, la courbe de Constantinople épousant la faïence de Perse, Byzance en cris qui devient Cryzance, pour mieux renaître. Héritier inconscient de la gloire de Byzance, il se dirige à cheval vers Sainte-Sophie, met pied à terre alors qu'on retire les cadavres, saisit une poignée de terre pour la jeter modestement sur son turban puis embrasse le sol. La pourpre, qui habille selon Goethe « la dignité de l'âge et la gentillesse de la jeunesse », n'est déjà plus la couleur de Constantinople, hormis les rigoles de sang. Il lui préfère le bleu ; le « néant attirant » de Goethe ; la couleur ignorée des Grecs, nous dit Nietzsche dans *Aurore*, car « leur œil était aveugle au bleu », malgré leur « sincère plaisir de la couleur » évoqué dans *Naissance de la tragédie* ; le bleu auquel l'œil des sociétés traditionnelles est tout aussi réticent, ainsi que celui des peuples anciens car point de traces de cette couleur dans les Veda, dans la Bible, dans *L'Iliade, L'Odyssée*, le Coran ; mais le bleu des origines quand même – « Rien n'est charmant comme le reflet colorant du bonheur sur le grenier. Nous avons tous ainsi dans notre passé un galetas bleu » (Victor Hugo) ; le bleu des mosquées seldjoukides ; celui de Hérat dont les artistes ont essaimé dans tout le Khorasan, berceau d'un mouvement soufi aux IXe et Xe siècles, puis dans tout le monde musulman, ou qui eux-mêmes proviennent des autres coins de l'empire des croyants. « Le regard du bleu / Jaillit de roches en ruine » dit Trakl, archétype du poète maudit.

Ce passage de couleur à la fin de Constantinople, la victoire du bleu d'Istanbul – « ses dômes bleus, pareils au ciel qui les colore » s'exclamait Hugo – sur le rouge pour laver la fureur – Aragon : « Ses tours perdent la couleur du sang répandu dans la douleur et la colère » –, n'est pas un épiphénomène. Il symbolise l'effacement d'une civilisation, même si les Ottomans respectent les coutumes des chrétiens, qui jouissent d'un statut de protégés. Goethe estime que « la couleur exerce, lorsqu'elle est seule, un effet spécifique (...). Cet effet touche directement la nature morale ». Le poète, dans son remarquable *Traité des couleurs*, rapporte une anecdote qui décrit le passage inverse, du bleu au rouge : « On raconte qu'un Français spirituel aurait dit que le ton de sa conversation avec madame avait changé depuis qu'elle avait modifié en cramoisi la couleur du meuble de son cabinet qui était bleu. » Le passage du rouge au bleu est davantage historique, preuve de maturité, et cela sied à Byzance, car si l'on en croit Goethe « le rouge est la première couleur que l'enfant apprend à distinguer, le bleu la dernière ». La maturation de Byzance, la prospérité que va offrir Mehmed II à une ville que même ses chroniqueurs chrétiens les plus patentés avaient fini par décrire comme décadente, pourrie, pustulente, grouillante de bandits et de putains, sera représentée dans le bleu, le bleu des céramiques des mosquées, le bleu des vaisselles, le bleu des porcelaines, le bleu des enluminures, qui se répandra non seulement dans tout l'Empire ottoman mais aussi dans les satrapies, les provinces vassales et les royaumes qui traitent avec la Sublime Porte, bref, un bleu qui irrigue maintes étapes de la route de la Soie. Le bleu et la soie vont se mélanger pendant des siècles, quitte à faire couler le sang, celui des infidèles, des brigands, des empêcheurs de commercer. La soierie s'impose peu à peu comme monnaie d'échange, et d'abord dans l'Empire ottoman. Le sultan accorde même une allocation en soie aux membres de la famille impériale, ainsi qu'aux vizirs, aux artisans, aux veneurs, aux espions. La garde-robe impériale devient une place de choix au sein de la cour, et son influence est essentielle. Nombre de messages passent par la couleur des costumes, la nuance de soie des uniformes. La garde-robe est plus qu'un instrument de l'apparat, un outil de pouvoir. Ancien

bostancibasi, jardinier en chef, du sultan, Süleiman Aga, dans son palais d'Edirne, compte en 1605 parmi ses effets de soie :
   des robes de satin,
   des uniformes de moiré,
   divers brocarts décorés de zibeline,
   des manteaux ornés de peau de lynx,
   des pelisses de soie surmontées de fourrure de loup,
   diverses parures,
   le tout au prix de douze mille akçe, soit trois fois le prix de ses esclaves les plus chers et deux fois celui de ses favorites les plus onéreuses.

Avec les Ottomans, l'arabesque va étendre ses courbes, poursuivant la quête des artistes d'Andalousie. Elle dérationalise un peu plus la pensée des Occidentaux, des roumis restés à Constantinople, avec ses élans, ses ondoiements, ses expressions de doute, de quiétude, de trouble et de mélancolie, cette révolte permanente de l'âme.

En retour, les Ottomans adoptent la courbe des basiliques, les transforment, les élèvent un peu plus vers le ciel, et les minarets sont comme des icônes qui expriment le mystère de l'infini.

Istanbul

Homme des steppes et des conquêtes, Mehmed II s'apprête à se lancer dans une autre petite révolution, qui va secouer tout le monde de l'Islam, consciemment et inconsciemment, celle de la représentation. Alors que l'interprétation du Coran à la lettre interdit l'image de l'homme, Mehmed II commande son portrait à deux peintres, sans altération aucune contrairement à la pratique, et les deux hommes, le Vénitien Bellini et le Turc Sinan Bey, s'exécutent. Si le vainqueur de Constantinople prend le soin de se faire tirer le portrait aussi délicatement, avec tant de vraisemblance, c'est qu'il veut donner le signal de la fin de cet iconoclasme trop strict. Les artistes suivent, ils s'en donnent à cœur joie, jouent au jeu de la ressemblance. Mehmed a gagné, une fois de plus. Il avait un empire, il lui fallait une ville, celle que mentionne le Coran avec cette nette allusion dans la sourate « L'aube » : « Une ville telle que jamais on n'en créa de semblable dans aucun pays... » Maintenant qu'il dispose de la ville, Mehmed le Conquérant peut disposer de l'image.

Constantinople est donc morte deux fois, dit Edhem Eldem, une fois trahie par la chrétienté d'Occident, en 1204, et une seconde fois avec la prise par les Turcs en 1453, dont les vaincus dirent qu'ils ne furent pas pires que les Vénitiens et les Francs deux siècles et demi plus tôt. « Plutôt le turban que la mitre » clamaient donc certains Byzantins, pressés d'en finir et de bannir la couleur pourpre, source de tant de malheurs. La chute de Constantinople restera un drame, un échec dans l'imaginaire chrétien, déjà culpabilisé par le sac de 1204. Une bataille, une seule, suffira à laver l'affront, celle de Lépante.

Le 7 octobre 1571, don Juan d'Autriche, à la tête d'une flotte de la Sainte Ligue, voit apparaître dans le golfe de Lépante, l'actuelle Naupacte en Grèce, la marine ennemie, celle des Turcs. Ceux-ci sont confiants car le sultan leur a donné toute latitude pour envoyer par le fond les infidèles, décidément intraitables puisqu'ils se mettent à contester la prise de Chypre et la toute-puissance du calife sur les mers depuis plus de trente ans. Sur sa nef, don Juan, lui, est sûr de sa victoire, surtout depuis qu'il a reçu les galons d'amiral après sa victoire contre les Maures de Grenade, ces Maures qui ont permis à l'Occident de renouer avec la philosophie et l'Antiquité grecques. Cette fois-ci, c'est le pape Pie V qui l'envoie au nom de la chrétienté et don Juan d'Autriche se sent aussitôt investi d'une importante mission, celle de mener une nouvelle croisade, la treizième. Il impressionne, sur le pont avant, cet amiral qui pose avec un pied en avant, comme pour une petite fente d'escrime, avec un regard chargé d'aura qui sait qu'il a non seulement la papauté derrière lui mais aussi Venise et l'Espagne, ce qui fait trente mille hommes embarqués. Battre les Turcs ici même, à Lépante, revient à leur coller une bonne raclée, humilier le sultan, et foncer ensuite sur Constantinople et même Jérusalem, pour débarrasser des terres chrétiennes ces conquérants des steppes qui ont poussé leurs chevaux un peu trop loin. À Lépante, c'est une incroyable armada qui se rassemble, une forêt de mâts, de voiles qui tanguent et répondent aux ordres, avec des marins gonflés à bloc depuis que le nonce apostolique les a bénis à l'embarquement de Messine un mois plus tôt.

Commandé par Muhsinzade Ali Pacha, qui consulte les chefs corsaires sur son bateau amiral, la *Sultana*, l'ennemi turc, lui, ne s'inquiète pas trop face à cette mer d'embarcations. Superbe face-à-face des deux flottes, qui fit écrire au seigneur vénitien Garzoni : « L'une et l'autre étaient terribles. » Mais l'audace du Turc va l'emporter sur la prudence. Sa mission est en fait presque impossible : il doit non seulement battre l'armada de don Juan mais aussi capturer les bateaux et emmener tout l'attirail jusqu'à la Corne d'Or, face au palais du sultan, qui n'attend que ça pour se frotter les mains devant le peuple. C'est la plus grande bataille navale du siècle, celle de la Croix contre le Croissant, qui commence par un coup de canon turc, puis une réplique des coalisés couvrant le tocsin et les tambours ottomans, et continue par des abordages. Les bateaux coulent de part et d'autre, le chef corsaire Pertau Pasha lance des noms d'oiseaux aux chrétiens afin d'encourager ses hommes mais don Juan d'Autriche, flanqué à bâbord et tribord par les escadrons du Vatican et de Venise, tient bon sous la bannière qui représente le Christ crucifié alors qu'en face Muhsinzade Ali Pacha se pavane sous le drapeau sacré de La Mecque brodé de versets du Coran. À tribord, le Turc se rassure en apercevant la nef de son cruel acolyte, le bey d'Alexandrie, connu sous le nom de Scirocco. Mais la bataille tourne mal, Scirocco ne ferraille pas très bien ce jour-là, il est vite débordé, et ses marins se réfugient à terre que poursuivent les Vénitiens afin de les égorger. Tandis que le corsaire Barbarigo reçoit une flèche dans l'œil, Scirocco est pris à son bord et décapité.

Bien que le tableau de Véronèse, *Allégorie de la bataille de Lépante*, accroché aux cimaises du palais des Doges, soit grandiose, où l'on voit que la chrétienté a reçu un ordre divin pour lancer la bataille, l'œuvre moins connue de Francesco Vincentino est nettement plus saisissante. On découvre sur son tableau dans le même palais, salle du Scrutin, une marée de rames à l'assaut, pointées des deux côtés, avec un énorme effet de perspective comme dans *La Bataille de Romano* d'Uccello à la galerie des Offices à Florence. Le choc dut être effroyable. La mitraille pleut comme un jour de déluge guerrier. Les deux vaisseaux amiraux, la *Real* et la *Sultana,* se livrent à un fabuleux duel, proue contre proue, et les navires sont tellement proches qu'ils s'abordent, le nez de la *Sultana* s'encastrant dans le gréement, et finissent par devenir inextricables, à la vie à la mort, avec des corps à corps épouvantables, arquebusiers chrétiens contre janissaires aux longs sabres, jusqu'au coup final, celui donné par don Juan d'Autriche, qui monte à bord du vaisseau adverse. En face, Ali Pacha vient de tomber sur le pont, une balle dans le front, et l'on attend un geste de gentilhomme de la part du vainqueur, qui a cette réputation. Mais don Juan d'Autriche n'est pas d'humeur : il ordonne qu'on décapite le vaincu et qu'on promène sa tête sur une pique à côté du drapeau de la chrétienté, un peu taché. L'Occident empourpré a gagné contre les Turcs, pour une fois, et la *Real* peut parader sur les eaux de la mer rougies de sang, sous le Christ crucifié et une tête sans turban qui ruisselle encore.

Par cette bataille, don Juan d'Autriche et au-delà toute la chrétienté croient avoir mis hors jeu le sultan d'Istanbul, à tel point que l'Europe entière fête la nouvelle. Venise réserve un accueil royal à la première embarcation qui apparaît à l'horizon avec salve de canon et ovation de la foule rassemblée sur la place Saint-Marc. On singe un équipage turc avec des étoffes récupérées dans une vieille voilure. Le roi de France Charles IX commande un *Te Deum* pour célébrer la bataille. Londres à son tour résonne des cloches de la victoire et le fils du roi James VI compose des milliers de vers de mirliton. Les peintres s'y mettent, suivis plus tard par le Titien, le Tintoret, Véronèse, ainsi que les troubadours, les danseurs, les bouffons pour évoquer le génie de l'Occident cristallisé dans la manœuvre de don Juan d'Autriche, qui a battu le méchant Turc, lequel ne relèvera jamais la tête.

Il n'en est rien, et la Sublime Porte, après quelques massacres de Vénitiens et d'Espagnols dans les marches de l'Empire, sur ordre du sultan Selim II qui est un peu triste, continue de s'étendre, sort des galères et des nefs par dizaines de ses chantiers navals de Galata et de Galipoli, reconstitue une flotte de deux cent cinquante navires, chasse les Espagnols de Tunis et reprend sa suprématie maritime. Mais en Occident, l'euphorie, ou plutôt l'illusion, ne diminue pas. Lépante devient un mythe, celui de la revanche de l'ancienne Constantinople, dont il faut reconnaître qu'elle vaut bien une légende. Elle continue encore d'être célébrée, par l'Église catholique, à travers la fête de Notre-Dame-du-Rosaire.

Tekfur Sarayi, Istanbul

De l'autre côté du bazar d'Istanbul, non loin de Tekfur Sarayi, l'ancien palais de Constantin, la mosquée de Fatih, dédiée au conquérant (*fatih* en turc) de la ville, Mehmed II, n'est guère hospitalière. Construite sur les ruines de l'église des Saints-Apôtres par un architecte grec converti à l'islam, l'édifice reprend et pour cause maints canons de la conception byzantine, dont les figures imposées par l'impératrice Théodora, jusqu'à ce qu'un terrible tremblement de terre, en 1765, mette à bas ces lourdeurs. La porte de la bibliothèque reste désespérément fermée, or c'est précisément dans cette bâtisse que je veux entrer pour retrouver le manuscrit de Djalaluddine Roumi, *Asrâr-ul-Djalâlîya*, « Les Secrets de Djalaluddine », l'un des rares encore existant, daté du 4 Ramadhan 751, soit l'an 1350 de notre ère, et qui comporte cent soixante-dix pages, manuscrit surnommé *Ha*, et qui est le second plus ancien, après celui qui porte le nom *Asl*, datant de 1316. Ce manuscrit a une histoire mystérieuse car son titre a changé pour passer à la postérité sous celui de *Livre de Fîhi-mâ-fîhi*, puis tout simplement de *Fîhi-mâ-fîhi*, titre extrait d'un quatrain du XIIIe siècle signé du fameux poète mystique soufi d'origine andalouse Ibn al-Arab et que les exégètes ont traduit par « Dans cela est ce qui est là » ou « Cela contient ce que cela contient », sans que l'on puisse expliquer pourquoi le vocable « Livre » a disparu, sans doute en raison d'un autodafé virtuel à une époque où les écrits du maître n'étaient pas bien vus.

L'accès à la bibliothèque Fatih se révèle très compliqué et les tractations en cours, *via* un écrivain d'Istanbul et un ancien diplomate, n'aboutissent pas, tant et si bien que le manuscrit prend une aura encore plus mystérieuse. Nul ne sait qui l'a écrit, mais le livre a sans doute été recopié sur un manuscrit conservé par Roumi dans son couvent de Konya, et il y a une forte chance pour que ce fût de la main de son fils, Sultan Valad, son confident et successeur. Devant les grilles de la bibliothèque, on ne constate aucune trace de dévotion, de présence particulière de soufi à la recherche du Grand Maître. Je me dis que le voyage sur la route de la Soie, qui est aussi la route du soufisme et de Roumi, à rebours, commence là, devant cette porte fermée, avec un bibliothécaire un peu fruste qui ne veut rien entendre.

Assis sur les murailles de l'ancien sérail, Edhem Eldem, les cheveux drus légèrement décoiffés par le vent du Bosphore, n'est pas étonné de cette nouvelle, car les manuscrits, en dehors du fait qu'ils s'avèrent précieux, cachent souvent des précisions dans leurs lignes, des indications sur l'état d'esprit du scribe ou de son maître, des ratures enfiévrées, des petites censures, une calligraphie plus ou moins généreuse, qui trahissent l'humeur du moment. Alors que défilent des classes entières de jeunes Turcs, dont des filles qui arborent un foulard islamique, quitte à être en délicatesse avec leurs instituteurs, Edhem, penché vers le détroit, au-dessus de cet immense boulevard du bord de mer qui mène à une place que fréquentent le soir les prostituées venues des anciennes provinces de l'Empire ottoman, Bosniaques, Roumaines, Criméennes, Géorgiennes, Bulgares, Edhem donc devise sur le sort de l'image de Roumi, « surexploitée côté turc pour évoquer un universalisme anatolien », comme si un culte des images avait remplacé l'iconoclasme d'antan. Tout cela, dit l'historien, un peu tourneboulé par le spectacle lumineux et tumultueux des visiteurs turcs de l'endroit, procède d'une nostalgie de l'Empire ottoman, une nostalgie néolibérale des Osman, une sorte d'« Osman-gie » comme Berlin est en proie à une Ostalgie, ces réminiscences du vieux temps de l'Allemagne de l'Est. Une réinvention dangereuse pour Edhem qui estime qu'il n'est jamais bon d'occulter le passé, comme l'a fait Mustafa Kemal, dit Kemal Atatürk, le Père de tous les Turcs et fondateur de la République moderne en 1923, qui sabra le clergé musulman, imposa par le glaive la laïcité et gomma l'ascendance islamo-turque de l'empire, sur les ruines duquel il avait bâti la Turquie, occultation qui ne pouvait mener qu'à une résurgence sans nuances.

De cette réapparition du passé, un maître soufi, Kudsi, émule de Roumi, me parlera longuement à Istanbul, comme pour dire que le péril se situe là, dans cet effacement volontaire de la mémoire, effacement qu'il a retrouvé dans l'Iran du Chah mais aussi dans l'émirat des talibans en Afghanistan, où l'iconoclasme, la destruction des images, des statues, et même des poupées, a conduit à la perte de l'âme du peuple afghan. Edhem ne connaît pas mon ami soufi d'Istanbul, qui en fait vit la majeure partie de son temps rue de Babylone à Paris, mais il semble d'accord avec lui. En fait, ce qui irrite Edhem, c'est une sorte de nostalgie occidentalisante qui se cache derrière tout ce tintouin, encouragée par le régime turc, une manière de réinventer le cosmopolitisme, notamment celui du XIXe siècle, invention destinée surtout à une bourgeoisie bien-pensante qui manifeste son désir de s'intégrer à l'Europe. Le seul côté positif qu'Edhem, décidément très en verve, voit dans cette nostalgie réside dans une exaltation du multiculturalisme, à l'heure où le Vieux Monde s'enferme sur lui-même, qui a pour effet de contrer l'islamisation de la Turquie par une sorte de nouvelle modernité. L'ennui, c'est que nombre d'islamistes vantent eux aussi les mérites de l'*ottomanisme,* pour magnifier les racines des Turcs voire glorifier une nouvelle conquête religieuse, par l'orient, vers les fiefs des cousins des steppes.

À ce moment-là, Edhem choisit de m'emmener à l'autre bout de l'ancien palais des sultans, au-delà du Bagdat Köskü, le Kiosque de Bagdad, pour me montrer la Corne d'Or. Les sultans ottomans avaient une fâcheuse habitude de faire choir les têtes, soit en raison de caprices, soit pour des broutilles, soit pour répondre aux invectives de leurs janissaires, qui en avaient après tel ou tel, de sorte que lorsqu'un ministre ou un grand vizir venaient à franchir la porte du sérail, l'*ortokapi*, c'était quelquefois pour trouver un bourreau muni d'une hache de l'autre côté, et là nul discours, la simple vue de la hache suffisait pour comprendre son destin. Méfiants, les sultans, qui craignaient souvent que la hache ne se retourne contre eux, choisissaient parfois leurs grands vizirs parmi le corps des recrues chrétiennes. Cette habitude d'occire, y compris au sein des fratries des sultans, provient de l'Empire byzantin, un héritage que ne contestent pas les Ottomans, sans doute parce que Constantinople-Istanbul ne put être gouvernée que par le garrot et le billot afin d'éviter les complots, les coups d'État, les diverses manœuvres plus ou moins réussies, encore que cela n'empêchât point maintes liquidations, tant du côté byzantin que du côté ottoman. Beyazit Ier avait même réussi à instaurer la coutume du fratricide, qui devint une loi, vilaine manie familiale consistant pour chaque sultan nouvellement intronisé à éliminer ses cadets de manière à tuer dans l'œuf, si l'on peut dire, toute velléité conspiratrice et à préserver la couronne, pratique qui n'incitait guère les valides sultanes, les reines mères, à procréer, face à des galopins incorrigibles qui lorsqu'on leur demande gentiment : « Dis-moi, futur sultan, tu veux un petit frère pour jouer ? », s'empressent de répondre : « Oui, pour lui couper la tête. »

Cependant, malgré ce frein au repeuplement des palais impériaux, cela finissait parfois par représenter beaucoup de monde, et jusqu'à vingt-six frères, belles-sœurs et favorites enceintes à éliminer pour Mehmed III, à la fin du XVIe siècle, les uns étranglés, les autres enfermés dans un sac et jetés dans le Bosphore, sous l'œil du sultan qui n'y allait pas avec le dos de la cuiller et n'hésita pas plus tard à occire son propre fils, qui commençait à trop s'émanciper et à vouloir commander à tout prix les armées d'Anatolie. Istanbul reprend la tradition byzantine et la pousse plus loin, reléguant les intrigues florentines au rang de galéjade.

Il faut dire que Mehmed III, un peu trop sous la coupe de sa mère, la sultane Valide Baffo, d'origine vénitienne, qui le fournissait allégrement en concubines afin qu'il ne s'éloigne pas trop du sérail, avait de quoi se méfier, avec un père, le sultan Murat III, qui redoutait la mort et la pressentait même, au point de sortir dans le jardin la nuit de son assassinat afin d'éviter les sbires, averti par le cri d'une favorite et une subite crampe d'estomac. Dans la nuit étoilée, Murat III ordonna alors que ses musiciens jouent un air mélancolique, « Viens et monte la garde auprès de moi, ô Mort », et la mort vint monter la garde avec tant de zèle que le lendemain elle emporta le sultan.

Pointe du Sérail, Istanbul

Dans ce passé ottoman, qui marie douceur, amour des arts et violence officielle, la société turque d'aujourd'hui puise tout ce qu'elle peut, dit Edhem Eldem, soit une référence à l'islamisme, soit le nationalisme, soit encore la tolérance et la pluralité. De la même manière, l'État récupère les mouvements soufis, dont celui des derviches tourneurs, pour les transformer en une culture asservie au régime turc. « Nous sommes à une époque où le derviche, symbole de mystère errant à la face du monde, va devenir un simple vagabond, comme dans les pays civilisés », s'inquiète dans les années vingt John Dos Passos, en route pour son *Orient-Express*. Sur la terrasse qui domine le parc du sérail et non loin de la Salle de la Circoncision, dont la vue rappelle que Lamartine n'avait pas tort, qui s'exclamait : « Ce peuple a placé le palais de ses maîtres sur le penchant de la plus belle colline qu'il y ait dans son empire et peut-être dans le monde entier », Edhem montre les hauteurs de Pera, l'ancien quartier chrétien, en face, de l'autre côté de la Corne d'Or, là où les derviches ont leur *tekké*, leur couvent. « Avant, au temps de l'Empire, les derviches et les soufis étaient intégrés, ils étaient fonctionnaires, envoyés du sultan dans les provinces, enseignants. Maintenant, ils ne font plus que du folklore, comme figés dans le temps. Le mysticisme a survécu en Afghanistan, malgré les années de guerre et de disette. Ici, il est complètement déphasé... »

Si Edhem peste contre cette folklorisation du soufisme, c'est parce que cela ressemble à un immense gâchis, « vous vous rendez compte, nous, les Turcs, on aurait pu trouver une place entre l'islam politique et le kémalisme, la tradition laïque républicaine, on aurait pu réinventer le mysticisme pour contrer toutes les dérives, et, au lieu de cela, on en fait une couche de vernis. Dommage... » Alors qu'il déambule dans les jardins du sérail, Edhem ne cesse de dévisager les visiteurs, des paysans anatoliens en famille, des Stambouliotes en goguette, des amants qui semblent connaître le chemin du jardin aux cyprès, des militaires sans doute revenus des confins et d'une rébellion matée, comme au temps des janissaires, des enfants débarqués d'un autocar provincial qui mangent une glace à toute vitesse, et cela forme un empire, l'empire des peuples rassemblés au sérail, dans une ville qui demeure la ville-monde, où le soufisme, plus qu'une confrérie, est d'abord une identité.

Pendant ce temps, Barmak se lance dans le tour d'Istanbul. Cela fait longtemps qu'il n'a pas revu cette étape sur la route de la Soie, « la route de soi » comme il le chante à tue-tête, avec son petit magnétophone dans la poche de sa chemise, sur lequel il a enregistré une musique de sa composition. Ce goût pour la musique, ce penchant pour la gesticulation alors qu'il marche dans les rues d'Istanbul, le font ressembler à un enfant de la balle à la recherche de sa troupe, comparaison qu'il apprécie d'autant plus que sa troupe est étiolée sur toute la route, de Maisons-Alfort où il réside jusqu'à Kaboul et même au-delà, d'où cette propension à se précipiter vers sa ville natale dès qu'il a entendu que des comiques s'y rendaient afin de tenter de déclencher quelques fous rires. En fait, Barmak cache une mélancolie, celle de l'exilé, celle du perpétuel voyageur, et cette mélancolie ne peut trouver sa thérapie que dans le cheminement, surtout s'il l'entraîne sur la route de Roumi.

Dans une petite rue du quartier de la mosquée Sultanahmet, Okay, qui accueille Barmak, dirige une galerie d'art et a pour amis de nombreux soufis. Okay est un personnage jovial, aux yeux un peu exorbités, à la parole vive, et qui ressemble à Al Pacino, à tel point qu'on finit par l'appeler Al Okay, à la différence près qu'Okay présente un gros grain de beauté sur la joue, de sorte que si Barmak et moi venions à croiser, sait-on jamais, l'acteur de *Scarface* dans les rues d'Istanbul, nous saurions illico le différencier de notre ami.

Dans sa galerie d'art, au troisième étage d'une petite maison où sont entreposées de nombreuses gravures de derviches tourneurs, Okay détaille à la nuit tombante les poses du soufisme, les manières de cérémonie, surtout celle du *sama*, la danse rituelle lorsque les adeptes de Maulana, c'est-à-dire Djalaluddine Roumi, tournent en rond pour mieux approcher Dieu par un oratorio spirituel. Barmak, qui s'évertue à décortiquer des graines de tournesol sur la placette en contrebas, nous rejoint et regarde une à une les gravures, les reproductions, les dessins qui abondent dans la petite galerie comme s'il s'agissait d'autant de bijoux. Je vois bien que tous ces mouvements, ces gestes décomposés, suscitent chez Barmak une danse intérieure, et pour un peu il serait prêt à se déhancher devant Okay et son employée, à effectuer quelques pas de gigue ou un *sama*, ballet cosmique de la confrérie, histoire de montrer que tout cela est inné en lui, et qu'en tout cas il a grandi en Afghanistan, du moins jusqu'à l'âge de quatorze ans, avec les poèmes de Roumi en tête, poèmes qu'il s'est évertué pendant toutes ces années d'exil à mettre en musique, un exil suscitant une sorte de nostalgie du lendemain comme la *Sehnsucht* des romantiques allemands, avec la musique comme véhicule, et la flûte en particulier, ainsi que le rappelait Roumi dans son poème *La Plainte de la flûte* : « Je veux un cœur déchiré par la séparation afin de lui révéler la souffrance de la mélancolie, car tout être qui reste éloigné de son bercail recherche le moment où il le rejoindra. » García Lorca lui renvoie la balle dans *Livre de poèmes* : « L'ombre de mon âme ! / J'ai atteint la ligne où cesse / La nostalgie, / Où se fige la goutte des larmes. »

Tandis que nous nous retrouvons au restaurant du coin, sur la place des Citernes, citernes byzantines dont la plupart des visiteurs turcs ignorent l'existence, selon Edhem, tant la référence à Byzance est gommée, je ne peux m'empêcher de songer à nouveau à la mort magnifiée par les sultans ottomans, comme s'il s'agissait d'une plaie collant au corps de la ville-monde, un héritage d'empire en empire depuis les Byzantins, qui ont instauré une sorte de tribut : gouverner cette ville sainte et maudite à la fois exige d'abord de décapiter. Une dramaturgie qui puise ses fondements dans les origines des souverains qu'ils revendiquaient comme extraordinaires, voire quasi divines, papes orientaux pour les uns, commandeurs des croyants pour les autres, à croire que le Bosphore avait une propension éternelle à réunir le sabre et le goupillon, qu'il soit papauté ou califat. La mort, c'est celle de Bajazet, fils rebelle de Soliman le Magnifique, le sultan poète qui n'hésite pas à expédier son rejeton dans l'autre monde. La mort, c'est cette supplique du fils au sultan que j'ai trouvée dans un livre de Soliman acheté au bazar des bouquinistes, première arcade à gauche, au-delà du petit escalier, non loin des échoppes tenues par des islamistes, une supplique pour demander le pardon : « Si un mortel, vassal d'Allah, est coupable, que peut-on faire, dit le proverbe. Accorde donc ton pardon à Bajazet pour sa faute, ne condamne pas ce vassal à mourir. Allah sait, mon Sultan, ma Majesté, mon Père, que je n'ai pas commis de péché. » Magnanime, le sultan accorde un poème à son fils et donc le pardon, « Admettons que tes deux mains soient tachées de sang, ce qui est vrai. Tu nous demandes notre pardon, que nous t'accordons, que pouvons-nous dire de plus ? » Soliman, qui a la manie des beaux cachets et des signatures emphatiques, tel son fameux *tugra,* qui semble porter autant de déclinaisons que la ville aux mille noms, « Le Souverain Süleyman, fils du Seigneur Selim, le Toujours Victorieux », n'écrit pas très vite et le poème tarde, ainsi que les facteurs, peu pressés d'emporter la lettre et pour cause, puisque les ennemis du fils désirent sa mort, stratagème qui marche puisque Bajazet finit par être étranglé. Soliman le Magnifique s'en offusque-t-il ? Pas le moins du monde, trop occupé par ses hobbies, les femmes, les horloges et l'astrologie. Il s'en remet alors aux astres et poursuit sa tâche de poète puis aime quelque courtisane afin de retrouver la force d'engendrer une nouvelle progéniture tandis que ses calligraphies dessinent des arabesques entremêlées comme autant d'offrandes éternelles au ciel étoilé.

POINTE DU SÉRAIL, ISTANBUL

Les turqueries naissantes en Occident s'inspirent grandement de cette manie d'assassiner, et Voltaire n'a guère à forcer le trait lorsqu'il écrit dans *Candide* : « Pendant cette conversation, la nouvelle s'était répandue qu'on venait d'étrangler à Constantinople deux vizirs du banc et le muphti, et qu'on avait empalé plusieurs de leurs amis. » Quand il rédige *Bajazet* et note dans sa première préface : « Quoique le sujet de cette tragédie ne soit encore dans aucune histoire imprimée, il est pourtant très véritable », Racine s'inspire du récit que lui en fit le chevalier de Nantouillet, qui lui-même le tint du comte de Crécy, ambassadeur de France à Istanbul lors de la mort de Bajazet.

Cavus Sokak, Istanbul

Dans la taverne qui se situe à l'angle de sa rue, la Cavus Sokak, Okay ne décolère pas contre la paranoïa des Européens qui voient de l'extrémisme partout en Turquie, alors qu'il ne s'y trouve que tolérance, même, jure-t-il, chez les islamistes au pouvoir, qui ne sont en rien des radicaux. Alors que la patronne du restaurant, une blonde fardée et ivre, attablée seule devant une bouteille de rouge, tente au moins dix fois de nous inviter à ses côtés, Okay poursuit de plus belle et clame dur comme fer que tout cela est jalousie de l'Occident, qui aurait bien aimé conserver sa Constantinople chrétienne, ce que semble approuver la blondasse avinée qui met de plus en plus d'empressement à nous inviter à sa table, mouvement jugé non nécessaire par Okay, sans doute parce que la bouteille est déjà pratiquement vide. Okay est somme toute un personnage assez éclectique car il défend à la fois les islamistes et les soufis, réunissant deux rives opposées comme un pont jeté sur le Bosphore. En fait, ce qu'il veut dire, c'est que tout cela, islamistes qui ne sont pas des islamistes mais des musulmans démocrates, soufis soumis au folklore, derviches que l'on dépoussière une fois l'an pour les offrir en pâture aux touristes, rappelle d'abord la grandeur du passé ottoman et lui en rêve, de cette grandeur, car elle relève non seulement de la tolérance mais aussi du cosmopolitisme. La grandeur du passé, c'est ce qui intéresse la patronne, à voir les efforts qu'elle déploie pour renouveler son invitation que nous finissons par accepter à moitié, histoire d'avoir la paix et de discuter sans se déplacer, de table à table, discussion qui porte essentiellement sur l'âge glorieux de la blondasse, de plus en plus penchée vers sa bouteille. Okay ne s'en offusque guère, dit qu'il a l'habitude et que cette patronne mériterait de figurer au chapitre des records d'alcoolémie du *Guinness Book*, quoique, en ce domaine, avoue-t-il, lui qui vient de finir son troisième raki, règne une sérieuse concurrence dans les rues d'Istanbul.

La patronne est en fait autant portée sur elle-même que sur la dive bouteille, ce que l'on peut trouver normal dans une ville qui fut le nombril du monde, et on devine à ses gestes secs, ses ordres cassants, qu'elle ne doit pas être drôle tous les jours avec le petit personnel. Des soufis, elle s'en moque allégrement, mais en revanche devient nostalgique quand mon ami évoque la route de la Soie, qui est accessoirement l'itinéraire de Roumi, car ce fut le bon vieux temps, beaucoup d'argent, dit-elle, a été gagné dans les caravansérails, avec toutes ces caravanes qui pullulaient sur le chemin, quand les bandits ne les pillaient pas, et cela représentait beaucoup de royalties, surtout en Cappadoce, au temps des Seldjoukides, nos ancêtres, et même au temps des Séleucides, d'autres ancêtres, on en a eu beaucoup, du XIe au XIIIe siècle. Et puis brusquement le son est coupé, la patronne qui chancelle sur sa chaise perd sa voix, elle demande un raki à son serveur qui s'exécute sur-le-champ, malgré le haussement de sourcils de mon voisin, et nous préférons battre en retraite, nous replier sur notre table, avec Okay rappelant que le vin avait beau être chanté par Omar Khayyam et Roumi, être vanté par les soufis, l'ivresse des poètes avait tout de même quelques limites.

Le palais des anciens sultans ottomans présente une collection remarquable que s'empresse de montrer Edhem, celle des porcelaines de la cour, chinoises, persanes, de diverses origines, et même afghanes, collection qui s'arrête au XVIIIe siècle pour céder la place à des porcelaines de Sèvres et des cristaux de Bohême, « la preuve que les sultans commencèrent à ce moment-là à s'occidentaliser et à singer l'Occident ». Si on pousse la visite un peu plus loin, la collection de vêtements révèle une autre dimension que l'on peut superposer à la collection de porcelaines et cristaux. Les uniformes, tissus et habits divers des sultans exposés s'accordent avec la magnificence de l'Empire ottoman, avec un crescendo jusqu'au règne de Soliman le Magnifique, un maintien des belles soieries ensuite, vêtements brodés, pièces d'or incrustées, divers apparats d'argent et de pierres précieuses, jusqu'à ce que brusquement, au moment où l'empire s'occidentalise, la qualité se mette à décliner, pour finir, alors que l'empire est déjà « l'homme malade de l'Europe », en vêtements de bure, voire en sacs de pommes de terre, de sorte que le sultan ainsi habillé devait ressembler à un misérable mendiant. En déambulant devant les vitrines, on peut lire toute l'histoire de l'empire, son ascension et son déclin. Cette correspondance entre la politique et la mode, on la retrouve avec l'iconoclasme, dans la mesure où le culte des images participait de l'essor de l'empire, avec quelques nuances. Ainsi Soliman le Magnifique, orfèvre à ses heures sous le pseudonyme de Muhibbi, nom qui signifie l'ami aimé, magnifiait-il les images, les peintures, les enluminures, afin d'enrichir le cœur de ses sujets et aussi d'honorer la mémoire d'un autre roi et poète qui porte son nom, Salomon, car si l'on en croit Nerval, « pour oublier la reine (de Saba) et donner le change à sa fatale passion, Soliman fit chercher partout des femmes étrangères qu'il épousa selon des rites impies et qui l'initièrent au culte idolâtre des images ». Soliman le Magnifique, lui, est furieux contre son meilleur ami, Ibrahim Pacha, ancien esclave chrétien qu'il a élevé au rang de Grand Vizir avant d'ordonner qu'on le garrotte pour d'obscures raisons, et certainement pour avoir courtisé la femme du sultan, Roxelane, laquelle a inspiré maints de ses poèmes. En ce sens se rapprochent les deux couples les plus emblématiques des deux empires, le byzantin avec Théodora et Justinien, et l'ottoman avec Soliman et Roxelane. Constantinople et Istanbul se confondent encore, dans le drame, la passion et le règne absolu. Dès lors, Soliman s'enferme avec ses images, écrit de nouveaux poèmes de haute solitude, et s'en va guerroyer aux portes de la Hongrie pour n'en plus revenir.

Bosphore

Barmak dévore la ville comme un spectateur affamé, un voyageur égaré dans un immense caravansérail qui renfermerait tous les trésors de l'Orient, une cité écartelée entre ses deux continents qu'un fragile pont ne parvient pas à réunir, une couche de chrétienté par-ci, une couche d'islam par-là, des strates qui resurgissent comme des torrents cachés par la roche, des croyants de tous bords qui cherchent les racines de leur foi dans des cimetières aux herbes hautes et aux inscriptions effacées. Un Turc d'origine grecque espère qu'un jour son quartier entier, le Phanar, soit à nouveau chrétien et que Sainte-Sophie soit rendue aux prêtres, tandis qu'un jeune Stambouliote, militant du parti islamiste AKP, rêve les yeux grands ouverts au retour de l'ancienne basilique, aujourd'hui transformée en musée, en mosquée, et que de rouge elle devienne bleue, comme la mosquée voisine du même nom. Étrangement, il est vrai, Sainte-Sophie est toujours restée rouge, comme pour donner raison à Goethe, qui s'exclamait que « l'histoire nous rapporte bien des choses sur la convoitise que les régents nourrissaient envers le pourpre », à tel point qu'il estime que « telle devrait être la teinte épandue sur la terre et le ciel au jour du Jugement dernier ».
Quand Okay-Al Pacino propose de nous emmener le soir même de l'autre côté du Bosphore, par le *feribot*, voir des derviches, Barmak dit oui aussitôt, fébrile déjà à l'idée de contempler un *dhikr*, une séance de méditation. Mais dès que nous

empruntons à la nuit tombée l'avenue qui descend devant Bab-i-Ali, la Sublime Porte, en marbre blanc, qui ouvrait jadis sur les palais impériaux et qui donna son nom à tout l'empire, Okay-Al Pacino prend un air mystérieux, se retourne sans cesse, surtout ne le dites pas, il faut garder l'adresse secrète, et il baisse la tête, comme pour ne pas être aperçu, penché vers l'inconnu obscur et humide qui monte du Bosphore, relevant tout juste le nez devant un magasin de vêtements à l'enseigne en russe duquel déboulent deux blondes nanties de gros sacs qui débordent de fourrures. Sur les quais de la Corne d'Or, près du pont de Galata où les pêcheurs s'apprêtent à plier leur gaule, Okay jette encore un dernier coup d'œil derrière lui, prend les billets du *feribot* et nous invite à monter sur la passerelle pour grimper à bord, juste avant que l'embarcation ne largue les amarres. Sur le banc du pont arrière, protégé des embruns par un toit de bois, un vendeur de pistaches juvénile rentre chez lui tandis qu'une marchande de stylos en foulard compte sa cagnotte et les trésors qu'il lui reste, des feutres de Chine et des porte-plumes d'Iran, qu'elle revend à la sauvette avec une marge maigre comme un minaret ottoman et qu'elle veut refourguer à Okay-Al Pacino, qui finit par la repousser gentiment. Il est en forme, semble plus serein, évoque le souvenir de Roumi, ce qu'il reste de ses préceptes, de ses mots d'amour, de ses appels à la tolérance tandis que retentissent les appels du muezzin de la mosquée voisine. Il clame aussi que la compréhension de l'autre et la largeur d'esprit sont plus que jamais nécessaires en Turquie et d'ailleurs sur toutes les étapes de la route de la Soie, route qu'empruntent aussi les détaillants et grossistes de stylos chinois. Pendant que Barmak joue de la guimbarde dans la brise humide, face à deux filles voilées, Okay-Al Pacino rayonne et évoque ce qui est pour lui deux vérités, à savoir : 1) que nous flottons entre deux mondes, entre deux continents, l'Europe et l'Asie, et donc qu'il n'y a pas de meilleur endroit que ce bateau à ce moment précis, sur les eaux noires, fût-ce fouetté par les embruns, pour parler de l'Occident et de l'Orient, lui qui est un peu des deux, engendré par une mère originaire de Yougoslavie et un père d'Anatolie, mélange expliquant pourquoi il se sent très bien au mitan du Bosphore, à équidistance des deux rives de cette cité-détroit qui est une ville magique ; 2) que Roumi est lui aussi suspendu entre plusieurs mondes, sans que l'on doive préciser son origine exacte, car il est né non pas dans un village mais dans le cœur des gens, ce qui est pratique, convenons-en, pour lui donner une quelconque nationalité.

Au fur et à mesure que le ferry s'éloigne des quais et de la Corne d'Or, cinglant en direction de la rive asiatique et du couvent mystérieux, Okay-Al Pacino devient de plus en plus prolixe, fustigeant la vieille Europe qui finit là, à quelques centaines de mètres, pour sa paranoïa et sa propension à exagérer les faits, qualité qui pourrait aussi s'appliquer à mon interlocuteur au-dessus d'un certain nombre de verres de raki. Car la vieille Europe, dit-il, mélange un peu tout ça, les minarets, les traditions turques, les racines ottomanes pour brandir un peu vite le spectre de l'islamisme, ce qui n'a pas lieu d'être. Alors qu'un passager, un peu éméché lui aussi, se met à vomir, avec la délicatesse de se pencher par-dessus bord, Okay-Al Pacino repart de plus belle, sûrement dopé par la guimbarde de Barmak qui d'ailleurs ne s'entend pas beaucoup en raison du souffle du vent et des bruits du moteur. Les lampadaires illuminent les ponts de la Corne d'Or et la tour de Pera apparaît plus solitaire que jamais, comme un donjon de guet à la veille d'un siège. Sur le Bosphore glisse une kyrielle d'embarcations qui fendent le sillage de deux cargos, tel un défi à l'art du pilotage. Et puis la vérité d'Istanbul apparaît soudainement, dans ces gerbes d'écume et le brouillard des embruns. Le charme insondable de la ville, c'est peut-être cela, cette superposition de mémoires et de peuples qui s'entassent de Bebek à Kadikoy, jetés aussi sur le pont du bateau. Une sorte de mélange inouï et éblouissant entre l'ancienne Rome, Athènes et Bagdad, un concentré aussi de toutes les étapes de la route de la Soie, avec un orgueil, si l'on s'en tient aux seuls propos d'Okay-Al Pacino, grand comme trois empires.

Tandis que le bateau accoste en Asie et que l'homme qui vomit s'est calmé, dessoûlé sans doute par la traversée et le vent frais, Okay-Al Pacino me saisit par le bras et nous jette dans un taxi pour grimper vers les hauteurs d'Üskudar à la recherche du *tekké* secret des derviches tourneurs, un couvent que l'on finit par dénicher au sommet d'une petite rue en pente, adresse que l'on taira afin de suivre les consignes. Une soixantaine de personnes se sont amassées dans le couvent, dont la moitié de femmes, face à une quinzaine de musiciens assis en tailleur qui entonnent un nouveau morceau à notre arrivée, avec une violoncelliste blonde qui sourit régulièrement. Une main sur le cœur, l'autre tournée vers le ciel, trois garçons se lèvent et se mettent à tournoyer lentement sur eux-mêmes, la tête penchée, avec un murmure émanant du fond des entrailles, une sorte de ronflement apaisant et effrayant à la fois, un cri calme, rentré, que ponctuent les violons, le luth et les percussions, dans une mélodie douce qui confère à la cérémonie un aspect encore plus clandestin.

Au milieu de ses musiciens, assis sur la moquette verte, un homme aux cheveux blancs recueille ces cris comme un dépositaire de la dévotion des fidèles présents, tous acquis aux bonnes paroles de Roumi, appelé ici Mevlana, « Notre Maître ». Âgé d'une soixantaine d'années, des yeux ronds en perpétuel mouvement comme s'ils dansaient eux aussi lors du *sama*, du concert spirituel, Hassan Dede est un homme respectable mais pas toujours respecté, avec quelques inimitiés dans la confrérie des derviches, en raison disent ses rivaux d'une ambition dévorante, ce qui signifie en clair qu'il leur fait de l'ombre. À regarder de près Hassan Dede, titre donné seulement aux disciples de la confrérie des derviches tourneurs qui ont subi mille et un jours d'épreuves, on comprend cependant que cet homme qui donne littéralement la danse aux femmes comme on donne la parole à ceux qui n'ont pas eu voix au chapitre ne peut être foncièrement mauvais. Car depuis dix ans Hassan Dede fait tournoyer les femmes, il leur offre du mouvement, de l'extase, en toute innocence, du bonheur au bout des pieds, la tête penchée en guise d'offrande, et elles tournent bien, comme si le monde lui-même ne tournait que pour elles, et même à cause d'elles, le visage doux, les traits détendus, un mince sourire énigmatique au coin des lèvres comme une peinture de Botticelli, avec une pointe de mélancolie. On peut ainsi parler des filles de Hassan Dede comme des filles de Florence sous Laurent de Médicis croquées par le peintre de la *Naissance de Vénus*, avec un mélange d'allégresse et de tristesse, soit parce que le chemin de l'accomplissement est encore long, ce qui est compréhensible quand on sait qu'il faut mille et un jours d'épreuves, soit parce qu'elles rêvent toutes de Mevlana – le Maulana des Turcs, Djalaluddine Roumi –, qu'elles approchent toutefois par la beauté de la danse. On ne peut que songer à cet instant précis à Nietzsche et à son Zarathoustra quand il se met à danser : « À ce moment-là, son intelligence est dans mon orteil, et à ce moment-là, l'orteil a une manière de penser qui est très profonde. » Ou encore au derviche d'Aragon dans *Le Fou d'Elsa* : « C'est alors que survint l'homme et qu'il se mit dans sa maigreur et sa misère à tourner sur lui-même les bras étendus, d'une telle vitesse que tous les danseurs en semblèrent chassés comme des mouches avec la serviette. » Okay-Al Pacino s'est brusquement calmé. Il respire lentement, comme imprégné par la magie de ce petit couvent perché sur la colline, loin de l'agitation de la rive européenne, et il regarde tour à tour les danseuses qui pivotent tels des moulins à vent à la roue baissée, le plafond aux nuances bleues éclairé des néons et les musiciens qui entourent le maître. Il faut dire que celui-ci a fière allure et dégage un charisme certain, sans une parole, par un regard, par un geste souverain lorsqu'il invite garçons et filles à se lever pour la danse. Entre deux mouvements, il répond à quelques questions de Okay-Al Pacino et lâche ses formules favorites telles que « Mevlana est né dans le cœur des gens pas dans un village », ou « l'amour est un sultan sans drapeau », formules qui servent aussi à dénigrer les rivaux, du moins ceux d'autres pays qui prétendent que Roumi est originaire d'Afghanistan ou citoyen de Perse. Avec ses dents bien blanches, chemise ouverte sur le poitrail, Hassan Dede se remet à contempler les jeunes filles comme plongées dans un songe – « quel être cosmique qu'un enfant rêveur » s'exclamait Gaston Bachelard – et la sarabande de leurs chaussons noirs qui glissent sans un bruit sur la moquette, sans que Barmak ou moi ne puissions rien lui reprocher, puis il ajoute que lui aussi engendre l'amour, la preuve, il est considéré comme le petit-fils de l'amour, manière de dire que Roumi reste l'éclaireur et que lui est son serviteur.

De successeur, il n'en voit pas, malgré son âge qui inciterait n'importe quel sage à distinguer dans l'horizon des fidèles un dauphin. Mais le maître se considère comme un arbre sec, sans fruits, et il faudra encore attendre que les adeptes tournent avant d'en dégotter un capable comme Hassan Dede de porter le flambeau, lui qui a composé trois cents chants avec beaucoup de paroles et encore plus de musique.

Les filles qui se lèvent à l'appel du maître revêtent une robe noire qu'elles enfilent sur des jeans, mettent une cape sur leur pull et commencent à tourner lentement, comme si elles voulaient prendre leur envol, toupies de souffle au bruissement doux, les pieds décollant du sol, sans bruit, dans une danse qui n'a rien d'extatique, pour mieux communiquer avec l'ordre cosmique, et le tourbillon prend alors un rythme régulier, entraîne dans ses flottements les pans des robes et ceux de l'âme bercée comme autant d'oiseaux lors de l'envol, tandis qu'un homme en cravate les rejoint, sous les cris et les rires même de l'assistance, adoptant la pose du Christ crucifié, ainsi que l'évoque Théophile Gautier confronté à une cérémonie derviche dans le couvent de Pera, « les jambes croisées au milieu des Turcs et des Francs, dans une salle de danse et de spectacle, au parquet parfaitement uni et ciré ». La fille de gauche, une brune aux longs cheveux, affiche un étrange sourire, tête penchée, comme si elle donnait son corps en offrande, et ce trait lui confère un air encore plus mystérieux, la clé de sa métamorphose qu'elle ne veut pas divulguer, une transformation de l'esprit par la danse ouvrant sur un état de bonheur qui en fait saliver plus d'un autour de moi.

Un homme échevelé est particulièrement assidu dans les rangs des fidèles assis, il frappe dans ses mains, se penche, rêve de danser lui aussi si loin du sol, dans une impulsion éternelle, tel un Icare à succès, éructe, pousse des cris, comme s'il se soulageait d'une lointaine tension. En fait, il a un peu bu, souffle Okay-Al Pacino, ce n'est pas comme moi, il n'a pas su s'arrêter, et le fidèle, pompette, de crier de plus belle, comme s'il allait mieux approcher Dieu en hurlant sa hargne de la semaine. Dans son coin, près des musiciens, Barmak n'a qu'une envie, prendre le luth et jouer avec la petite troupe. « En Afghanistan aussi, il y a des transes, mais ici, c'est plus ouvert, tout le monde peut y participer. » Quand Barmak se rapproche de Hassan Dede pour mieux l'écouter, c'est toute la route de Roumi qui se trouve réunie, de Balkh jusqu'à la Sublime Porte. Roumi n'a pas connu Constantinople, qui était encore aux mains des Byzantins de son vivant, mais des fidèles s'y sont précipités dès la chute de la cité-monde afin de suivre les sultans, ainsi que le rapporte le lettré Lâtifî, lui-même enchanté par la capitale des Ottomans lorsqu'il y débarque dans les environs de 1520, sous le règne de Soliman le Magnifique. Dans son *Éloge d'Istanbul,* étonnant ouvrage qui est à la fois une description de la ville au temps de sa nouvelle splendeur, quand l'empire est à son apogée, et un inventaire des mœurs de ses habitants, pour le meilleur et pour le pire, louanges et dénonciations des vices, des sultans aux catins, des muezzins aux riches négociants, des seigneurs aux janissaires, Lâtifî s'empresse de fustiger les faux dévots, les derviches sournois qui se cacheraient derrière le paravent de la piété pour mieux tromper leur monde, « camouflant leur hypocrisie en vertu et leur avarice en ascèse », bref, tous ceux qui prétendent au rang d'extatiques et de mystiques et qui sont en fait « semblables aux corbeaux et aux corneilles au plumage sombre qui guettent les charognes ». Ces hypocrites, Lâtifî semble les suivre dans les ruelles pour mieux les blâmer, dénigrer leur goût des richesses, leur oisiveté, leur amour non pas du divin mais des plaisirs terrestres. Assurément, il a une dent contre les mauvais derviches, puisque dans son autre livre, le *Traité de l'invective,* censé dénoncer les dépravations, il s'en prend pêle-mêle aux derviches sans foi, aux gitans, au commandants de cavalerie tombés en disgrâce, aux ingénieurs voleurs, aux « fils à papa avec leurs accoutrements de drôles d'oiseaux », aux dépravés qui disent aux mignons et aux jeunots : « Je suis tombé amoureux de ton visage, je ne toucherai pas en dessous de la ceinture », et autres cavaleurs et débauchés, ce qui doit représenter tout de même beaucoup de monde, peut-être tout Istanbul, bref, une invective à la terre entière, avec un florilège d'insultes et de noms d'oiseaux traduits du turc ottoman par Stéphane Yerasimos qui est tombé sur cette belle trouvaille au fond d'une bibliothèque stambouliote, comme si Lâtifî en avait non seulement après les derviches pas très convaincus mais après leurs futurs adeptes.

   Ainsi les danseurs et danseuses de Hassan Dede sont avertis et n'ont qu'à bien se tenir, à être davantage convaincus et convaincants sinon ils iront grossir le lot des fustigés, ceux à qui Lâtifî, décidément très vindicatif, promettait la constipation, une glissade au fond du puits, la colique en hiver, le mollet transpercé par un chien enragé et, comme si cela ne suffisait pas, d'avoir le corps dévasté par les serpents, les mille-pattes, les scorpions, les poux, les puces, les punaises et les moustiques. Mais de tous ces risques les danseurs n'ont guère conscience et continuent de s'agiter sous l'œil émerveillé de Barmak, insouciant lui aussi des périls qui guettent l'imparfait mystique, à la différence près que lui sait que le chemin du mysticisme, comme l'écrivait Victor Hugo de Roumi, « très avancé dans le mysticisme des soufis, dont les hauts degrés sont un état de quiétude complète, d'anéantissement », n'est jamais terminé, que le cheminement est forcément difficile et que le vrai terme est la quête de l'amour, cette danse d'après la danse, sans qui nous serions tous des morts vivants.

   La vraie danse, Ahmet l'a découverte auprès de Hassan Dede. Ahmet, qui vient me parler à la fin de la cérémonie alors que j'attends une voiture dans la rue, sous les arbres qui bordent le couvent, est étudiant en dessin industriel et a rejoint le couvent secret après un long désespoir, désespoir qui s'est concrétisé par l'usage de drogues plus ou moins dures, pour la plus grande peine de ses parents, jusqu'à ce qu'il erre sur les margelles de la mort, au bord du suicide, à deux doigts de s'ouvrir les veines. Et c'est alors qu'il a rencontré Hassan Dede, ses danseurs, danseuses et son message d'amour, lequel reconnaît-il est d'autant plus percutant lorsque l'on virevolte aux côtés de jolies filles en robe noire, robe qu'elles finissent toujours par enlever pour regagner la vie civile. Depuis qu'il tourne en rond, la paume d'une main inclinée vers le sol, l'autre pointée vers les étoiles, Ahmet n'a jamais été aussi heureux, même s'il croise de temps à autre dans son quartier ou à l'université des hommes qui ne l'aiment pas, « des fanatiques, ils se croient tout permis, ils veulent monopoliser Dieu pour eux et leur sectarisme, ils utilisent même l'islam contre Dieu, alors que Dieu est en nous ». Et Dieu est tellement en lui, il y pense si fort quand il tourne que lorsqu'il s'arrête d'y songer il chancelle, de sorte que la danse s'apparente à une prière, ce qui soulage grandement ses parents, contents que leur fiston ait enfin délaissé les dealers des bas quartiers, même si les derviches leur semblent un monde aussi fermé que celui des camés du Bosphore.

Pendant que des joueurs attablés à la terrasse du café voisin jouent au trictrac dans les odeurs de grillades qui sortent de l'arrière-cuisine, Ahmet regarde la rue attentivement, voire anxieusement, comme s'il était suivi, puis se ravise. Ce ne sont pas ses anciens compagnons de paradis artificiels qui l'inquiètent mais bien plutôt les barbus, les fondamentalistes qu'il hait par-dessus tout, responsables pour lui de la décadence de toute la Turquie, du dévoiement de la pensée spirituelle, serviteurs d'intérêts louches et peu en regard avec la vraie foi, qui est d'abord compréhension de l'autre, même si lui-même reconnaît qu'il a beau lire Roumi, il a beau réciter ses poèmes par cœur, l'apprentissage de la tolérance n'est pas facile chaque jour, sur les bords du détroit comme sans doute ailleurs dans le monde. S'il l'avoue, c'est qu'il sait que largeur d'esprit et violence peuvent aisément se mêler dans la contrée, vieille manie depuis Byzance, héritage de la pensée de Virgile et de son appel du début de *L'Énéide*, *Arma virunque cano*, « Je chante les armes et l'homme », ce à quoi Aragon se permettait d'ajouter : « Ainsi devrait commencer toute poésie. »

L'anxiété d'Ahmet disparaît brusquement, comme s'il avait retrouvé la sérénité de la cérémonie sous la coupe de Hassan Dede, et nous nous rendons à la terrasse du café boire un thé à la menthe aux côtés des joueurs de trictrac, dans le rythme du claquement des dés qui résonnent comme les percussions dans le *tekké*. Ce qui fascine Ahmet, outre sa propre rédemption par la prière et la transe, une transe douce, dit-il doucement comme pour s'excuser, une transe intérieure qui n'a rien d'une hallucination mais au contraire proche de l'exaltation, ce qui fascine donc le nouvel adepte du soufisme c'est le nombre de jeunes femmes qui viennent rejoindre les rangs du *tekké* et admirer les paroles et la musique du cheikh, du maître Hassan Dede, sans qu'il y voit une relation de cause à effet. Mais enfin, finit-il par avouer, il se verrait bien à la place du maître qu'il envie et n'est pas d'accord avec lui lorsqu'il affirme qu'il est un arbre sec, sans branche, c'est-à-dire sans dauphin, car selon Ahmet les candidats à la succession sont sûrement nombreux. L'élève s'accorde cependant avec le maître pour me rappeler qu'il faut absolument garder l'endroit secret, on ne veut pas de touristes, on ne veut pas devenir des danseurs folkloriques comme sur l'autre rive, côté européen, ou encore à Konya, quand des joueurs de basket sont payés une fois l'an par le gouvernement pour faire la gigue dans une salle municipale afin d'attirer le chaland, propension au secret qui se confirme quand il observe une fille, une jolie fidèle en jeans aux formes gracieuses, sortir du *tekké* et glisser dans l'obscurité, comme pour signifier que ces filles-là doivent demeurer dans le giron de la spiritualité, ou en tout cas ne pas trop s'éloigner des autres fidèles dont lui-même au premier chef. Quand Ahmet regarde la derviche en jeans disparaître dans la rue en pente, au-delà d'un magasin d'électronique, indication, qu'il se rassure, ne suffisant pas à repérer le *tekké* secret, on jurerait qu'il se lancerait bien dans une nouvelle chorégraphie de purification avec cette consœur en méditation, que la danse soit profane ou sacrée.

L'hypocrisie, les soufis entendent la dénoncer partout où elle se trouve, même dans les mosquées. Un derviche au temps des Ottomans fustigeait les oulémas et clamait, rappelant que le mysticisme fut de tout temps un rempart contre les dérives iconoclastes et fondamentalistes : « Pour moi, la mosquée et la taverne sont une seule et même chose. La voix du dévot et le cri de l'ivrogne sont une seule et même chose. »

C'est la même bigoterie que dénoncent aujourd'hui les amis d'Okay Gönensin, ancien journaliste du quotidien de gauche *Cumhuriyet* devenu patron de presse. Un soir, Okay m'emmène dans une ruelle qui jouxte Istiqlal Caddesi, non loin du lycée francophone Galatasaray où il apprit la langue de Baudelaire et de Rimbaud qu'il a depuis traduits en turc. Au bout de la ruelle, une boîte de nuit s'apprête à fêter la nuit de Seker Baïram, qui marque la fin du ramadan. Les deux patrons nous ouvrent leur porte en début de soirée, à l'heure où les fidèles sont encore peu nombreux et, surprise, tous affichent des gueules cassées, pansements sur l'œil, bandages sur le front, bras en écharpe, de telle manière que je crois d'abord aux séquelles d'un pugilat récent avant que le gérant de la boîte de nuit, qui a vécu en France, m'informe que cette nuit il s'agit de moquer tous les islamistes d'Istanbul et de Turquie car ces fêtes religieuses vont encore se solder par des dizaines de morts sur les routes. Et la soirée se déroule avec un défilé de mannequins enturbannés de gaze et de diverses étoffes médicales durant lequel apparaît de temps à autre un modèle en plâtre.

Istanbul

Le thème de la purification, on le retrouve dans l'histoire même de la ville, car la tradition byzantine, qui imprègne consciemment et inconsciemment la tradition ottomane, confère à Constantinople un rôle de ville maudite qui doit être détruite pour se purifier, comme l'attestent maints écrits d'érudits byzantins depuis le IVe siècle après Jésus-Christ et que me détaille dans une brasserie le chercheur Stéphane Yerasimos qui régna longtemps sur l'Institut d'études anatoliennes de la rue Istiqlal.

Stéphane Yerasimos est un Grec d'Istanbul qui se passionne pour sa ville, avec une pointe de nostalgie pour son passé byzantin. Quand il évoque l'âge d'or de Constantinople, ses yeux s'illuminent, sa voix devient plus forte, les mots plus appuyés, dans un accent chantant qui mélange ses racines et un léger chuintement. Des Grecs d'Istanbul, que les Turcs appellent précisément Roumi, par référence à Rome, il n'en reste que trois mille, une poignée à l'échelle de la ville, deux ou trois lycées et quelques lieux qui demeurent discrets. Son père était l'une des figures de la petite communauté hellène, qui éditait des revues de littérature grecque jusque dans les années cinquante. Stéphane Yerasimos et sa famille habitaient alors sur les magnifiques îles aux Princes, jusqu'aux émeutes de 1955, lorsque des bandes de Turcs attaquèrent les Grecs et précipitèrent leur départ d'Istanbul, comme une seconde défaite, cinq siècles après la prise de Constantinople par Mehmed II. Le

Roumi au léger chuintement ne déteste pourtant pas l'image du conquérant, le vainqueur de Constantinople, qui a tout fait pour perpétuer la tradition byzantine dans son nouvel empire, avec pour capitale la ville qui était déjà le nombril du monde, en invitant notamment les peuples divers à venir résider sur les bords du Bosphore, Grecs, Juifs, Arméniens, Syriaques, Génois, et des artistes, poètes, écrivains, illustrateurs, graveurs, orfèvres et jusqu'au peintre vénitien Gentile Bellini qui en profita pour laisser de beaux portraits du maître, dont l'un, célèbre, avec un demi-sourire aux lèvres. L'ami des lettres n'était cependant pas un tendre. À peine intronisé sultan, à l'âge de dix-neuf ans, après une première tentative à douze ans, ce qui, convenons-en, est un peu jeune pour régner sur un empire des steppes, il s'empressa de mettre à mort son petit frère Ahmed, étranglé dans son bain, manière de garder les rênes de toute sa troupe jusqu'à la lutte finale, la prise de la ville-monde, afin de concrétiser la prophétie attribuée à Mahomet mais peut-être apocryphe, « Heureuse l'armée, heureux le chef qui la prendraient », phrase que le jeune sultan se hâta d'inscrire sur les murs de Sainte-Sophie transformée le jour même de sa victoire en mosquée.

Mais à la mort de Mehmed le Conquérant, le souvenir de Byzance disparaît de l'empire. C'est la rupture totale, un désir d'effacement de l'ascendance de la ville, comme les sultans après Mehmed ont voulu effacer les secrets de l'architecture néobyzantine, en exécutant les maîtres d'œuvre. On coupe la tête des architectes, on garrotte, on étrangle, histoire de garder le secret des mosquées, et les martyrs sont réconfortés à la veille de leur mort par de gentilles paroles, « Ne t'inquiète pas, ton œuvre te survivra, et ton nom passera à la postérité ». Et le pauvre homme peut mourir tranquille.

Là encore, les sultans ottomans reprennent une tradition byzantine. On tue l'architecte pour qu'il ne fasse pas ombrage à l'empereur. Le maître de Byzance, Justin II, au VIe siècle, ne s'y trompe pas : il craint que son architecte Ignatios ne masque sa gloire, acclamé dans l'hippodrome par les Verts et les Bleus réunis, et le condamne à mort. « L'architecte s'affranchit peu à peu de la tutelle de l'empereur pour devenir l'instrument de

Dieu, et prend le temple à son souverain pour le donner justement à Dieu », raconte Stéphane Yerasimos. L'architecte dans la tradition byzantine est un bouc émissaire, thème que reproduit la tradition ottomane. Le créateur est ainsi forcément un martyr qui n'hésite pas à se sacrifier pour le bien de l'empire. On devine la valse-hésitation des apprentis architectes dans les deux empires, face à un terrible dilemme : construire un chef-d'œuvre pour mourir ensuite.

Sinan l'Affranchi, d'origine chrétienne et qui devint architecte royal, périt lui aussi sous les coups en 1471 après avoir érigé la mosquée de Mehmed II et les écoles coraniques « à la hauteur des fenêtres », ce qui laisse croire que le Grand Seigneur ne lui a pas laissé le temps de finir. Selon Dimitrius Cantemir dans son *Histoire de l'Empire ottoman* parue au XVIIIe siècle, l'architecte Christodoulos, après avoir construit une grande mosquée, clame haut et fort qu'il peut s'améliorer. Grave erreur, un architecte peut toujours s'améliorer, le sultan l'y invite sur-le-champ et le condamne à l'agonie sur un pal. Autant d'exemples qui font frémir Stéphane Yerasimos sur le sort de l'architecte, sa profession originelle au demeurant. Il faut dire que certains souverains étaient particulièrement chatouilleux sur la question de la perfection, au sens où la mosquée, le palais, le monument qui portaient leur nom ne pouvaient être plus beaux, au risque de causer leur courroux impérial, ce qui n'encourageait guère, il va sans dire, les architectes à se surpasser. Chroniqueur né en 1611, Evliya Çelebi, dit encore Stéphane Yerasimos, rapporte ainsi que Mehmed II, l'ami des arts et des lettres, s'énervait facilement concernant l'avancement des travaux :

— Pourquoi tu n'as pas fait ma mosquée aussi grande que Sainte-Sophie et pourquoi l'as-tu rabaissée en coupant mes colonnes qui proviennent d'un tribut de la Romanie ?

L'architecte, terrorisé, lui répondit :

— Mon souverain, comme les tremblements de terre sont nombreux à Istanbul, afin que la mosquée soit solide et qu'elle reste debout pour l'éternité, j'ai raccourci les deux colonnes de trois coudées et je l'ai faite plus basse que Sainte-Sophie.

Ulcéré par la faute, le Père de la Victoire, le Conquérant de Constantinople, le Fondateur d'Istanbul, qui manque s'étrangler de fureur, ordonne que l'on fasse subir à l'architecte le sort de la mosquée, qu'on le raccourcisse un peu. Les bourreaux saisissent donc le bâtisseur et lui coupent les deux mains. Ils ne le mettent même pas à mort, suprême insulte, car le supplicié ne mérite pas la postérité. On comprend pourquoi les architectes de l'empereur n'étaient guère pressés de finir leur travail, sept ans et onze mois pour la mosquée de Mehmed II, sept ans et quatre mois pour celle de Soliman.

Stéphane Yerasimos est convaincu que toutes ces colères, tous ces courroux inscrits dans le marbre, dans le sang, dans les différentes traditions ottomanes qui ont parcouru les siècles, ne servent qu'à masquer une chose : le chef-d'œuvre de Sainte-Sophie, « la merveille des merveilles », « la gloire de l'Empire de Byzance », construite sur ordre de l'empereur Justinien, ne fut jamais dépassé par les Ottomans, et la splendide bâtisse demeure une énigme pour les constructeurs turcs. Malgré les tentatives de réinventer constamment le passé, et dont Stéphane Yerasimos a dressé l'inventaire dans une longue recherche sur les traditions turques, l'empire des sultans est contraint de prendre à son compte le mythe de Sainte-Sophie. Istanbul a d'abord tenté de tuer le père, d'effacer l'image obsédante de son aïeul byzantin, mais n'a pu accomplir pleinement sa tâche. Le sultan régnant est donc condamné à tuer ceux qui se lancent dans l'imitation, comme pour expurger ce désir mimétique. Byzantins et Ottomans se retrouvent unis par une basilique aux secrets bien gardés.

Cet antagonisme des empires a perduré à titre posthume, et Yerasimos a grandi déchiré entre les deux rives d'un pays successeur de l'empire des deux terres et des deux mers, comme écartelé au-dessus du Bosphore. « J'ai été élevé dans un milieu doublement nationaliste, le nationalisme des Turcs contre celui des Grecs d'Istanbul, qui avaient une sorte de mentalité pied-noir. Moi, j'étais coincé entre les deux et ma réaction fut de réagir contre eux, de déconstruire tout cela. »

Pour déconstruire, il y a Roumi. Quand il arrive en Asie Mineure, Djalaluddine Roumi découvre des villes où dominent les Ottomans lettrés, les Grecs et les Arméniens. Le Turc nomade, lui, est traité de tous les noms, considéré souvent comme un moins-que-rien, apportant de ses steppes la violence guerrière et la vulgarité du soudard. Très vite, l'élite urbaine s'empare de la poésie de Roumi, et cette littérature imprègne l'esprit des villes, répand un parfum de tolérance, dans une sorte de synthèse entre les chrétiens locaux et les musulmans venus de l'Orient. Le *Masnevi*, écrit en persan, connaît une audience surprenante, et la réputation de Roumi dépasse très vite les frontières de l'empire. Quand il meurt à Konya, en 1273, toute la ville l'accompagne jusqu'à sa dernière demeure, avec vingt troupes de chanteurs excellents récitant les poèmes composés par le maître mystique, ainsi que le rapporte Aflâki, hagiographe des derviches tourneurs.

Bosphore

Barmak pour l'heure entonne un air avec sa guimbarde dans les rues adjacentes au palais de Topkapi. La mer est d'un bleu dur et étale son écume tandis que les navires, cargos, porte-conteneurs, *feribot, deniz otobüsü*, les autobus de mer, petits voiliers, chalutiers plus ou moins gros, s'entrecroisent en un ballet infernal qui doit donner le tournis au plus aguerri des capitaines chargés du trafic sur le détroit. Cet enchevêtrement naval, qui démontre qu'Istanbul demeure l'un des centres du monde, avec ses Anatoliens qui viennent chercher du travail, des paysans qui grossissent les rangées sordides de *gecekondu*, les bidonvilles hâtivement érigés, des Russes et Caucasiens qui hantent les bazars, des Kazakhs et des Azéris à la recherche de leurs cousins des hordes perdues, ce enchevêtrement donc inspire Barmak qui poursuit son œuvre musicale un peu décousue avec des refrains qui changent à chaque escale. Il s'établit une sorte de correspondance entre le ballet des navires et les notes égrenées par, à la fois, les doigts et la langue de Barmak, comme si le détroit représentait une partition un peu folle avec ses sillages compliqués, ses sinuosités telles des croches sur la portée, les brusques changements de trajectoire tels des événements de dernière seconde.
Barmak est un homme de musique et d'image, musique par poésie, par référence à Roumi, je l'apprendrais en route, et d'image car il en a fait son métier, réalisateur afghan qui cherche à tout prix à retourner au pays pour mettre en scène un

jour son scénario favori, *L'Abricotier*, une histoire complexe sur un homme en exil qu'il m'a racontée cent fois et que je peine à résumer. Quand il regarde la rive asiatique, de l'autre côté du Bosphore, où nous retournerons dans quelques jours pour filer par des escales différentes de la route de la Soie vers les montagnes afghanes, lui par Ispahan, moi par le nord de l'Iran, Barmak craint une chose, c'est qu'un jour à la fois la musique et l'image soient interdites, comme ce fut le cas dans son pays au temps des talibans, expérience sans doute unique dans l'histoire mais qui, dit-il, pourrait se renouveler. Après tout, c'est ici, sur les rives du Bosphore, que les choses ont commencé ou presque, avec l'iconoclasme byzantin, et surtout celui de l'empereur Léon III l'Isaurien qui détruisit au VIIIe siècle tout ce que l'empire pouvait compter comme images. La querelle des icônes fut aussi un antidote au destin magique de la Ville des villes, comme s'il fallait l'empêcher de trop concurrencer le ciel, comme s'il fallait calmer ses célestes ardeurs, sa propension à devenir éternelle, voire divine. La ville donna au monde des empereurs, chrétiens puis musulmans, qui se proclamèrent papes ou commandeurs des croyants, et ne pouvait donc que s'identifier à Dieu.

Il fallait de temps à autre lui faire rendre gorge, quitte à engendrer une succession de tragédies.

Léon III l'Isaurien n'est pas un homme délicat. Stratège de la contrée des Anatoliques, nommé empereur en 717 afin de rétablir l'ordre dans la nouvelle Rome menacée par l'anarchie, il affirme très vite sa détestation des images. La question que pose cet ancien paysan est essentielle pour la survie de Constantinople : l'art et la religion font-ils bon ménage ? L'un ne peut-il détruire l'autre ? Quand il voit des icônes représentant le Christ, la Vierge ou les saints, il se couvre le visage et honnit ceux qui prétendent qu'elles sont *acheiropoïètes*, issues d'une main non humaine, donc divine. Sa répulsion devient rage quand il apprend que maintes fois les saintes images sont utilisées comme mannequins pour parrainer les baptêmes. Ce culte, il l'abhorre, et veut mettre un terme à cette idolâtrie, par le glaive s'il le faut. Bizarrement, il suit le chemin d'un ennemi, un Arabe, le calife Yézid, si l'on en croit une chronique traduite au xixe siècle, qui ordonna la destruction des images dans toutes les maisons et devint une sorte de taliban avant l'heure. Mais ce qui décida véritablement Léon III l'Isaurien, ce fut une incroyable éruption sous-marine relatée par Nicéphore dans son *Brevarium*, manifestation évidente du courroux céleste concernant le culte des icônes, et qui eut pour conséquence non seulement la naissance d'une île nouvelle près de Thira, ou Santorin, mais aussi le déclenchement de la fureur iconoclaste de l'empereur. Les adorateurs des images, appelés iconolâtres, sont dès lors voués aux gémonies, par l'application à la lettre du deuxième commandement de Moïse, tel qu'il est exprimé dans le Deutéronome : « Tu ne feras aucune image sculptée de rien qui ressemble à ce qui est dans les cieux là-haut, ou sur la terre ici-bas, ou dans les eaux au-dessous de la terre. »

Quelques mois plus tard, les soldats de Léon III se déchaînent contre l'icône dorée du Christ, la plus grande de la ville, qui décorait l'immense portail du palais impérial, la Chalké. Puis toutes les images sont interdites, les récalcitrants à l'ordre impérial jetés en prison, et l'irritation du pape Grégoire II, dans la lointaine Rome, ne sert pas à grand-chose, pas plus que son décret d'excommunication, tandis que les moines s'enfuient des monastères d'Orient, icônes cachées dans leurs robes. Les « destructeurs des images » ont gagné, sous la coupe de Léon l'Isaurien, dont les origines, ancien paysan élevé dans les steppes désertiques de l'Est anatolien, non loin des tribus sarrasines, mélangent diverses traditions, dont la juive et la musulmane. Un tel iconoclasme, s'inspirant des trois religions du Livre, ne pouvait que surgir à Byzance, dans un syncrétisme fou, à tel point que lorsqu'il meurt, Léon III, pourtant convaincu avant d'expirer d'avoir rendu service à Byzance l'Éternelle, laisse un empire divisé et qui ne sait plus à quel saint se vouer, sujet au massacre des enlumineurs, au vandalisme acharné, à l'exil des artistes vers Venise et l'Espagne d'un côté, vers l'Orient qui les accueille à bras ouverts, Bagdad et l'Abyssinie, de l'autre. Byzance abat ses propres remparts, les murailles de l'image, et elle ne s'en remettra plus.

*Avenue de Bagdad,
rive asiatique du Bosphore*

Si le voile est une question si cruciale dans la Turquie d'aujourd'hui, c'est parce que non seulement il cristallise les passions entre islamistes et partisans de la plus stricte laïcité, les kémalistes, mais aussi parce qu'il porte en lui une part du débat sur l'iconoclasme, vieux comme Byzance, celui de l'image de la femme. À l'heure où rejaillit le débat sur le passé ottoman, au moment où les Turcs revendiquent de plus en plus les grandeurs et splendeurs de la période ottomane, nostalgie de l'empire surtout pour ce qui concerne ses deux derniers siècles, fût-il agonisant, la question du voile reporte tout le monde en arrière, au-delà du débat sur la religiosité du pouvoir dans une ville qui fut le siège du califat, le trône sacré du commandeur des croyants. L'iconoclasme a toujours ses émules sur les bords du Bosphore, avec les islamistes purs et durs, exégètes sectaires des saintes écritures, ceux qui ordonnent aux femmes de porter le voile comme pour cacher ces visages d'icône. Ainsi se rejoignent la volonté de faire disparaître les images pieuses et le désir d'éradiquer les images profanes, les visages des femmes au premier chef. L'ancien iconoclasme se renouvelle, au-delà de la représentation du divin, et concerne aussi le temporel, pour aboutir là-bas, dans les montagnes afghanes, au paroxysme des talibans et de leurs successeurs, avec la destruction des vidéos, des photographies, des sculptures, des tableaux. Aux yeux de Barmak, ces visages mériteraient mieux qu'une tartuferie, alors que les mêmes radicaux ne se gênent pas pour acheter les journaux populaires uniquement pour les pages où se dénudent quelques belles Turques. Pour imposer l'iconoclasme ne serait-ce que sur cette toute petite partie des journaux, celle des femmes effeuillées, on constate que la tâche serait immense, tâche que les radicaux du Bosphore s'empressent de ne pas entreprendre afin d'éviter une série d'émeutes. Et ce syncrétisme-là, cet étrange mélange entre le profane et le religieux, relève lui aussi de l'héritage de Byzance.

Avant qu'il ne devienne Premier ministre, islamiste, de Turquie, le maire d'Istanbul, Recep Tayyip Erdogan, ne pouvait pas supporter ce qu'il considérait comme la débauche de la Ville des villes, c'est-à-dire non seulement la présence de prostituées russes et d'autres pays riverains de la mer Noire mais aussi d'adeptes de bacchanales, au point que l'un de ses lieutenants ordonna la fermeture des bars à alcool. Tollé, on l'imagine, dans les rues d'Istanbul, dont les habitants se tenaient prêts à lancer l'insurrection. On apprit plus tard que ce ne fut qu'une rumeur, et le lieutenant, maire du quartier de Beyoglu, recula promptement, en un *mea culpa* à peine déguisé. Les prostituées russes, roumaines et bulgares ne sont en fait que les héritières des putains débarquées de Saint-Pétersbourg au début du siècle, souvent des aristocrates ou filles de bonne famille qui ont fui la révolution russe et qui n'ont pour survivre que le commerce de leur corps, tandis que le philosophe Georges Gurdjieff est contraint de vendre du caviar. Les femmes de dignitaires turcs, elles, s'affolent, inquiètes de tant de débauches et de stupre, et dénoncent dans une pétition « les agents du vice et de la luxure, plus dangereux et destructeurs que la syphilis et l'alcool ».

Si l'islamiste Erdogan se montre si flexible, c'est parce qu'il symbolise aussi une nouvelle modernité, plus une *avancée* vers l'islam qu'un retour à la tradition, davantage une adaptation qu'une lecture stricte du Coran. Nombre d'intellectuels, y compris ceux qui s'engagèrent dans les rangs de l'extrême

AVENUE DE BAGDAD, RIVE ASIATIQUE DU BOSPHORE

gauche dans cette brume de guerre civile qui noya Istanbul avant le coup d'État des militaires en 1980, vantent aujourd'hui les mérites de cet islamisme doux. Les racines anatoliennes, le penchant pour la gloire ottomane, se confondent ainsi avec le besoin d'Europe. L'un de ces défenseurs, Yigit Bener, est un jeune écrivain, fils de poète, longtemps kémaliste, c'est-à-dire républicain laïc, qui fustigeait il y a peu encore les partisans de la tradition. Et voilà que Yigit Bener, assis à la terrasse du café Divan, sur l'avenue de Bagdad, côté asiatique, se livre à un vibrant plaidoyer en faveur des islamistes au pouvoir, qu'il appelle des islamo-démocrates, tandis que défilent devant les vitrines des filles en voile et tunique traditionnelle et d'autres en jeans. Si le romancier, ancien traducteur, a choisi de vivre ici, sur la berge d'Asie, c'est pour mieux sentir le vrai poumon d'Istanbul, celui où se mélangent toutes les ethnies, toutes les origines, dans un melting-pot turc qui accouchera forcément de quelque chose, une nouvelle société, qui pour l'heure est une *movida* stambouliote, un air doucement branché d'européanisme et de regards vers l'Orient. « L'Anatolie est un pont, dit Yigit, entre l'Asie centrale et l'Occident, mais on ne peut pas toujours rester sur un pont ! Les Turcs veulent aller encore plus vers l'ouest, et ils se sentent européens. C'est pour cela qu'il n'y aura jamais de régime vraiment fondamentaliste ici, car tout le monde y perdrait... » Cette nouvelle identité, ce socle sur lequel veulent s'asseoir les Turcs, ont été engendrés eux aussi par les deux derniers siècles de l'Empire ottoman, deux siècles d'européanité, mouvement que l'on ne pourra jamais arrêter selon Yigit, qui voit là une sorte de compromis à la turque, avec des islamistes qui étrangement deviennent plus européens que les autres. La question du voile, qui irrite tant les kémalistes et partisans de l'ordre républicain, n'est que secondaire pour l'écrivain, qui perçoit surtout dans l'interdiction du foulard islamique à l'université un mouvement qui est dû à l'arrivée dans la métropole de jeunes Anatoliennes, filles de paysannes, pour étudier, et cette ascension sociale, ce besoin de connaissance doit d'abord être perçu comme une chance formidable pour les femmes, comme si renaissait l'esprit de l'Empire ottoman, qui leur accordait un grand rôle. Le voile, comme la promotion féminine, est en effet un débat de choix, et Yigit, qui s'était prononcé contre le voile voici quelques années, s'empresse de le relativiser, car sinon, imagine, c'est comme si une paysanne se promenait nue dans la rue, c'est pareil, tu vois un peu le tableau, tu comprends ce que pourraient penser les parents, alors il vaut mieux un carré de tissu dans les cheveux et que toutes ces femmes aillent à l'école et à la fac, et au moment où Yigit prononce ces paroles, alors que nous attendons un taxi collectif afin de nous rendre à l'embarcadère, au bout de la longue avenue de Bagdad, aussi interminable qu'une étape de la route de la Soie, deux filles avec ce même carré de tissu sur la tête, livres sous le bras, le regardent en souriant, comme pour lui signifier qu'elles n'ont rien de la bigote des mosquées.

Sur l'embarcadère, alors que la brume du matin s'est dissipée et tandis que les vieux au soleil levant se retrouvent autour d'un thé à la menthe, Yigit dit qu'il ne quitterait pour rien au monde cette partie de la ville, qui s'étale sur les marges de l'Asie, car c'est ici la vraie ville, l'exotisme, les modes de vie si différents les uns des autres, dans une cité aux dix millions d'âmes qui est plus peuplée à elle seule que la Grèce ou la Belgique, et qui de plus, dit-il, les yeux perdus dans le Bosphore, est à la fois une ville au centre du monde et une ville « de partout ».

Pansiyon Sebnem, Bosphore

Du toit de la petite *pansiyon* Sebnem, la vue est imprenable sur le Bosphore doré. Le phare est encore allumé dans le brouillard matinal qui saupoudre l'Asie, en face, et sur les quais les bras désarticulés des grues s'affichent au repos. Barmak, qui est venu me retrouver dans la ruelle, près de l'escalier qui mène sur le front du détroit, non loin des murailles de Constantin, doit rencontrer en contrebas Kudsi Erguner, le maître soufi, l'un des meilleurs joueurs au monde de ney, la flûte de roseau, qui erre entre la rue de Babylone à Paris et sa maison stambouliote.

Kudsi est en forme ce jour-là, accompagné de son fils, déjà joueur de ney à quatorze ans, son dauphin, et sur le toit de l'hôtel, d'où l'on aperçoit la mosquée Sultan Ahmed, surnommée la Mosquée bleue, ainsi que la mer de Marmara, il nous joue un air de flûte avant de parler de Roumi, pour qui cet instrument était un objet symbolique, qui gémit parce qu'il s'est séparé du roseau comme l'homme de Dieu – « Écoute le ney résonner / Il se plaint de la séparation. » À ses côtés se tient un Américain aux cheveux longs et poivre et sel, professeur à l'université du Caire, qui a tout laissé tomber aux États-Unis pour se plonger dans l'étude du soufisme. Shems Friedlander, un calme qui hoche la tête pour vous signaler qu'il a compris avant même que votre phrase soit finie, a été jusqu'à abandonner son prénom pour emprunter celui du maître spirituel de Roumi. Il lui doit tout, et il le dit, l'illumination, le renoncement, la sensibilité à l'ordre du monde, la joie de communiquer avec le divin. C'est pour Roumi qu'il a choisi de s'installer en Orient, loin de New York, c'est pour lui qu'il a décidé d'enseigner à l'université du Caire et de résider entre l'Égypte et le Bosphore, comme un khédive qui suit les saisons et son sultan, c'est pour lui aussi qu'il s'est lancé dans l'étude, une fresque du soufisme qu'il vient de publier après plusieurs années de recherches.

Sur le toit de l'hôtel, des Turcs ont reconnu son voisin, Kudsi, et viennent l'écouter avant de s'échapper sur la pointe des pieds. Assis sur un divan alors que le soleil pointe doucement, Kudsi, cerné par les lauriers-roses, qui a apporté son vieux ney, sa vieille flûte de quatre-vingts ans héritée de son père Ulvi qui lui-même l'a héritée de son père Süleiman, tortille sans cesse sa moustache. Il est prolixe, trapu, joyeux, vif, bouillonnant d'énergie et, comme Shems Friedlander, calme en même temps. Il a très vite compris qu'il était davantage tourné vers les arts que vers les affaires quand, enfant, afin de se payer un ballon de football que son père endetté jusqu'au cou pour une maison dominant la Corne d'Or ne pouvait lui offrir, il se lança avec un ami dans la vente sauvage d'*ayran*, de boisson au yaourt, en pleine chaleur de l'été. Mais les deux compères, ne pouvant résister à la soif, s'offrirent un verre, le premier payant l'autre de sa pièce, et le second aussitôt achetant lui aussi un verre avec la même pièce, de sorte qu'il ne resta plus rien dans le seau avant même le début de la vente.

En fait, ce qui intéresse Kudsi, au-delà de la musique, c'est ce que le mysticisme peut apporter à la Turquie, avec une énorme tradition de littérature et les vieilles pratiques du soufisme. Or le monde, estime Kudsi, est précisément dans un état grave, en ruine, avec des millions d'hommes dépourvus de leur culture et de leurs valeurs spirituelles, avec des intellectuels qui n'apportent plus de réponse, enfermés dans les pièges d'une civilisation mercantile, avec des croyances qui se transforment peu à peu en superstitions. Au moins le soufisme apporte-t-il la tolérance, quand il n'est pas perverti ou manipulé, souffle-t-il, avant de reprendre son ney, la flûte aux neuf trous, neuf allégories pour Al-Ghazali, mort en 1111 – poitrine, cœur, peur, dedans du cœur (le paradis), éden, sang de la vie, enveloppe du cœur, conscience, âme –, la flûte aux neuf yeux pour Roumi. Une étrange mélopée s'échappe du roseau, douce, sirupeuse, syncopée et mélancolique à la fois, et les regards s'illuminent peu à peu, rappelant la scène des derviches entrevue par Nerval au Caire lors de son *Voyage en Orient* : « Il y avait de la douceur et une sorte d'expression amoureuse dans cet hymne nocturne qui s'élevait au ciel avec ce sentiment de mélancolie consacré chez les Orientaux à la joie comme à la tristesse. »

Barmak, en tunique noire dont les broderies ressortent avec le soleil couchant, qui l'écoute attentivement, répond que l'on trouve de tout dans les écrits de Roumi, y compris et d'abord des messages de tolérance, lesquels messages se retrouvent aussi dans les autres œuvres du soufisme. Puis Barmak se plonge dans une lointaine rêverie, « phénomène spirituel trop naturel – trop utile à l'équilibre psychique – pour qu'on en traite comme une dérivation du rêve », écrivait Bachelard, écoute les notes qu'égrène Kudsi, se souvient que la flûte est au cœur du soufisme, puis regarde longuement le détroit du Bosphore, ses myriades de petites embarcations, les murailles de la ville qui semblent s'enraciner dans les eaux. L'Américain, lui, se tient en retrait, secoue doucement la tête puis dit que tout cela c'est le miel de la vie, et qu'il est normal que Roumi soit encensé aux États-Unis, pays qui compte désormais cent cinquante ouvrages sur le mystique de Konya contre trois dans les années soixante-dix, ce qui représente autant d'antidotes contre ce qu'il appelle l'amnésie spirituelle du monde occidental.

Quand Kudsi se déplace, c'est avec ses meilleurs neys, soigneusement rangés dans des coffrets qui ressemblent à de petits étuis à violon. Mais la flûte ce jour-là n'est pas extraordinaire, un peu raide, et ne l'inspire pas, malgré le grand soin qu'il en prend, les caresses, les coups de chiffon doux. La prochaine fois, il choisira la meilleure, celle qu'il affectionne tout particulièrement et à laquelle il tient comme la prunelle de ses yeux. De temps à autre, Kudsi peste contre ces mauvais paysans qui ne savent plus planter les roseaux, qui mettent trop d'engrais, tu comprends, cela fait de mauvais roseaux donc de mauvais neys, avec des anneaux irréguliers, alors que ce qui compte c'est la finesse du bois, sa densité, comme les roseaux de jadis à Antakya, tu sais, dans ces paysages des confins de la Turquie, de toute beauté, ceux dont parle Yachar Kemal, alors qu'aujourd'hui le bois est mou, comme une âme maudite, on devrait empêcher cela, la pollution de la terre comme de l'âme, heureusement il y a le soufisme, qui est une écologie humaine.

Comme Barmak, Kudsi Erguner est un homme jovial et secret qui aime communiquer par la musique, celle qui éveille l'envie, dit-il, le désir caché, subconscient, celui qui est important car il est la promesse de la connaissance de Dieu et on prend dans la musique ce qu'on veut, l'éveil ou l'endormissement, la passion ou la sérénité, comme dans les poèmes de Roumi.

Soufi aux origines mélangées, petit-fils d'un Cosaque et d'une Grecque, Kudsi a joué avec les grands de la world music, dont Peter Gabriel, a invité en Europe Nusrat Fatih Ali Khan, qu'il a contribué à faire connaître, et s'est lancé dans quelques bœufs avec Didier Lockwood. Infatigable musicien, il a aussi enregistré maintes bandes sonores de film pour Costa Gavras, Martin Scorsese ou Peter Brook et son *Mahabharata* ou *Rencontres avec des hommes remarquables*, d'après le livre de l'ésotériste Gurdjieff, ainsi que l'orchestration de chorégraphies, notamment celles de Carolyn Carlson et de Maurice Béjart, autant d'initiatives, de concerts et de disques qui lui permettent de jeter des ponts entre l'Orient et l'Occident, même si celui-ci depuis deux siècles, certes fasciné, multiplie les incompréhensions et les légèretés. Maurice Béjart, qui a vu Kudsi « faire vibrer la montagne dans les *Rencontres avec des hommes remarquables* », a été lui aussi fasciné par les danses des derviches tourneurs et à force de contempler le *sama* il s'est rapproché de Djalaluddine Roumi, qu'il appelle « mon frère, notre maître : Maulana, comme chaque jour, je viens entre tes vers chercher la fleur qui sera le parfum de ma méditation ».

Après un orientalisme de pacotille, celui des romantiques du XIXe siècle qui voyaient dans l'Orient leur propre miroir, une image douce, voire voluptueuse, fantasque, voilà que l'Occident se lance dans une autre légèreté, celle d'un orientalisme sans racines, insouciant. Or le soufisme permet mieux que cela, mieux qu'une carte postale, mieux qu'une image de folklore et de moines dansants. Sait-on à l'Ouest que les confréries ont empêché dans maints pays la montée de l'intégrisme ? Sait-on qu'elles ont sauvé des peuples entiers de la malédiction, par un lent travail d'éveil à la spiritualité et d'entente entre les peuples ? Qu'elles ont servi en Turquie, par la richesse notamment des écrits de Roumi, de ses interprétations, à réconcilier modernisme et tradition islamique ? L'Occident ainsi n'a-t-il pas souvent puisé dans l'Orient que ce qu'il désirait y trouver, une sorte de reflet à ses fantasmes ? Victor Hugo est l'un des rares à pressentir la force du souffle oriental, en dehors de tout romantisme, à saisir la puissance tranquille du mystique qui tance les suzerains, tel le derviche dans *Les Orientales* qui se moque du puissant, « vizir de ces guerriers de ces grands nombres », lequel ne le tue pas. Au risque de passer pour hérétique, Hugo s'enferre même à clamer à moins de trente ans que, dans la poésie orientale, « tout est grand, riche, fécond, comme dans le Moyen Âge, cette autre mer de poésie ». Les racines de l'histoire, plaide-t-il encore, sont davantage à rechercher en Orient que dans Rome et la Grèce.

En retour, les modernistes turcs, qui cherchaient dans les écarts des orientalistes européens les clés d'une nouvelle interprétation de l'islam, y ont trouvé une version du soufisme teintée par la vision occidentale. Le message de Roumi fut ainsi détourné, déconnecté de ses vertus de tolérance, soumis à un carcan trop rationnel, cartésien. C'est aussi l'avis de l'Iranien Seyyed Hossein Nasr, professeur à l'université George Washington à Washington, auteur prolifique sur le soufisme, qui estime que l'Occident a certes accepté le concept de l'univers infini mais sans comprendre vraiment le sens symbolique de cette affirmation, en raison d'un vide métaphysique ou de l'absence d'une « théologie de la nature ».

Mais ce qui irrite davantage Kudsi, c'est de voir comment le soufisme a été maltraité par le régime turc depuis Mustafa Kemal, comment il a été décapité puis manipulé, exploité. Quand je lui demande de m'accompagner à Konya, la ville de Roumi, Kudsi accepte de gaieté de cœur, malgré son emploi du temps chargé, ses disques à enregistrer, ses archives à trouver et les fidèles qui attendent de le voir à Istanbul. Puis, avec ce mélange de sensibilité attristée et de jovialité qui le caractérise, il reprend un morceau de flûte, sous le regard attendri de l'Américain et face à Barmak, qui regrette d'avoir laissé sa guimbarde à la *pansiyon* et sur les joues duquel, au bout de quelques minutes, alors que le soleil berce les dômes de la mosquée Sultan Ahmed et que le fils de Kudsi commence à se fatiguer, des larmes se mettent à perler tout doucement.

Istanbul

La poésie persane, qui est aussi celle de Roumi, est si l'on en croit le philosophe Nasruddîn de Tus, contemporain du mystique soufi, qui a eu la délicatesse de naître deux ans avant lui et de mourir un an après lui, « un discours rythmé et rimé », de sorte que le vers persan est devenu une rhétorique à part entière, capable de susciter toutes les imaginations et d'engendrer tous les émois, dans un genre qui s'étend du lyrisme amoureux à la satire en passant par la poésie de cour, le conte philosophique, l'épopée ou le roman. Victor Hugo, qui citait Hafiz, Roumi et Sadi, estimait qu'« il y a beaucoup d'analogie entre la poésie italienne et la poésie persane. Des deux parts, madrigaux, concetti, fleurs et parfums. Peuples esclaves, poésies courtisanesques. Les Persans sont les Italiens de l'Asie ». En fait, comme chez de nombreux poètes persans, raisonnement et imagination se confondent dans la poésie de Roumi, qui a pour tâche de déclencher l'un et l'autre par le rythme, la répétition, la rime. Une sorte de transe douce se crée ainsi, loin de toute excitation, de tout énervement avec pour ivresse celle des mots.

Cette ivresse plaisait aux rois et aux princes, surtout ceux de l'Iran oriental, les Samanides et Ghaznévides, qui se composaient une cour de poètes, pensionnés et parfois rétribués aux vers quand ceux-ci se révélaient particulièrement élogieux, de telle sorte que les trouvères et chantres sollicitaient parfois un beau pactole avant de poursuivre leur panégyrique, quitte à pratiquer de temps à autre une grève du mètre, comme Ferdousi qui, furieux que le roi Mahmoud le Ghaznévide aux environs de l'an mille ne lui alloue que soixante mille pièces d'argent, soit un dixième de la somme promise, s'en va décliner dans les rues toutes les vilenies qu'il peut imaginer sur son roi, facile à railler puisque le sultan est fils d'esclave. Le poète tance le roi et les rois meurent avec les vers de Ferdousi sur les lèvres. Quand il ferraille pour l'ultime bataille, le sultan des Seldjoukides Tughrul Beg, à l'agonie, murmure le poème de l'auteur de *Chahnameh*, le *Livre des Rois* : « Quand la poussière se leva à l'approche de l'armée, / Les joues de nos illustres soldats devinrent pâles. » Et le roi expira.

Kudsi lui se moque d'autres rois, des islamistes qui s'érigent en commandeurs des croyants sans avoir compris l'essence de l'islam, la tolérance qui sourd du Coran tel un fleuve souverain aux flots lourds et tranquilles. Tel est le drame de la Turquie, victime de la vision sectaire des dogmatiques et des fantasmes de l'Occident qui ne voyait que lubricité dans les bains turcs, répétés en particulier dans les tableaux et gravures du XIXe siècle, alors que les artistes ottomans représentaient les mêmes bains comme des lieux d'échange et de dialogue, telle *La Maison de bains des hommes*, célèbre gravure de 1810 appartenant à la collection Stratford Canning d'un non moins célèbre « Turc anonyme ». Quand le maître Celâleddin Celebi, trente-deuxième descendant de Roumi, moderniste francophone et franc-maçon turc profondément attaché aux valeurs républicaines, lui propose le titre de chef spirituel de la Fondation *Mevlana* en Turquie, Kudsi refuse afin de demeurer indépendant de tout système. Il constate dès lors que les islamistes, après avoir traité les soufis comme hérétiques, font tout pour les récupérer et les accommoder à leur sauce, en créant entre le courant traditionnel et la version modernisée et occidentalisée un troisième courant. Dans les prêches des fondamentalistes, Roumi devient un dévot acquis à la cause des plus radicaux, un bigot qui rejette la danse et la musique. La preuve encore une fois que les islamistes, comme les libéraux trop acquis aux sirènes occidentales, n'ont rien compris à l'essence du soufisme, qui est à la fois exigence vis-à-vis de soi et tolérance dans le rapport à l'autre. Est-ce un hasard si les soufis citent parfois le dominicain et philosophe du XVIe siècle Giordano Bruno comme compagnon d'hérésie ? Convaincu qu'une part du divin se trouve en l'homme, il fut jugé pour sacrilège par l'Inquisition lors de son retour à Rome, après un long séjour à Zurich et à Londres, et brûlé vif en place publique en l'an 1600.

Route de Konya, Turquie

Sur la route de Konya, on dénombre maintes nouvelles mosquées, une somme interminable d'auberges à brochettes et beaucoup de garages, ce qui me permet d'abandonner mon véhicule, mal en point, dans la bonne bourgade de Kaynasli, véhicule laissé aux mains d'un mécanicien à la recherche d'un *balata*, d'un disque d'embrayage, et de partir en bus, de nuit, pour la ville de Roumi afin d'y rejoindre Kudsi et Barmak. Les bus de nuit qui sillonnent la Turquie à tombeau ouvert, avec parfois de beaux cartons sur les bas-côtés, offrent au moins l'avantage de pouvoir lier connaissance avec son voisin, de l'autre côté du couloir qu'emprunte régulièrement le deuxième chauffeur avec serviettes en papier, eau de Cologne, verres d'eau fraîche et bonbons acidulés. Mon voisin de l'allée, gros, du genre à occuper deux fauteuils à lui tout seul, est du coin et se rend à Konya afin de revoir sa famille. Mehmet est un type débonnaire, toujours prêt à rendre service, quitte à renverser un ou deux verres d'eau, mais ne vous inquiétez pas, ça ne tache pas, vous serez juste un peu humide, et il déclame son amour pour Istanbul, la ville où l'on trouve de tout, où les Anatoliens peuvent oublier leur pauvreté, où les migrants peuvent s'enrichir, où les femmes sont plus belles qu'ailleurs, puis il s'endort profondément, la bouche ouverte, pour se réveiller mécontent qu'un autre voisin puisse oser ronfler. L'avantage avec Mehmet, c'est qu'il connaît par cœur toute la route, ses virages, ses endroits dangereux, ses points de vue, qui doivent être admirables le jour mais demeurent obscurs la nuit, ses champs « officiels » d'opium, à Afyon, mot persan qui signifie précisément opium, et qui sont désormais aux mains de l'industrie pharmaceutique après avoir nourri quelques générations de médecins grecs, encouragés par la référence dans *L'Odyssée* à un breuvage « permettant d'oublier toutes les tristesses », et de dignitaires ottomans.

Au bout de la route, une ancienne steppe devenue verdoyante aux parcelles soigneusement cultivées, Konya dresse ses minarets au-dessus d'une multitude de petites mosquées et de rues larges, ce qui avait frappé Ibn Battouta au début du XIVe siècle, avouant avoir découvert « une grande ville, bien bâtie, abondante en eaux, en rivières, en jardins et en fruits ». La cité des Seldjoukides qui décida de conserver les armoiries de Byzance, l'aigle bicéphale, a aussi repoussé sa propension à détruire les images, cette manie que l'on retrouve si souvent lors des étapes sur la route de la Soie, puisque les sultans de Rum, c'est-à-dire de Romanie, l'ancien pays des « Romains d'Orient », s'avérèrent plus que tolérants à l'égard des peintres et artistes non seulement du coin mais de tout l'Orient. Ils reprenaient ainsi la tradition d'Ikonion, l'ancien nom de la ville au temps des Grecs qui provient de l'icône affichée à l'entrée de la cité après que Persée, fils de Zeus, eût délivré la contrée des méfaits d'un dragon amateur de chair fraîche et qui consommait un nombre incalculable de belles femmes. Cette légende se retrouve elle aussi sur la route de la Soie, jusqu'aux confins de l'Afghanistan, aux environs de Bâmyân, précisément à l'endroit où l'iconoclasme fut l'un des plus forts de l'histoire, celui des talibans, qui non seulement détestaient Roumi, « un compatriote pourtant », dit Barmak, mais aussi les bouddhas de pierre, symboles de la même tolérance.

La ville décrite par Xénophon et Strabon gardera le nom d'Ikonion puis d'Iconium en latin pendant toute l'Antiquité gréco-romaine et sous le Moyen Âge byzantin, avec cette même propension à défendre les images, les peintures et les miniatures. Et quand les sultans seldjoukides en font leur capitale, Konya s'illustre par la beauté de ses miniatures, dont celles qui accompagnent l'ouvrage de Mahmud Dede, rédigé de 1588 à 1590 sur la commande du sultan Murad III et qui retracent la vie, l'extase et la mort de Roumi, notamment celle où il fut témoin de l'assassinat de son maître Shams par des sicaires enturbannés et au regard aussi doux que celui des disciples du soufi. Une autre fameuse miniature représente Sélim II, fils de Soliman le Magnifique, une coupe de vin chypriote à la main alors qu'il gouvernait la province, rapporte le romancier Nedim Gürsel dans son livre *Mirages du Sud*. Or cette icône est particulièrement prémonitoire dans la mesure où le même Sélim, une fois nommé sultan, continue à cultiver son penchant pour la dive bouteille, s'enivre dans le sérail, fait une chute un soir au hammam et meurt d'une hémorragie cérébrale, événement que rappelle l'écrivain turc à la télévision en désignant le souverain sous le surnom de « Selim l'ivrogne », ce qui finit par provoquer le courroux de maints compatriotes.

Dans les rues de Konya se croisent désormais nombre de visages voilés, les marchands de journaux cachent les revues aux starlettes effeuillées et les affiches publicitaires qui vantent les mérites de la femme ont disparu, comme si de nouveaux iconoclastes avaient remplacé les iconolâtres d'hier. La ville s'est étrangement arrogé le titre de fief des islamistes, d'abord avec l'aide des militaires, maîtres d'œuvre du coup d'État de 1980, pourtant dépositaires du dogme kémaliste et laïc, qui voyaient dans le religieux un contre-pouvoir au communisme. Certaines étudiantes ici se révèlent si dévotes qu'elles ont inventé un système ingénieux pour pouvoir se rendre en tenue islamique à l'université : une perruque posée sur le voile, stratagème vite démasqué par les vigiles. Des hommes d'affaires particulièrement zélés, à la tête d'empires industriels, ont même banni le recours aux prêts à intérêt, peu conformes aux principes du Coran. Ces empires, appelés les « tigres d'Anatolie », avec pour fleuron le holding Kombassan dont la tour domine la ville, inquiètent tellement les militaires turcs qu'ils les ont placés sur une liste noire. Et, à la veille des élections, le parti islamiste envoie des charters en Allemagne chercher des travailleurs immigrés afin qu'ils rentrent gratis au pays le temps de voter.

Le berceau de Roumi, la terre d'accueil de ses pensées de tolérance, de ses écrits sur l'amour de l'autre, fut confisqué par les sectaires. Comme si la fervente piété léguée par le poète mystique avait été récupérée au profit des partis fondamentalistes, qui y ont instauré un ordre strict. Comme si les vers de Roumi, que l'on entend psalmodiés à l'ombre de son *tekké*, son couvent, « Les fils ont brisé leurs chaînes ! Quand allez-vous laisser de côté toute ambition », étaient destinés à sombrer dans l'oubli.

Kudsi, qui a emporté pour l'occasion son meilleur ney, une vieille flûte de cent ans taillée dans un roseau dense, aux anneaux réguliers, de couleur brune, est à la fois aux anges et consterné, heureux de retrouver la dernière escale de Roumi, après son errance de jeunesse, là où il a découvert une foi renouvelée, et l'amour du divin enfoui en lui, et consterné par tous ces marchands du temple, ces profiteurs de l'image de Roumi. « Où que tu te tournes, tu trouves du Roumi, regarde, là c'est le parking Mevlana, ici la cafétéria Mevlana, là-bas les brochettes Mevlana, l'épicerie Mevlana ! À croire que les dévots ici le sont d'abord pour ramasser des sous... » Ce en quoi Konya ne manque pas à sa réputation, celle qu'avait notée le chevalier bourguignon Bertrandon de la Brocquière au XIVe siècle : « Cette ville, la meilleure que possède le Seigneur de Karaman, est une ville bien marchande », jugement approuvé par Gide, qui débarque à la gare un matin de 1914 par le train de Bagdad et s'émeut de cet endroit où « tout est sali, gauchi, terni, adultéré ». Et pourtant, Roumi avait prévenu les dévots : « Après ma mort, ne cherchez pas mon tombeau dans la terre. Mon tombeau est dans le cœur des gens de connaissance. »

Si ce mélange de dévotion et d'affairisme a de tout temps existé, en tout cas depuis Roumi – « Konya est une vasque d'or dans laquelle fourmillent des scorpions » –, il n'a jamais été aussi hypocrite, récupérant le sacré au profit des radicaux et des marchands, qui sont souvent les mêmes.

La danse des derviches a ainsi été inventée par Roumi lorsqu'il entendit le martèlement des argentiers et des orfèvres dans les rues de Konya et le bazar des batteurs d'or, comme une pluie de bruits réguliers dont la cadence évoquerait un chant, une scansion de vers, une invocation de Dieu, rythme qu'adoptent aussi les poèmes du mystique et qui étonna Barrès pour qui l'auteur du *Dîvan de Shams de Tabriz* est « un si grand poète, aimable, harmonieux, étincelant, exalté, un esprit où émane du parfum, des lumières, du musc, un peu d'extravagance, et qui, rien que de la manière dont sa strophe prend le départ et s'élève au ciel, a déjà transporté son lecteur ». Le *kudum,* cet instrument de percussion fait de petites timbales et utilisé lors des cérémonies, est censé rappeler ce rythme des orfèvres, avec un cycle de vingt-huit ou cinquante-six temps. Le souvenir de ses jours de mélancolie, la main adossée à un pilier du *tekké*, et ce rythme lancinant ont engendré chez Roumi un lent mouvement sur soi, cette danse qui mène à la transe, un chausson en contact avec le sol, l'autre qui donne l'élan dans une giration qui symbolise le cycle des planètes autour du Soleil, comme si Roumi avait découvert intuitivement, bien avant les astronomes européens, l'ordre cosmique et la rotation des astres.

Désormais, c'est le négoce qui gravite autour du couvent de Roumi, au centre de la ville, qui compte un million d'âmes. Quand il retrouve Kudsi, à l'intérieur du *tekké*, Barmak, qui a fait comme moi un long voyage par la route, est ému. Voilà enfin l'antre du maître, celui qui a bercé ses nuits de jeunesse, les poèmes répétés à l'école de Kaboul, et ces milliers de vers relus et relus en exil, comme un lien avec son port d'origine, un refrain obsédant qui a bercé ses oreilles d'expatrié tandis que la guerre tonnait en son pays, brisant les paroles de certitude de Maulana, celles d'amour, et donnant raison à sa prophétie : « La raison a vu un négoce et s'est mise à commercer. »

Kudsi, qui se fraie un chemin au milieu d'un groupe de touristes turcs, s'est assis sur une terrasse qui borde l'entrée du *tekké*, devant la fontaine aux ablutions et une cour de dalles de marbre. Au-dessus de la porte du mausolée, on peut lire une inscription rituelle, *Yâ Hazret-i Mevlâna,* « Ô Sa Sainteté Mevlana », puis une deuxième, qui émane du poète persan Djami, le plus fameux des écrivains timourides, disciple d'un maître soufi de la branche des naqchibandis, qui écrivit une sorte de synthèse des poètes soufis, Nezami, Attâr, Roumi, Hafez, mort en 1492, et originaire de Jam, dans l'actuel Afghanistan, un endroit perdu entre deux hautes vallées dont il ne reste plus qu'un minaret aux origines mystérieuses et où va me mener cette longue route de la Soie et du soufisme : « C'est ici le Temple des amoureux de Dieu. Ceux qui sont venus imparfaits sont devenus accomplis. » Alors Barmak s'approche de Kudsi, extrait de son sac un livre de poèmes de Roumi et se met à le déclamer à voix haute, la gorge brisée, les yeux humides, tandis que son voisin entame un morceau au ney. Dans une salle du couvent, le mausolée de Roumi, défilent les pèlerins venus de toute la Turquie et même d'autres pays devant des agents que Barmak maudit pour leur méconnaissance de l'histoire du maître, la preuve selon Kudsi que le régime a tout fait pour à la fois récupérer l'image du soufisme et pour l'étouffer un peu plus, comme on garrottait au temps des Ottomans, avec une cordelette de soie. Barmak est visiblement de plus en plus ému, glisse sur le parquet de bois, s'arrête devant toutes les sépultures des proches de Roumi, comme s'il attendait cela depuis les premiers poèmes appris, à l'âge de dix ans, tandis que Kudsi fulmine contre le gouvernement qui n'a toujours pas compris que l'héritage de Roumi ne lui appartient pas mais appartient à l'humanité.

Là où Kudsi peste le plus, c'est lorsqu'il découvre l'ancienne salle de *sama*, de cérémonie, que les fidèles de Roumi utilisaient pour leur danse tournoyante et qui est reconvertie en musée avec des mannequins de cire, une hérésie, c'est comme si on vous installait un musée Grévin dans Notre-Dame, non vraiment ce régime est hypocrite, d'abord il a interdit notre mouvement et ensuite il l'a récupéré, et encore, tellement mal... Kudsi se rappelle alors son enfance, quand son père lui enseigna les préceptes du soufisme dans un *tekké* d'Uskûdar, sur la rive asiatique, et que le gouvernement a transformé en centre de l'amitié turco-américaine, une grosse erreur, dit-il, l'occasion idéale pour les Américains de se mettre à dos tous les soufis d'Asie Mineure, même si ces derniers ont renoncé à enfiler leur costume de cérémonie pour visiter le *tekké*, par peur de représailles.

En 1925, les kémalistes ont ordonné la fermeture du *tekké* de Konya, qui n'a pu rouvrir ses portes que dans les années cinquante, avec des concerts pour ragaillardir les officiers américains qui séjournaient en Turquie. Kudsi se souvient de la fille d'un général turc, qui singeait les Américains, chewing-gum dans la bouche, demandant à tout-va : « Mais alors ils sont où, ces derviches ? » comme s'il s'agissait de sortir des chimpanzés de leur cage. Le père de Kudsi, figure importante du mouvement, ainsi que ses compagnons ont très vite compris qu'il ne fallait plus cautionner cette tendance au folklore, et Kudsi lui-même, jeune musicien, a renoncé à se rendre au *tekké* dans les années soixante-dix.

C'est dans la tristesse que Kudsi se révèle le plus, loin de sa gloire, loin de ses aficionados qui le reconnaissent dans la rue et lui demandent quelques autographes ou des paroles de bénédiction. S'il a hérité du nom d'Erguner, qui n'est pas celui de ses aïeux, c'est à cause de son grand-père qui fut disciple d'Ergun Celebi, descendant de Roumi, et qui voulut ainsi lui rendre hommage. En fait le grand-père Süleiman s'efforçait de perpétuer la musique de cérémonie, l'*usul*, vieille tradition du mouvement soufi issue des XIVe et XVe siècles dans laquelle Kudsi a baigné de toute éternité. Protégées par les sultans, et surtout par Sélim III qui, monté sur le trône en 1789, s'avéra être un fidèle disciple de Roumi, les confréries soufies dans l'Empire ottoman possédaient maintes maisons et fondations, les *wakf*, que les républicains ont interdites avec Mustafa Kémal. Tous les documents des *wakf* ont alors été mis dans un wagon et envoyés en Hongrie pour y être vendus comme papier brut, documents qui selon la légende seraient en fait aux mains des Bulgares et que certains fidèles téméraires et entêtés se proposent de retrouver. S'il en était ainsi, reconnaît Kudsi, cela redonnerait un sacré coup de pouce au mouvement de Roumi.

Konya

Kudsi, malgré sa tristesse de voir Konya transformé en grand bazar de la mémoire de Roumi, est en verve et devant une sorte de pizza turque, la spécialité locale qu'il ingurgite goulûment, commente la tumultueuse histoire de la ville, capitale de la confrérie accaparée par les islamistes. Au bout de l'avenue, légèrement sur la gauche, on peut trouver au milieu d'un minuscule parc la mosquée de Shams de Tabriz, celle qui abrite le tombeau du maître spirituel de Roumi. Si le couvent de Roumi est très fréquenté, piétiné quotidiennement, la mosquée de Shams reste étonnamment désertée, hormis les riverains et quelques fidèles qui s'évertuent à venir y prier régulièrement. L'endroit il est vrai ne paie pas de mine, avec ses tapis modernes, loin des « tapis persans qui ressemblent à des labours sombres pétris de fleurs écrasées » chers à Élie Faure, ses murs à moitié peints et sa perpétuelle odeur de térébenthine. En fait, dit Kudsi, ce tombeau n'a rien de véritable et on est à peu près sûr que son corps ne repose pas ici, mais il fallait bien lui trouver une dernière demeure, fût-ce sous la forme d'un cénotaphe oublié, et c'est ici qu'il a vu enfant de nombreuses *samas* alors que le *tekké* de Roumi était encore fermé, et dans le mausolée dédié à Shams, les derviches dansaient, dansaient, dansaient, jusqu'à l'épuisement, dans une folle sarabande qui ne laissait personne indifférent, même les non-croyants, et dans l'assistance on voyait des têtes se pencher pieusement, d'autres s'émouvoir jusqu'aux larmes.

Kudsi est visiblement heureux de montrer la Semsi Tebrizi Camii, la mosquée de Shams de Tabriz, loin des touristes et des hordes de marchands, même si un jour les rues avoisinantes verront surgir un parking Shams, une épicerie Shams, un restaurant Shams. De la nature des relations entre Shams et Roumi, il estime qu'elles sont taboues, et en tout cas ambiguës, et que la version orthodoxe religieuse en reste à l'état d'amour spirituel alors qu'il pourrait s'agir plutôt d'amour charnel, bien que nombre d'exégètes offrent la version d'un amour certes terrestre mais qui serait demeuré platonique. Roumi, voulant couper court à toute rumeur, s'exclamait : « Ivre de tes lèvres, bien que d'étreinte pour moi il n'y ait pas », sans que l'on puisse savoir si l'absence d'étreinte était due à la mort de Shams ou à l'abstinence de son vivant.

Quoi qu'il en soit, la rencontre avec Shams fut déterminante pour Roumi à qui, selon son disciple Aflâki, le derviche voyageur posa à la sortie du collège une première question sur le Prophète et un mystique, « Qui est le plus grand, Muhamad ou le soufi Bâyazit Bistami ? », puis une seconde sur le sens des exclamations du Prophète, « Je ne T'ai pas connu comme il fallait Te connaître », et du saint, « Gloire à moi ! que ma dignité est élevée ! » Quand Roumi, juché sur une mule, suivi de ses disciples, réalisa que le derviche mettait l'accent sur la deuxième exclamation, celle du soufi qui accomplissait son expérience mystique en diluant son ego dans le divin, révélatrice selon lui de l'unité de Dieu, de sa créature et de la pure relation d'amour qui existe entre le sacré et l'homme, il s'évanouit. À l'époque, pourtant, on assassinait pour moins que ça, comme le mystique Al-Halladj qui s'exclama « Je suis Dieu » avant de connaître la corde réservée aux hérétiques.

Lorsqu'il reprit ses esprits, Roumi retourna au collège avec l'étrange moine errant, âgé de soixante ans, puis s'enferma avec lui pendant quarante jours, assimilés à une retraite que beaucoup jugent non exclusivement spirituelle. « Les secrets devinrent pour Roumi manifestes comme le jour », écrit Sultan Valad, son fils, dans *Parole secrète*. L'inconnu, qui répond au nom de Shamseddin, le Soleil de la Religion, devient l'initiateur, le guide mystique de Roumi qui entendit de son nouveau maître « ce que personne n'entendit jamais de personne, écrit son fils Sultan Valad. Les secrets devinrent pour lui manifestes comme le jour. Il vit celui qu'on ne peut pas voir. Il devint amoureux et fut anéanti ».

Orphelins du maître, les disciples de Roumi s'émeuvent alors de son état second, lui qui est trop absorbé par ses réflexions et par l'amour mystique. Ils en veulent à Shams, désirent l'expédier *ad patres,* d'une façon pas très mystique : « Quel est cet homme qui nous a ravi notre Maître, à la façon d'un ruisseau qui emporte une montagne? Shams l'a caché aux yeux de tout le monde; personne ne retrouve plus ses traces. » Le derviche doit reprendre son bâton de pèlerin, fuit l'Anatolie, puis y revient, mandé par le fils de Roumi, lequel n'a rien perdu de son exaltation. Mais les jalousies elles aussi demeurent et le climat devient bientôt infernal pour Shams.

Quand il disparut à jamais de Konya, en décembre 1247, probablement éliminé par les disciples de Roumi, celui-ci devint ivre de douleur, « fou de désespoir » selon son fils, et il se lança dans l'écriture d'un recueil, le *Dîvan de Shams de Tabriz,* merveilleuse suite de poèmes d'amour mystique, et s'adonna à la danse giratoire afin de se rapprocher du cosmos sacralisé. « Le Maître qui était savant, par amour devint poète, écrit encore Sultan Valad ; il devint soûl, bien qu'il fût dévot, non par le vin extrait du raisin : son âme lumineuse n'avait bu que le Vin de la lumière. »

Les écrits de Roumi, surtout les *ghazals*, des distiques dont les rimes se répètent généralement d'un bout à l'autre du poème, construits comme un thème musical, avec un rythme lancinant destiné à évoquer l'éternel et l'absolu, sont troublants, dans la mesure où il décrit par une pensée intuitive les périls de la fission nucléaire, s'attarde sur le système planétaire et se lance dans la psychanalyse sept siècles avant Freud, avec des fulgurances qui placent l'imagination et l'inspiration au premier rang des méthodes, bien avant la connaissance scientifique qui selon lui n'est souvent pour l'homme qu'un leurre masquant son arrogance, sa cupidité et sa petitesse. Roumi chante la présence théophanique de l'être aimé, qui incarne l'attachement pour le divin, et l'amour devient une transposition de l'amour sacré. Le poème sert ainsi à célébrer l'amour divin et l'amour profane à la fois, l'un se confondant avec l'autre, dans une lignée qui va de Hafiz jusqu'à Aragon avec son *Fou d'Elsa*.

Ainsi l'œuvre de Roumi est-elle non seulement l'expression d'une unité indicible et d'une religion intérieure, provoquée par la douleur de la séparation avec son maître, et dans laquelle se confondent amour profane et amour sacré, mais aussi et surtout une œuvre profondément œcuménique, estimant que les religions ne diffèrent pas mais ne font qu'une, avec des cheminements divers, ce qui fait qu'il fut vénéré par les représentants de toutes les croyances dans la contrée. À ses funérailles, en décembre 1273, grand moment de concorde entre communautés religieuses, juifs, musulmans, chrétiens, idolâtres, se pressaient derrière le cercueil de celui qui aimait s'entourer de gens de toutes les confessions, dans un incroyable tumulte où l'on entendait des moines lire des versets des Psaumes, du Pentateuque, de l'Évangile. Roumi devient alors le « Moïse des juifs » et le « Jésus des chrétiens », intégré dans les traditions judéo-chrétiennes qui vénèrent en Anatolie ses enseignements universalistes et œcuméniques. Konya engendra une synthèse inédite, une mentalité d'ouverture nouvelle qui ferait frémir bien des sectateurs aujourd'hui. Sans être convertis, de nouveaux fidèles, juifs et chrétiens, portèrent ainsi l'esprit du mouvement derviche dans toute l'Anatolie, puis les soldats et officiers de l'armée ottomane à leur suite.

Konya

Six siècles plus tard, Nerval s'émerveille de voir à Constantinople des derviches assister à la messe car « la parole de Dieu leur paraissait bonne dans toutes les langues », et encore plus du fait qu'ils n'obligent personne à se lancer dans leur danse spirituelle, « ce qui pour eux-mêmes est la plus sublime façon d'honorer le ciel ». Quand le sultan apprit la nouvelle, étonné de tant de ferveur de la part d'infidèles pour la mort de Roumi, un musulman, il fit venir les prêtres qui lui répondirent : « En le voyant, nous avons compris la vraie nature telle que nous l'avons lue dans nos livres. Si vous autres musulmans vous dites que Mevlana est le Mohamed de son époque, nous le reconnaissons de même pour le Moïse et le Jésus de notre temps. » Les non-musulmans citèrent alors les écrits du défunt : « Soixante-douze sectes entendront de nous leurs propres mystères ; nous sommes comme une flûte qui dans un seul monde s'accorde avec deux cents religions. » Le sultan en resta coi. « Un des disciples de Roumi qui pleurait, écrit Aflâki, entendit une voix mystérieuse qui récitait : *Les vrais croyants ne meurent pas mais ils sont transportés d'une demeure à une autre demeure.* »

Hegel, impressionné par cette théorie de l'unité, cite volontiers Roumi dans son *Précis de l'Encyclopédie des sciences philosophiques* : « On peut dire que cette unité spirituelle est une élévation au-dessus du fini et du vulgaire, une transfiguration du naturel et du spirituel, où précisément l'élément extérieur et caduc du naturel immédiat et du spirituel empirique et temporel est éliminé et absorbé. »

En fait, si la pensée de Roumi peut servir à se sentir plus proche de Dieu, dit Kudsi, ou à sentir Dieu sur terre, dans le cœur de chaque fidèle, sa poésie, qui paraît de prime abord hermétique, non seulement l'inspire pour sa musique mais aussi lui permet d'approcher un idéal, un idéal de paix, d'amour et d'harmonie que l'artiste soufi ne trouve plus ni dans l'islam ni dans la civilisation occidentale.

Dans les rues de Konya, non loin du *tekké* de Roumi, un homme tout de noir vêtu, plutôt habillé à la mode, aux lunettes à monture de plastique carrée et aux cheveux gominés, nous suit avec obstination, ce qui ne laisse que deux certitudes au bout de quelques minutes : soit il s'agit d'un fidèle soufi qui a reconnu Kudsi, soit d'un indicateur ou de quelque commis du régime chargé de suivre un dangereux ennemi de la laïcité. Au bout de plusieurs virages à angles droits, convaincu au moins d'une chose, la ténacité de notre suiveur, je lui demande quel est l'objet de cette mission, et l'homme, qui est jeune et affirme s'appeler Mete, répond qu'il a bien reconnu Kudsi Erguner, le fameux musicien, le poète soufi, mais qu'il n'ose l'aborder, ce qui est chose faite désormais puisque ledit Kudsi s'empresse de lui serrer la main. Mete est un jeune agent de voyages qui se déplace dans le monde de deux façons, par procuration, *via* ses clients, et par le soufisme, puisqu'il dispose d'un réseau grâce à Internet dans le monde entier. En bredouillant quelques mots, Mete demande instamment au maître de lui dédicacer son livre qu'il a justement dans sa mallette, *La Fontaine de la séparation,* ouvrage soigneusement souligné de page en page tel un trésor d'étude que l'on relirait cent fois de suite et en même temps conservé pieusement telle une sainte relique. Si Mete accepte de nous suivre jusqu'à l'hôtel de Kudsi, c'est pour profiter au maximum de sa présence et discuter avec lui, petit bout par petit bout, presque page par page si l'on peut dire, et Kudsi ne renâcle pas à palabrer en toute simplicité avec ce jeune adepte qui semble tellement bien vivre les préceptes du soufisme. Le seul petit inconvénient, c'est que Mete, assis sur un canapé jaune un peu décrépit de la réception de l'hôtel Konya, annonce qu'un film est en train d'être tourné sur la vie de Roumi avec Al Pacino et Robert De Niro, ce qui suscite chez Kudsi un haussement de sourcils censé traduire un profond scepticisme ou une série d'exclamations dont la première est celle-ci : « Oh là là, qu'est-ce qu'ils nous préparent encore... », comme s'il craignait le pire dans cette superproduction spirituelle d'Hollywood.

Mete, qui est lui aussi sceptique, ajoute que l'on peut cependant marier spiritualité et bonnes affaires, la preuve, lui-même gagne bien sa vie avec son *bizness* et espère un jour convoyer des fidèles du soufisme dans d'autres villes, sur les routes de sa vie, sur son itinéraire spirituel, jusqu'à Kayseri en Turquie, Alep, Damas, Ispahan, Nichapour, et même, si les Afghans se décident à se calmer un de ces jours, jusqu'à Balkh, la ville natale du mystique, qui fut la capitale de la Bactriane et la cité-phare du Khorasan au temps des empires persans.

Sur la colline boisée de Konya, près de la vieille mosquée Alaettin, portant le nom du sultan seldjoukide de Rum qui régna de 1219 à 1231, et depuis laquelle le voyageur arabe Ibn Saïd al-Andalusi, du temps de Roumi, décrivait une ville merveilleuse où « les constructions sont en pisé, celles des notables et des riches étant blanchies, les résidences des princes et des grands ont des plaques de marbre blanc ou teinté », Kudsi, assis à la terrasse d'une café, sous une tonnelle de vigne, s'est mis à jouer un air sur sa flûte de roseau. Des femmes voilées et aux bras soigneusement cachés défilent en silence, tandis qu'un homme avec un calot jette un regard sombre au musicien soufi, qui n'y prête guère attention. Kudsi parle de son art, qui est une manière d'invoquer Dieu dans le cœur des hommes, « une musique qui éveille l'envie, le désir caché, celui qui se terre dans le subconscient, car tout peut perdre son sens, et même une musique faite pour éveiller parvient à endormir. C'est comme les poèmes de Roumi, on y pêche ce que l'on entend y trouver, et même l'amour du vin, ce qui est perçu si l'on est puriste comme un amour spirituel... »

En contrebas, après une rafale de thé à la menthe, Kudsi est alpagué par un commerçant de tapis polyglotte qui le connaît depuis des lustres et l'invite dans son vaste magasin, une sorte de caverne d'Ali Baba biscornue où se mélangent les objets d'art, les livres, les colliers, des cartons, de vieux journaux et des tentures sophistiquées. Le commerçant, qui a connu le défunt Idries Shah, haute figure du soufisme d'origine afghane, le présente au directeur du musée de Konya, ainsi qu'à une archéologue pakistanaise originaire de Lahore et à un universitaire britannique qui travaillent ensemble sur des fouilles à une cinquantaine de kilomètres, sur le site de Çatal Höyük, découvert dans les années soixante par James Mellaart qui explora là les restes d'une bourgade vieille de neuf mille ans, aussitôt déclarée la plus ancienne ville du monde. Le commerçant se gausse des deux chercheurs qui s'imaginent pouvoir reculer encore cette date limite, qu'est-ce qu'ils croient, pouvoir creuser encore et encore, labourer toutes nos terres pour trouver des os, dégotter quelques crânes et dire que les Turcs sont venus bien après, mais ils se prennent pour qui, bref, quelques remarques censées être drôles mais qui ne l'étaient pas, comme pour montrer à ces fouilleurs de strates d'aller creuser ailleurs afin que les secrets de Konya demeurent bien enterrés. Le Britannique, qui contemple l'archéologue pakistanaise avec les yeux de celui qui a trouvé une pépite, semble se moquer de ces délicatesses et paraît prêt à se rendre au bout de la steppe, et même aux confins de la route de la Soie, sur laquelle il reste beaucoup de choses à fouiller, afin de demeurer au plus près de cette créature, sentiment que l'on comprend quand on la regarde ne serait-ce que quelques instants. Elle donne raison au mythe établissant une filiation entre le site de Çatal Höyük et le bercail de Vénus, filiation que Roumi n'a en rien reniée, au contraire, puisqu'il insinue qu'il mélangea la danse et la musique mystique justement pour célébrer l'ancienne déesse, « car les habitants de l'Asie Mineure sont soumis à l'influence de Vénus ».

Le commerçant, lui, appartient au mouvement soufi international, ce qui lui donne l'occasion de s'entretenir avec Kudsi de l'un des grands courants, celui des naqchibandis, originaire d'Asie centrale, plus précisément du nord de l'Afghanistan et bien implanté aujourd'hui en Turquie ainsi que dans tout le Proche-Orient. Mais Kudsi se méfie comme de la peste de cet ordre soufi fondé au XIVe siècle par le mystique Baha al-Din Naqchband, mouvement qu'il s'évertue à appeler les « naqchi-bandits ».

Les bandits, en fait, sont encore nombreux sur la route de la Soie, surtout lorsque l'on subit quelques pannes de voiture, comme celle qui amène mon épave au garage de Mustafa, qui s'amuse à jouer non seulement sur les prix, jugés très élastiques, mais aussi sur nos nerfs jusqu'à ce qu'un travailleur immigré de retour d'Allemagne lui prie d'aligner ses tarifs sur ceux des garages du cru.

Je quitte Konya pour rejoindre Barmak, en route vers le lac salé et le caravansérail de Sultanhani, avec un sentiment étrange, comme si le charme de la ville des steppes opérait à nouveau dès que le regard s'en détache mais laissant en même temps sur sa faim le voyageur. L'ancienne Iconium des Romains, la cité évangélisée par saint Paul, la ville sainte des derviches récupérée à la fois par les laïcs purs et durs de l'ordre kémaliste et les conservateurs de l'islam, laisse un goût amer, modelé par trop de syncrétisme que ne suffit pas à mélanger la folle sarabande des moines tourneurs. La tolérance ici n'est plus qu'un faire-valoir. « Qui que tu sois, viens, disait Roumi. Que tu sois infidèle, païen, adorateur du feu, viens. Notre confrérie n'est pas celle du désespoir. Même si tu t'es parjuré plus de cent fois, viens. » Que sont devenues les paroles du maître ?

Anatolie

La steppe est plate comme le dos de la main et les rivages du lac salé, le Tuz Gölü, apparaissent au détour de la route, que sillonnent les camions et les autobus traversant toute l'Anatolie, trajet qu'empruntèrent Roumi et sa famille pour parvenir à Konya. L'aura légendaire du maître depuis s'est répandue dans toute la contrée. Sur ces steppes campa l'empereur mongol Hulagu Khan et ses cinquante mille hommes en septembre 1291 afin de prendre Konya et de mater l'Asie Mineure en rébellion, dix-huit ans après la mort de Roumi. Prendre la ville, cela signifie la détruire, à la mongole, la piller, la raser, la violer, et ne plus rien laisser de vivant afin de calmer l'ire du conquérant. Mais, au cours du siège, le Mongol fait un étrange rêve durant lequel lui parle Roumi, qui le prend à la gorge, commence à lui serrer la glotte, et lui lance d'un air de défi : « Konya, cette cité sainte, est nôtre, pourquoi désires-tu t'en prendre à ses résidents ? » Hulagu Khan s'éveille aussitôt, la mine défaite, mande ses lieutenants, leur passe un savon afin de se calmer les nerfs puis s'enferme pour méditer ce songe. Est-ce une prémonition ? Va-t-il mourir au cours du siège ? Cette apparition ne peut être que l'œuvre de ses ancêtres, les grands esprits, l'âme des morts qui court sur toutes les steppes des khans, de Mongolie jusqu'à l'Anatolie et les rives de la Méditerranée. Inquiet pour sa vie, Hulagu Khan envoie un plénipotentiaire arrogant dans la ville afin de demander aux notables si le souverain peut se rendre au hammam et discuter sur le sens de son rêve. C'est Sultan Valad, le fils de Roumi, qui accorde sa bénédiction à la visite de l'empereur mongol, accompagné tout de même par une petite escorte, deux mille hommes, une garde prétorienne de rien du tout mais suffisante en cas de grabuge. Le Mongol se rend au palais royal, sous le regard terrifié de la population, s'assoit en face du sultan de Konya et aperçoit un second personnage derrière lui.

— Qui est-ce ? demande l'empereur.

— Il n'y a personne, répond le sultan, je suis venu seul.

— Mais... je vois bien quelqu'un, il est de taille moyenne, avec une barbe grise, un turban sombre sur la tête. Il me regarde fixement...

Le sultan saisit la balle au bond et dit d'une voix calme :

— Seigneur, l'homme que vous venez de voir est Djalaluddine en personne, qui est enterré dans cette ville.

L'empereur est décontenancé, il pâlit, porte la main à sa gorge, comme si le rêve le hantait à nouveau.

— C'est étrange... J'ai aperçu sa silhouette et son visage dans un rêve cette nuit, il me disait que cette ville était à lui...

— Ce qu'il dit est la vérité, seigneur, la ville lui appartient, et son fils est le cheikh de l'endroit.

— Alors je dois lui rendre visite, lance l'empereur en se levant.

Quand il rencontre Sultan Valad, l'empereur est comme métamorphosé. Les deux hommes parlent des heures, et le souverain comprend que la conquête n'est rien, que seule compte la conquête des âmes, la conquête de soi, au bout d'un long cheminement à côté duquel la chevauchée des steppes n'est qu'une petite plaisanterie de cavalier minable. Les deux hommes se séparent comme deux amis, et le fils de Roumi place sur la tête du Mongol la coiffe des fidèles du maître. Puis l'escorte de Hulagu Khan quitte la grande porte d'entrée, s'en va vers l'horizon, ainsi que toute l'armée de cinquante mille hommes, déçue de ne pouvoir faire le ménage à sa guise dans la ville insolente. Le siège est levé, et Konya, qui vaut bien un rêve, est sauvé.

Quand on ferme les yeux dans ce décor de poussières chaudes où volent les particules au sein d'une pluie étoilée, on imagine un peu mieux la danse des derviches et l'objet de leur *sama*, de leur oratorio spirituel, la convergence entre le temporel et l'intemporel dans une léthargie propice au rêve.

Aux portes du lac salé, celui qu'approcha Roumi, lui qui n'eut de cesse de plonger dans la mer du Divin pour n'être plus lui-même qu'un « flocon d'écume », Sultanhani est l'un de ces *kervansaray*, l'une de ces auberges qui jalonnent la route de la Soie tous les quinze à trente kilomètres, soit une journée de voyage, destinées à abriter des générations de caravaniers épuisés par les marches forcées, les longues étapes, et les attaques des brigands. Construit par le sultan Kaykubad Alaeddin, celui-là même qui régna sur Konya, en 1229, cette forteresse représente l'un des plus beaux gîtes seldjoukides de Turquie avec sa salle à cinq nefs, sa mosquée aux quatre piliers, ses hammams, ses vastes chambres, son four et ses échoppes, et c'est dans ce genre d'endroit que Roumi et les siens s'abritèrent lors de leur périple, invités à Konya par le sultan qui avait entendu parler du père, le Sultan des Savants, depuis bien longtemps.

Dans ces caravansérails se rencontraient aussi les derviches qui voyageaient, car la route de la Soie permettait cet échange-là, celui de la poésie, des mots, des miniatures retraçant la vie de Roumi, et avec l'expansion de l'Empire ottoman, les couvents des mawlawi, les adeptes de Maulana, se propagèrent jusqu'aux portes de Vienne, les sultans accordant leur bénédiction à cet ordre qui conquit les âmes de plusieurs souverains.

Cappadoce

Au fin fond de la Cappadoce aux églises souterraines taillées dans la roche volcanique se terre un couvent, celui de Hacibektas. Il faut dépasser le lac salé et les hauts plateaux qui eux aussi ressemblent à une mer, à un miroir. Après les croisades et les conquêtes de l'islam, plus ou moins victorieuses, et l'apogée de l'Empire ottoman sous Soliman le Magnifique, la Sublime Porte et l'Occident voient dans cette route l'occasion de se redécouvrir, de se *considérer*, mouvement de respect mutuel qu'entretiendront les souverains des deux bords. L'Europe et la Porte, c'est le mariage du lys et du croissant, contre les bravades des sectaires de tous bords, chrétiens et musulmans. François Ier est l'un des premiers à envoyer des plénipotentiaires vers ce détroit magique, cet écrin fabuleux, ce « diamant serti entre deux émeraudes » selon le mot d'un poète. Soliman le Magnifique le lui rend bien, et ses vizirs lui donnent du padichah, le même titre que le sultan. La chrétienté avait trahi la chrétienté par le sac de Constantinople en 1204, mais la chrétienté ne sera pas trahie par l'islam. C'est même Soliman qui vole au secours de François Ier lorsque le roi « très chrétien » de France a quelques démêlés avec Charles Quint. Venise face à cette alliance perd de son arrogance. Quand la Sérénissime tance en 1639 le sultan-calife, l'un de ses vizirs ne perd aucunement sa superbe et rétorque à l'ambassadeur de Venise : « Vous me faites rire quand vous essayez de m'effrayer avec les forces de la chrétienté. C'est une chimère qui n'a de terrible que son nom. » On en vient même à inventer une légende pour conforter l'alliance entre la Porte et le royaume de France, légende selon laquelle les souverains auraient une ascendance commune par la mère de Mehmed II, le conquérant de Constantinople. Les navires de l'Empire ottoman séjournent à Toulon l'hiver, tandis que la flotte de France répare ses coques sur les rives de la Corne d'Or. D'autres royaumes suivent la France, dont la Pologne et la Russie, même si dépêcher un ambassadeur ne s'avère pas toujours une affaire simple. Ainsi les diplomates quand ils déplaisent aux sultans finissent-ils enfermés dans la bastille des Sept-Tours. Les janissaires chargés de leur protection sont en fait des agents, surnommés les « porchers ». Et quand le représentant du roi de Pologne emploie un adjectif de trop, lors d'un discours devant le trône en 1634, le sultan Murat IV, certes un peu nerveux, sort aussitôt son épée et feint de l'occire, geste qui a pour effet immédiat d'édulcorer les paroles de l'impudent, qui connaît la sentence : un mot de trop égale un membre de moins, ce qui présente l'avantage d'encourager les phrases courtes. Hormis ces anicroches, la Porte se rapproche de l'Occident, et l'Occident se découvre une fringale nouvelle, par ses marchands et artisans dépêchés à Constantinople, que Soliman qualifie de « Refuge de l'Univers et d'Asile des Rois ».

Par ce compromis ottoman, le monde de l'islam présente un nouveau visage, plus tolérant, et les soufis, influents dans l'Empire ottoman depuis le XIIe siècle, n'y sont pas pour rien, forts de leur réseau, de leurs amitiés jusque dans le sérail, de leurs paroles de tolérance et d'amour entendues par le sultan qui est aussi le calife, le commandeur de tous les croyants. Ce mouvement de redécouverte de soi connaît un écho retentissant auprès des écrivains et philosophes occidentaux, depuis Goethe qui pousse son cri : « Il faut nous orientaliser, ce n'est pas l'Orient qui viendra à nous », jusqu'aux romantiques du XIXe siècle qui ne voient souvent qu'un Orient de folklore.

Hacibektas est une bourgade étrange située au-delà de collines pelées et jaunies, oasis des hauteurs un peu repliée sur elle-même qui s'ouvre une fois par an pour célébrer le saint dont elle porte le nom, Haci Bektas Veli, fondateur d'un mouvement soufi au XVe siècle. Elle résonne alors pendant cinq jours de la gloire du patron de l'endroit, celui qui fonda l'ordre des derviches bektachis, et qui parvint à l'imposer comme ordre officiel des janissaires, ce corps de l'infanterie ottomane composé surtout de convertis d'origine chrétienne, notablement dévoués aux sultans jusqu'à leur révolte au début du XVIIIe siècle et leur liquidation par la force en 1826. Très vite, les derviches gagnent en influence, comptant jusqu'à cinq cent cinquante-sept *tekkés*, les couvents, si l'on en croit le décompte du chroniqueur Evliya Çelebi, lui-même fils d'un fameux derviche condamné à l'errance. Bien que s'imposant comme tuteur de l'élite du corps armé des sultans, lui fournissant ses aumôniers, le mouvement derviche bektachi a adopté en fait une attitude ambivalente vis-à-vis de l'islam, sorte de mysticisme anatolien avec des rites préislamiques, voire chamaniques, chiites et chrétiens. Or ces janissaires, acquis pour beaucoup à la cause du soufisme, jouèrent pendant des lustres le rôle de régulateur du pouvoir, depuis l'exécution d'Osman II en 1622 qui, l'imprudent, voulut lutter contre la corruption et tomba bien vite sous les coups des prétoriens censés le protéger, lesquels s'attardèrent sur ses instruments de virilité, une fois mort afin d'éviter les cris de goret, et histoire de lui montrer fût-ce à titre posthume qui est le plus puissant sur cette terre. En fait, ce sont les femmes qui semblent prendre le pouvoir, ou une partie du pouvoir, car sous le règne du grand-père et de l'arrière-grand-père d'Osman II, le sceptre est entre les mains de la mère et épouse des deux princes, la sultane Valide Baffo, d'origine vénitienne. Le harem – « séjour des longs ennuis » disait Victor Hugo – contre les janissaires, ou plutôt le harem *avec* les janissaires, pour mieux contrôler le trône. Les femmes sauvent donc le palais, comme l'impératrice Théodora, celle du VIIIe siècle, sauva Byzance de son iconoclasme fou, en déclarant la « Restitution des Images ».

Cette autre filiation entre Byzance et Istanbul, par le pouvoir des femmes, la petite ville de Hacibektas la sacralise à son tour. Sur ces hauteurs, la femme y est reine. Secouant la tête de ses cheveux longs et blonds, agitant ses lunettes aux verres jaunes par des mouvements constants du nez, le musicien Ihsan Güvercin le clame haut et fort. Figure du mouvement des derviches bektachis, il s'avère comme ses compagnons peu soucieux des règles de l'orthodoxie musulmane, avoue manger du porc et boire de l'alcool. Mais ce dont il est le plus fier, après m'avoir invité en ce jour de festival à l'intérieur du couvent où repose le corps du fondateur du mouvement, c'est de l'autonomie des femmes et de leur indépendance. Et il se penche vers la crypte, au-delà d'un escalier assez raide, pour désigner les créatures qui défilent devant la tombe, l'une en débardeur, espèce assez rare dans un lieu saint en Turquie, une autre tatouée sur l'épaule et sur le haut de la poitrine, au-dessus d'un décolleté qui lui aussi est assez raide, au bras d'un garçon aux cheveux longs qui boite autant que Tamerlan, vêtu d'un T-shirt noir à l'effigie d'Eminem, et une troisième qui ne jure que par la vie conjugale hors mariage, et que si elle devait vraiment se marier, elle le ferait à la mairie et non à la mosquée, comme d'ailleurs la majorité des femmes bektachies. À voir les tatouages qui se livrent une concurrence acharnée, de corps à corps, à qui mieux mieux pour montrer la plus belle des illustrations, dauphin, cœur, fleur, arbre, requin, chaussure de basket, on peut estimer que l'iconoclasme et la « querelle des images » qui ont fait sur cette route de la Soie tant de dégâts, y compris au cœur de la Cappadoce aux églises enterrées, ont trouvé sur ces hauteurs un bel antidote.

Ihsan, qui est manifestement ravi de sa visite, ressort dans le jardin du couvent décoré de dalles, serre quelques mains, salue les fidèles qui l'ont reconnu, lui, le chanteur blond aux lunettes jaunes à moitié exilé en Allemagne, c'est-à-dire à mi-temps dans son pays, qui ne cesse de vilipender les dirigeants de Turquie, et lance que l'important n'est pas de porter le voile ou le débardeur ou encore le tatouage mais d'avoir quelque chose dans le cœur, qu'il soit tatoué ou non, et qu'en cela réside le principal message du saint patron derviche depuis son tombeau recouvert d'un catafalque bleu et modestement posé sur une moquette verte.

Dans la courette, devant la *pir evi*, la maison du maître, alors qu'une lumière douce et saturée fait ressortir l'ocre des pierres, une danse est improvisée avec des musiciens et Ihsan ne rêve que d'une chose, prendre la main de l'une de ces filles, en toute innocence, dit-il, pour entrer dans la farandole, bercée par le vent des montagnes. Mais pour l'heure, le chanteur aux lunettes jaunes se livre à quelques réflexions, qu'il partage avec d'autres fidèles, notamment sur la philosophie de la vie qui lui permet de ne pas se fâcher devant une personne agressive, de rester maître de soi, voire heureux, ce qui n'est pas toujours facile en Turquie, en Allemagne et même ailleurs dans le monde, mais ce qui correspond aux enseignements de Haci Bektas Veli, le fondateur du mouvement, dont on peut lire les préceptes sur un panneau : « Cherche et trouve ; éduque les femmes ; même si tu es blessé, ne blesse pas ; la première étape de l'accomplissement est la modestie ; ne l'oublie pas : même ton ennemi est humain », et autres recommandations que Ihsan entend suivre à la lettre, ce qui ne l'empêche pas, bien au contraire, de boire un bon coup, et même davantage, puisqu'il s'agit là d'un redoutable moyen pour apercevoir Dieu.

Les bektachis, qui sont souvent issus d'une minorité alevie, branche de l'islam d'origine chiite mais de tendance laïque, mélangent les deux sexes lorsqu'ils dansent, car, ainsi que l'affirme un *dede,* « si leur âme est purifiée, la réunion de garçons et de filles ne peut que l'être », habitude qui se vérifie pour ce pèlerinage annuel pendant lequel les mâles fidèles du coin et d'ailleurs ne se gênent pas pour approcher l'autre moitié. D'ailleurs, le *pir*, le saint fondateur, Haci Bektas Veli, avait pour habitude de mélanger les préceptes et les canons, et d'abord ceux du dogme puisque son mouvement est un syncrétisme entre les principes de l'orthodoxie sunnite, du chiisme et de quelques rites chrétiens. Ihsan, qui continue à serrer des mains parmi la petite foule des pèlerins, dont certains sont arrivés en famille dans des carrioles tirées par des motos, avec tente et nourriture pour cinq jours, parvient devant la maison de la cérémonie, où une petite pièce, dépouillée, monacale, est réservée aux derviches pour le jeûne et le *zikr*, avec au mur une calligraphie présumée du calife Ali ainsi qu'un tapis donné par l'impératrice d'Iran.

Contemporain de Roumi, Haci Bektas Veli, dont la vie demeure mystérieuse, fuit lui aussi le Khorasan, berceau d'un mouvement mystique soufi dès le IXe siècle, déguisé en colombe, affirment ses fidèles, pour apporter aux hommes un message de paix dans l'univers des paysans pauvres du pays de Rum. Sa doctrine repose sur quatre chemins, les « Quatre Portes », pour accéder à l'illumination. La première permet de reconnaître, dans une philosophie manichéenne, le bien et le mal ; la seconde est réservée à la prière ; la troisième sert à percevoir l'amour de Dieu ; avec la quatrième, l'homme s'efface devant son ego et vit dans un monde réel nouvellement perçu par la conscience du divin. Quand Haci Bektas Veli s'installe dans son hameau, celui-ci est aux marges de l'empire, dans un univers chaotique où ferraillent Byzantins et Ottomans. C'est un monde de guerres, d'attaques permanentes, de soumissions et de razzias, où les hommes se sentent vulnérables. La doctrine de Haci Bektas Veli fait alors des ravages, les soldats se convertissent, puis un siècle plus tard, quand le corps d'élite est fondé par le sultan Orhan Gazi, les janissaires rejoignent à leur tour le mouvement. Avant de se rendre au combat, ils récitent la prière, le *gülbank*, pour invoquer Ali et le mystique, et ensuite ils peuvent mourir tranquilles, c'est d'ailleurs tout ce que le sultan leur demande. De cette propension à vivre à la marge, des empires, des religions, des orthodoxies, Ihsan se réjouit, et même des incertitudes sur la vie de son saint patron, puisqu'on ne connaît pas les dates exactes de vie et de mort de Haci Bektas, pas plus qu'on ne sait précisément si ce fut lui qui fonda l'ordre ou un autre *pir*, un autre saint, son successeur. Ce qui importe au musicien, au-delà des doigts qui le démangent et lui rappellent qu'il a une soudaine envie, celle de jouer, c'est ce flou ambiant, cette manie des derviches à ne pas voir tout en blanc ou tout en noir afin de mieux discerner le réel qui se mélange au sacré tous les jours, et cela revient à danser dans le vent, comme les morceaux d'étoffe accrochés dans les branches des arbres qui sont autant de vœux adressés à l'Au-delà.

Hacibektas

En bras de chemise, le sous-préfet du coin, qui est trentenaire, semble gérer le festival des bektachis à lui tout seul, tant il s'est investi dans la tâche, et c'est même lui qui demande à Ihsan de garer sa voiture un peu plus loin, à tel point que le chanteur l'a pris un instant pour le préposé au parking. Lui-même est adepte du mouvement soufi, et il se sent responsable de toute la communauté ce jour-là. Il attend surtout la venue du Premier ministre, l'islamiste modéré Recep Tayyip Erdogan, qui doit parader pour l'occasion, comme c'est la tradition pour un chef de gouvernement soucieux de se ménager le mouvement mystique, mais qui va décliner l'offre au dernier moment, juste avant de prendre l'avion, gêné aux entournures par les durs de son parti qui ne tolèrent pas que ces mauvais fidèles boivent de l'alcool, mangent du porc et pratiquent un œcuménisme qui longtemps attira les chrétiens dans le couvent de la bourgade. Quand il apprend la nouvelle, le sous-préfet est un peu penaud, car il espérait bien affirmer l'attachement du mouvement à la république, sait-on jamais, même si Mustafa Kémal a interdit l'ordre en 1925.

En fait, les islamistes de Turquie abhorrent les derviches non seulement pour leurs libertés rituelles mais aussi pour leur talent au cours des siècles à attirer les gens, qu'ils soient traditionalistes musulmans, rabbins, clercs, moines byzantins. Aflâki, biographe des soufis, cite plusieurs cas de conversion de juifs et d'apostasie de prêtres chrétiens à la suite de longs dialogues avec Roumi. Des émissaires ont même été envoyés de Konya à la lointaine Constantinople afin de mieux porter la sainte parole auprès des chrétiens, tandis que des moines se rendent plus ou moins en douce à Konya pour rencontrer les maîtres de la vénérable confrérie. Et bien que cela soit invérifiable, en estimant qu'Aflâki pousse le bouchon un peu loin, il affirme que « depuis l'apparition du Maître jusqu'au jour de sa mort, dix-huit mille infidèles se convertirent à la vraie foi et devinrent ses disciples ; il y en a encore qui le deviennent ». Le sous-préfet en bras de chemise se défend cependant d'un prosélytisme supposé naturel au mouvement derviche, dont l'esprit réside bien plus dans le dialogue perpétuel. Un monastère des environs de Konya, Eflatun Manastiri, « le monastère de Platon », servait ainsi de lieu de rencontre entre chrétiens et derviches au temps de Roumi, qui venait lui-même y prier face à l'higoumène, l'abbé grec, très écouté dans la chrétienté d'Orient, et jusqu'en Arménie, qui se déclarait émerveillé par tant d'aptitudes à la sainteté. « Un jour, rapporte Aflâki, le Maître était au couvent de Platon, qui est sur le flanc de la montagne ; il entra dans la caverne où sourd une eau froide ; il pénétra jusqu'au fond tandis que moi, resté au dehors, j'observais, pour voir ce qu'il allait faire. Il resta dans l'eau froide pendant sept jours et sept nuits ; puis il en sortit en manifestant des troubles et partit. En vérité, il n'y avait pas dans son corps la moindre trace de changement. Puis le moine jura que ce qu'il avait lu au sujet du Messie, ce qu'il avait appris en parcourant les Livres d'Abraham et de Moïse, ce qu'il avait lu dans les anciens traités d'histoire relativement à la grandeur et à l'action des prophètes, se retrouvait chez notre Maître et même davantage. » C'est ainsi que Roumi devint un nouveau prophète pour les moines du monastère de Platon, haut lieu de l'œcuménisme et de la symbiose islamo-chrétienne jusqu'au siècle dernier, des moines qui lui attribuèrent même des miracles selon les chroniques de l'époque. Dans le même élan, au XXe siècle, ce sont des radicaux de l'islam qui se rapprochent de cet ordre doux et tolérant, au grand dam des porte-étendards du sectarisme, qui voient dans les mouvements derviches une dangereuse déviance.

HACIBEKTAS

De la même manière que les Turcs apportèrent à l'islam des croyances lointaines, dont le chamanisme d'Asie centrale, les chrétiens, par les échanges sur la route de la Soie, par le dialogue, contribuèrent à transformer la doctrine des musulmans d'Anatolie. Ainsi, on a pu voir au cours des siècles, et en cela il s'agit d'une autre filiation entre Byzance et l'Empire ottoman, des fidèles mystiques musulmans célébrer des saints chrétiens, ou en tout cas assimiler leurs maîtres à des saint chrétiens, comme saint Georges et saint Théodore qui se retrouvent dans le personnage de Khidr Elias ou encore saint Nicolas en la personne de Sari Saltuk. Haci Bektas a lui-même longtemps été assimilé à saint Charalampos.

En fait, de tout cela, de ces brassages, de ces tentatives plus ou moins réussies de conversions de masse, le mouvement des derviches retient le syncrétisme et une ouverture qui demeurera et que n'oublieront pas les sultans ottomans, tolérants à l'égard des minorités religieuses et accordant leur protection aux juifs d'Espagne qui ont fui les persécutions lancées par Isabelle la Catholique à la fin du xve siècle. Le sous-préfet trentenaire se remémore cette époque avec nostalgie, si l'on peut dire, car l'entente cordiale semble difficile aujourd'hui, non pas l'entente entre islam et christianisme ou entre judaïsme et mouvement derviche mais entre derviches et islamistes au pouvoir, et Ihsan acquiesce, qui secoue sa crinière blonde en regardant alentour, oui, une série de petites batailles, il faut savoir encaisser les coups, en donner, vous comprenez, c'est un échange, un dialogue de coups, mais au moins ils nous foutent la paix. Près de la place principale de la bourgade perdue dans les steppes, les ouvriers du festival commencent à replier les tentes, les portiques, les tribunes, et les pèlerins repartent peu à peu en bus, en side-cars, en voitures bringuebalantes chargées de ballots.

Hacibektas

Sur la place, peu à peu désertée, au bitume jonché de tracts et d'affichettes, erre un derviche aux cheveux frisés qui parle français et qui m'aborde pour me demander ce qu'il faut penser de ce genre de festival de la tolérance au moment où l'homme s'avère de plus en plus intolérant, s'énerve pour des questions de foulard islamique, et où l'œcuménisme n'a plus vraiment droit de cité. C'est un restaurateur de Senlis, dans l'Oise, qui est à la fois adepte du mouvement bektachi, alevi et kurde, ce qui fait beaucoup pour un seul homme, il en convient. Il est venu en voiture de France avec ses deux enfants, pour la première fois depuis son exil voici quatorze ans dû à sa triple condition, et d'ailleurs il ne se sent pas vraiment tranquille dans son pays, même à Hacibektas où, dit-il, « c'est bourré d'indics, d'agents à la solde du régime, ils n'attendent que ça, un mot de trop et ils vous coffrent ». Mesut, qui parle très vite, comme s'il n'avait pas le temps de placer toutes ses phrases, comme si les heures lui étaient comptées, a quand même tenu à faire le voyage, il fallait montrer mes enfants aux parents, et puis ce festival est trop important pour moi, mais j'ai vraiment l'impression d'être suivi, ces militaires qui tirent encore les ficelles nous en veulent, quant aux islamistes, je ne veux même pas en parler, ils sont prêts à tout, et d'abord à nous flinguer, nous les Kurdes derviches, car nous sommes doublement dissidents, doublement rebelles, par la foi et par le portefeuille. Tandis que Ihsan, assis sur un pilier de la place, parle à une amie d'Istanbul, rencontrée

141

par hasard, comédienne de théâtre qui entend célébrer à sa manière l'œcuménisme, Mesut, entouré de ses deux enfants, dit que rien n'a changé en Turquie, que ce soit avec les militaires ou les islamistes, c'est la même chose, la même répression des Kurdes, des minorités et des derviches, répression pour ces derniers dans la mesure où ils sont relégués au rang d'agents du folklore local, au mieux, quand on ne les bâillonne pas. La preuve, continue Mesut, qui décline une invitation à aller boire un verre avec Ihsan et son égérie à la terrasse d'un café au soleil couchant, sous une treille, car sur la place, sans personne autour, c'est plus sûr, la preuve, c'est que la farandole de tout à l'heure, qui mêlait des derviches des deux sexes dans une joyeuse cacophonie, a dû s'arrêter « sur ordre des policiers qui nous ont empêchés de parler ». Ce qui ne dissuade pas Mesut de rester quelques jours encore en Turquie, fût-ce pour affronter cet État dans l'État que constitue l'appareil policier. Et dire que ce sont nous qui les avons formés, soupire-t-il, nous, les bektachis, quand nous avions les janissaires des sultans entre nos mains, quand nous les contrôlions, quand ils rejoignaient le mouvement, quand nous leur fournissions des maîtres, des chefs religieux et tout le bazar, regardez, il y a encore leur antique chaudron là-haut, dans le couvent, or le chaudron des janissaires, c'est plus qu'un symbole, c'était leur moyen d'exprimer un désaccord et même en tapant dessus à lancer le signal pour destituer le sultan, le calife des califes. Maintenant, c'est le contraire, ce sont les flics qui nous tapent dessus, ils essaient de nous convertir, un jour au kémalisme, l'autre à l'islamisme, cela dépend de la valse des gouvernements, et puis c'est un peu la même chose, c'est la même intolérance, c'est le même système policier, une constante de l'État turc, que nous les derviches on essaie de changer, mais cela prendra du temps. Mesut souffle un peu, comme épuisé par sa diatribe. Autour de nous, les artistes, forains et fidèles commencent à plier bagage. À voir les jeunes femmes qui défilent dans le couvent, le mouvement fait toutefois des émules, attirés à la fois par ces filles et par les principes très élastiques du mouvement des bektachis.

Tandis que Mesut parle, ses deux jeunes enfants aux cheveux dorés dansent à côté de lui, lentement, comme des derviches qui s'amuseraient de la vie, et sautent à cloche-pied, sans doute pour signifier tels les adeptes de Roumi que l'homme autour duquel ils tournent représente leur étoile. À force d'inquiétude, de peur d'être espionné un peu plus, Mesut finit par se replier, d'autant que les policiers pullulent dans le coin, même si certains d'entre eux, des gens du cru, sont bektachis.

En remontant la rue principale, pour se rendre à droite du couvent vers une placette qui domine la bourgade, Ihsan croise justement une patrouille de quatre policiers dont le chef se révèle très content de ce festival, non pas en raison de quelque prosélytisme mais parce que cette fois-ci, dans la foule de plusieurs dizaines de milliers de pèlerins, aucun larcin n'est à déplorer, hormis un sac à main, et encore, il traînait par terre, bref un modèle pour le brigadier. Ihsan en sourit, secoue sa crinière blonde, ne sait pas à qui il a affaire, et s'en va vers la terrasse d'un café, au bout de la placette, sous les arbres et une tonnelle généreuse, avec vue sur les hauts plateaux. À côté de la tonnelle dont la vigne envahit les tables et les chaises, une vieille dame élégante, toute vêtue de blanc, des chaussures au chapeau, célèbre à sa manière le festival en l'honneur du saint patron Haci Bektas Veli en s'enfilant plusieurs ballons de vin rouge.

Ihsan vit ces jours de festival comme un incroyable retour aux sources, un moment de célébration unique, dans une sorte de féerie puissante, comme portée sur un fleuve limoneux qui brasserait tous ses souvenirs et ceux de ses aficionados. Sur ce bout de colline sont enterrés les drames et les joies des bektachis, les génies et les âmes maudites, et tout cela enchante Ihsan qui n'attend qu'une chose, mettre cette fabuleuse ambiance en musique, le temps de finir sa bière Efes.

Hacibektas

Si les janissaires des sultans, recrutés dans les provinces non musulmanes de l'Empire, furent attirés par les bektachis, ces autres soufis, c'est parce que nombre de chrétiens rejoignirent le mouvement. En 1591, depuis le sérail, Mehmed III, un peu niais et débordé par ces satanés janissaires qui prennent de plus en plus d'importance avec leurs vingt-cinq mille soldats, reconnaît l'ordre comme étant celui d'un corps d'élite. Le grand maître des bektachis est nommé colonel, histoire de calmer les esprits. Non contents d'influer sur les affaires du palais, les janissaires bektachis s'adonnent également au commerce, avec des guildes qui négocient dans tout l'Orient, ce qui fait que les fidèles du saint patron deviennent calés à la fois en spiritualité, en art de la guerre et en affaires. Ces moines-soldats tentent de garder secrète leur affiliation à l'ordre mais n'y parviennent guère, et les mauvaises langues disent qu'on reconnaît les bektachis à leurs superstitions, dont les manies de ne pas laisser de cuillère sur la table et de bouder le lapin. On les reconnaît aussi à leur fâcheuse habitude de boire du vin et à respecter les femmes, dans un culte de la vie très épicurien qui les mène souvent au bordel. À part ça, les janissaires qui adhèrent à l'ordre oublient souvent les paroles de tolérance du saint patron et se mettent à brûler quelques frères jugés hérétiques, y compris sous les yeux du sultan. On trouve même dans les chroniques ottomanes l'histoire d'un soufi assez louche, le derviche Shah Ismaïl, qui attirait des foules à Malatya en 1577 pour les initier à des sacrifices rituels sur la tombe de Haci Bektas. Là où les janissaires derviches se révèlent tolérants, c'est lorsqu'ils acceptent d'enrôler tous les candidats au corps d'élite, ce qui présente quelques surprises puisque maintes familles chrétiennes, pour échapper au système du recrutement, le *devsirme*, préfèrent acheter les enfants de familles juives, gitanes ou musulmanes afin qu'ils soient enrôlés à la place des leurs. Être derviche n'est cependant pas une chose toujours aisée au sein de l'Empire ottoman car les ulémas, les docteurs de la loi, regardent tout ce remue-ménage d'un œil circonspect, jusqu'à ce jour de 1622 où ils ordonnent l'exécution du chef d'un ordre mystique et de quarante fidèles. Ce qui n'empêche nullement cinquante ans plus tard le grand vizir Fazil Ahmet Pasha et le grand mufti d'Istanbul de rejoindre les rangs des derviches.

À force de rébellions et d'appels au chaudron, c'est-à-dire de mutineries signalées par des martèlements sur la grosse marmite du palais, le corps des janissaires est finalement dissous sur ordre du sultan en juillet 1826. Les derviches bektachis en prennent un coup derrière les oreilles et deviennent très discrets, d'autant que la fin des janissaires s'est révélée sanglante, avec un millier de prétoriens passés par les armes. Deux officiers du corps qui ont pris la poudre d'escampette, Mustafa le Fruitier et Mustafa l'Ivrogne, sont suivis par un espion, repérés dans un café et pendus haut et court. Un troisième larron est garrotté pour l'exemple, gorge saignant dans le caniveau afin que le peuple voie bien ce qu'il advient des comploteurs. Ainsi en a décidé le Grand Seigneur.

Alors qu'il s'apprête à quitter Hacibektas, Ihsan rencontre, sur le seuil du couvent aux pierres jaunes volumineuses entouré de cyprès et de massifs de rosiers, face aux hauts plateaux qui s'étendent sur des kilomètres, sa sœur Hatice qui vit à Malatya, à l'autre bout de la Turquie, et qu'il n'a pas vue depuis des mois. Ensemble, ils parlent du soufisme qui leur permet, disent-ils, d'éprouver une plus grande tolérance pour ce monde et, au-delà de la dichotomie du bien et du mal qu'ils trouvent un peu simpliste et typiquement européenne, de maîtriser les désirs et les envies, et surtout de réaliser une harmonie entre le corps et l'esprit. Ce qui correspond à l'idée que Goethe se fait du lyrisme oriental quand il vénère Hafiz en proclamant : « À tous les moments de la vie / Il convient de savoir jouir. » Survient le beau-frère d'Ihsan qui est aveugle et, en tâtonnant avec sa canne, parle de fraternité perpétuelle. La plus belle phrase qu'il prononce est cependant la dernière, avant de s'éloigner dans la lumière du soleil couchant, toujours avec sa canne, comme pour donner raison à la tradition platonicienne pour laquelle l'aveuglement permet d'accéder aux vérités invisibles : « Être soufi, c'est voir avec son cœur. »

Sivas

Situé à près de mille trois cents mètres d'altitude, ce qui en fait la ville la plus haute d'Anatolie, Sivas, entouré de hautes montagnes, où Roumi fit escale lorsqu'il arriva de Perse, est une citadelle triste qui ne cesse de vouloir cacher son passé, du moins un épisode maudit de ce passé. Il ne s'agit pas des heures sombres des pillages lors de la conquête arabe au VIIIe siècle, ni de la défaite face aux Mongols, au XIIIe siècle, ni de la prise de la ville en 1400 par Tamerlan qui ne lésinait pas sur les massacres ou sur l'érection de colonnes de crânes pour calmer les esprits frondeurs, pas plus de la razzia sur les villages kurdes de la contrée dont cent trente furent détruits en 1921, mais d'une tuerie plus récente. La honte de Sivas, qui fut une importante étape sur la route de la Soie, où Génois, Byzantins, Turcs, Mongols échangeaient de la laine, du coton, de la soie, des rubis, de l'or, des chevaux, et où Kemal Ataturk réunit en 1919 le premier congrès de la république turque, la honte de Sivas, c'est l'assassinat programmé par une escouade d'islamistes de trente-sept intellectuels, écrivains et artistes turcs dans leur hôtel, le Madimak, dans la rue Eski Belediye, où ils s'étaient rassemblés au printemps 1993 pour un congrès en l'honneur du poète du cru, Pir Sultan Abdal. Tous avaient pour particularité d'être alevis, membres de cette minorité musulmane d'origine chiite, comme le poète. Les islamistes ont alors mis le feu à l'hôtel. Quand les sapeurs-pompiers ont voulu sauver des flammes l'écrivain et humoriste Aziz Nesin, qui avait récemment publié les *Versets sataniques* de Salman Rushdie dans les colonnes du quotidien *Aydinlik* et mis en doute à plusieurs reprises l'originalité du Coran, les fanatiques l'ont empêché de sortir du brasier en hurlant : « Qu'il brûle, le Satan ! » L'écrivain a pu s'échapper de justesse mais pour constater que tous ses compagnons, dont les poètes Metin Altiok, Behcet Aysan et Nesimi Çimen surnommé l'Amoureux par le peuple, demeuraient la proie des flammes, sous les cris d'une foule en délire, grosse de plusieurs dizaines de milliers de personnes, haranguée notamment par le maire de la ville en personne, élu du Parti islamiste de la prospérité, hurlant : « C'est ici que la République a été fondée, c'est ici qu'elle sera détruite ! », alors que le préfet se trouvait assiégé dans sa préfecture, tremblant de peur, à la limite de l'apoplexie, persuadé que son heure avait sonné.

En fait, c'est une répétition de l'histoire à laquelle se sont livrés les sicaires de Sivas, à la chronique mouvementée, qui fut à la fois ville-phare de la rébellion kurde, forteresse de l'islamisme et haut lieu de l'alevisme. Au XVIe siècle, Pir Sultan Abdal avait été exécuté sur ordre du Grand Seigneur qui n'acceptait pas que le chantre puisse écrire d'aussi beaux poèmes, si libres, débarrassés de toute entrave. Avant de monter sur l'échafaud, le condamné s'est exclamé : « Pour avoir trop aimé la vérité, on m'a pendu à Sivas. »

Et cette répétition fut elle-même étonnamment proche de la mort d'un autre poète, un soufi du Xe siècle, Mansour Hallâdj, qui influença tout le courant mystique et notamment Roumi. Le poète avait osé prononcer la phrase *Ana'l-haqq*, « Je suis la Vérité ». Le calife de Bagdad en fut irrité et les gardiens du dogme, considérant que cette phrase ne pouvait être attribuée qu'à Dieu, jugèrent Mansour Hallâdj et le taxèrent d'hérétisme, au cours d'un procès long de neuf ans, ce qui laisse penser que les juges, troublés par ces paroles, n'étaient pas tous d'accord. Mais le prédicateur de l'amour et de l'élévation de l'âme ne put sauver sa tête et fut décapité en place publique, près de la porte de l'Arcade, à Bagdad, d'un coup de cimeterre. Roumi y fait référence dans ses *ghazals* et Attâr, le chroniqueur des mystiques, massacré à cent onze ans par la horde de Gengis Khan, relate dans *Le Mémorial des saints* l'agonie du poète martyr :

« On l'emmena pour le mettre à mort. Une foule d'au moins cent mille hommes l'entourait et lui, promenant ses regards tout autour, s'écria : "Je suis la Vérité." Après on lui coupa les mains, il se prit à rire. Ensuite on lui coupa les deux pieds, il se mit à sourire. Ensuite on lui arracha les yeux, les oreilles, le nez et la langue, il était l'heure de la prière du soir lorsqu'on lui trancha la tête, il sourit pendant l'exécution et rendit l'âme. Le jour suivant, ses ennemis brûlèrent ses membres ; mais de ses cendres s'élevait encore la voix mystérieuse qui disait : "Je suis la Vérité." Le troisième jour, lorsqu'on eut jeté dans le fleuve les cendres de Mansour, une voix continua à en sortir, disant : "Je suis la Vérité." » Certaines confréries perpétuent aujourd'hui encore la mémoire de Mansour Hallâdj, récitent ses poèmes et rappellent que son agonie fut proche de celle du Christ.

Quand il apprend la nouvelle de la tuerie de Sivas, l'écrivain Nedim Gürsel s'effondre, non seulement parce que figure parmi les victimes son ami, le critique Asim Bezirci, mais aussi parce que tous les intellectuels turcs sont désormais visés. « Après l'Algérie, tous les défenseurs de la liberté d'expression et de conscience sont menacés en Turquie, dit-il. Au nom de l'islam on veut supprimer les acquis du siècle des Lumières et du kémalisme laïc. »

Les écrivains, danseurs, poètes et musiciens morts à Sivas étaient venus célébrer le cinq centième anniversaire de Pir Sultan Abdal, et c'en était trop pour les fondamentalistes du coin, qui ne supportaient pas les images de tolérance, et les images tout court. Le message qu'ils ont laissé est clair : sur la route de la Soie, l'iconoclasme a encore de beaux jours devant lui. Reprenant une vieille tradition de Byzance et d'Istanbul, les assassins, afin de signaler l'imminence du massacre, pressés d'exécuter leur sinistre tâche, se ruèrent sur la statue de Pir Sultan Abdal, la jetèrent à terre puis en piétinèrent les morceaux. Pour Nedim Gürsel, cela signifie la mort de la libre pensée et que cet acte de fanatisme religieux à Sivas, dont la population est néanmoins reconnue comme tolérante, peut se répéter n'importe où. Pour clore le chapitre, les yeux de la statue de Pir

Sultan Abdal ont été crevés. Comme si Sivas, atteint d'un « surinvestissement émotionnel » selon le mot d'une jeune sociologue, citadelle au cœur de tant de drames depuis quinze siècles, en avait trop vu. Et il est vrai que sur cette route de Roumi à rebours, sur ce cheminement le long des escales de la soie, les iconoclasmes et la haine des statues ne sont jamais de bon augure.

Dogubayazit

Quand Barmak réapparaît sur la route de la Soie, guimbarde en poche, après maints caravansérails et haltes plus ou moins longues, il se déclare un peu inquiet par le fait d'être entré sans visa en Turquie, et je tente de le rassurer en lui disant que si les policiers turcs l'ont laissé pénétrer sur le territoire sans s'apercevoir de leur bévue, c'est qu'ils seront sûrement pressés de le voir ressortir. Après un air assez long de guimbarde, moment propice à la réflexion, Barmak se déclare convaincu de l'imminence de son éviction turque car un clandestin est sûrement beaucoup moins gênant en dehors qu'en dedans. Pour pouvoir passer la frontière iranienne, au-delà de Dogubayazit, en longeant le mont Ararat, par les montagnes et défilés kurdes, il faudra cependant s'assurer les services d'un passeur, du moins d'un intermédiaire qui puisse faciliter les tractations, la moindre n'étant pas le fait pour les policiers turcs de reconnaître leur erreur et d'empêcher Barmak de séjourner interminablement en Turquie, malgré sa passion pour Roumi.

Hasan est un homme de petite taille qui déborde d'énergie et qui est toujours prêt à se mettre en quatre pour vous aider concernant deux destinations, celle du mont Ararat au sommet duquel, à plus de cinq mille mètres, il propose de vous emmener, et celle de la frontière, au-delà d'une route d'altitude interminable. À Dogubayazit, petite ville frontalière et de garnison incessamment traversée par des soldats, Hasan est une institution à lui tout seul, non seulement par son génie à crapahuter sur les hauteurs mais aussi par sa gentillesse qui fait qu'on le dérange encore chez lui ou dans son échoppe à des heures insensées, de cinq heures du matin à minuit, et souvent pour des broutilles. Cette fois-ci, organiser un passage de frontière pour un Afghan vivant à Maisons-Alfort qui est entré en Turquie sans visa, avec un titre de voyage pris pour un passeport français, est une autre paire de manches, qui n'effraie aucunement Hasan, toujours prêt à rendre service, si possible avec l'accord des Turcs et sinon sans eux, puisque lui-même, bien que se considérant comme citoyen de Turquie, s'affirme d'abord comme Kurde.

Le soir, jusqu'à une heure avancée, la petite ville de Dogubayazit demeure étonnamment animée, en raison de sa proximité avec la frontière du fait que les camions, voitures, bus qui s'aventurent sur la route de la Soie se révèlent déjà fatigués, à cause de l'état des routes et de l'altitude, ce qui explique le nombre de petits garages qui fleurissent dans les environs. Sur le toit d'un petit *lokanta*, un restaurant, de la rue principale, la Beleyediye Caddesi, Barmak prépare son passage délicat de frontière tandis que Hasan, qui en est à sa troisième bière Efes, confie tous ses malheurs de Kurde à Dogubayazit. De cette discussion il ressort que, grosso modo, la situation de Kurde n'est guère enviable en Turquie, mais qu'elle se révèle encore pire lorsqu'il s'agit d'un Kurde des confins, un Kurde frontalier, surtout quand il n'aime pas les frontières, ce qui est le cas de Hasan, bien qu'il connaisse maints capitaines et officiers de la police, des douanes et de l'armée. Aux tracas auxquels il est soumis, aux suspicions, Hasan doit ajouter une mésaventure sentimentale. Follement épris d'une Hollandaise qu'il rencontra à Dogubayazit, Hasan est parti la rejoindre aux Pays-Bas afin de se marier. Mais, au bout de quelques mois à Amsterdam, ses parents lui écrivent pour lui demander, lui ordonner plutôt, de rentrer d'urgence, prétextant de l'enlèvement de sa sœur par un homme qui veut l'épouser. Ce genre d'affaires de clan ne souffre pas une seconde d'attente et Hasan repart aussitôt vers son Kurdistan natal. En fait, au lieu d'une vendetta qui aurait ensanglanté deux familles et leurs descendants pendant cent ans, Hasan est confronté à un curieux échange : afin de venger le clan, il doit épouser la sœur du kidnappeur, sentence à laquelle il ne peut échapper au risque de subir lui-même non seulement le déshonneur mais aussi, bien que ce soit à peine moins grave dans son esprit, une condamnation à mort.

Rapatrié dans son pays, Hasan épouse donc la sœur du brigand, et même toute sa famille, pour son plus grand malheur, et c'est pour cela qu'il s'est spécialisé dans l'ascension du mont Ararat, pour quatre jours et deux cents euros, afin d'échapper à ce triste quotidien. Maintenant que sa femme s'est installée à Istanbul, avec quelques-uns de leurs six enfants, il a pu redescendre de son mont Ararat et envoie plutôt d'autres guides vers qui il rabat des clients désireux de découvrir les restes de l'Arche de Noé. À l'entendre, on croirait que Hasan répète le refrain d'une vieille chanson kurde : « Écrivez sur la stèle de ma tombe : J'ai été martyr de l'amour. »

Sur le toit du restaurant, abrité sous un auvent, assis en tailleur sur un petit tapis, Barmak n'a guère avancé à propos de sa condition de clandestin en Turquie. La seule assurance qu'on obtient de Hasan, c'est un contact avec le chef de la police à la frontière, s'il est en fonction au moment du passage. Hasan ne semble guère se soucier de ces complications, lui qui a pour habitude de gravir les pentes de montagnes frontalières couvertes non seulement de fleurs, mais aussi de chiens errants à la recherche de quelques mollets, de contrebandiers, de malandrins, aptes à détrousser celui qui n'est pas du coin ainsi que d'autres êtres plus ou moins inventés et décrits par Yachar Kemal dans sa *Légende du mont Ararat*.

Mont Ararat

Dans les années cinquante, une équipe d'alpinistes découvre un bout de charpente dans un étang sur le flanc d'Ararat et croit avoir trouvé l'arche mythique avant de déchanter, soumise au jugement du carbone 14 qui arrête sa date à quelques siècles après Jésus-Christ. Trente ans plus tard, en 1982, l'ancien astronaute américain James Irwin lance une grosse exploration sur les mêmes traces mais perd son temps et revient bredouille. La seule arche que l'on vous montre désormais, loin du mont Ararat, est une masse rocheuse qui représente vaguement les restes d'une barque, gardée par un guide qui prétend posséder tous les documents.

L'histoire de Noé ressemble étrangement à *L'Épopée de Gilgamesh,* l'un des plus anciens récits du patrimoine occidental, qui chante l'amitié, la mort, la révolte devant la mort, et qui réunit les thèmes des aventures d'Ulysse et d'Achille. Pour se consoler de la mort d'Enkidu, le sauvage envoyé par les dieux sur terre pour le sortir de sa condition de tyran, le roi Gilgamesh va se confier au héros Utanapishti le Lointain, qui revient de l'épreuve ultime, le Déluge. Au roi triste, il raconte ses exploits et comment il s'est tiré d'affaire, capitaine d'un navire chargé d'animaux, sur la recommandation d'Enkidu. Le tyran réalise que le vrai voyage qui compte n'est pas celui qu'il croyait, vers le Pays de l'immortalité, mais celui qui mène au plus profond de soi. Il en va de Gilgamesh comme du fidèle soufi : il est seul sur terre, et la seule manière de survivre est de convoquer les dieux en soi, par un cheminement, où la quête de la beauté, celle du monde, est sublimée.

Or la morale de Gilgamesh se retrouve précisément dans les deux préceptes majeurs du soufisme : l'introspection conduit à la réalisation de soi et seul l'amour, l'amour construit, maîtrisé, permet de dominer ses pulsions et ses désirs.

Pendant que Hasan et Barmak se préparent à franchir la frontière, au-delà du haut plateau que borde le mont Ararat, je reste dans la chambre de l'hôtel de la Beleyediye Caddesi à relire le livre de Roumi, *Le Livre de Shams de Tabriz,* et je ne peux m'empêcher de penser que son maître connut le même sort qu'Enkidu. À lire *L'Épopée de Gilgamesh*, les similitudes sur la mort d'Enkidu et celle de Shams sont troublantes. Compagnon de Gilgamesh, Enkidu rencontre sur terre l'amour puis sombre dans une profonde mélancolie, due à son intrusion dans un monde civilisé. Gilgamesh le sort de cette mauvaise passe par une escapade dans la forêt des Cèdres. Le voyage est long et périlleux, du genre de ce qui attend Barmak sur la route de la Soie, et la forêt des Cèdres est gardée par un monstre dont personne n'a pu venir à bout, Humbaba le Féroce. Les deux compagnons gagnent cependant le combat et Enkidu décide sa mise à mort. Lui-même sera puni par les dieux, d'autant que son acolyte humilie la déesse Ishtar, celle qui est célébrée à Babylone. C'en est trop, et Enkidu est destiné à mourir. Compagnon de Gilgamesh, Enkidu, être sauvage et vagabond, est donc condamné par les dieux. Shams, maître de Roumi, lui aussi vagabond, ermite en haillons, qui se dit investi d'un ordre de Dieu, est condamné par les compagnons de Roumi. Gilgamesh, qui fut un « buffle arrogant » selon *L'Épopée*, connaît la rédemption par l'amour et l'amitié. Shams connaît lui aussi le salut par l'amitié et l'amour après sa rencontre avec Roumi. Gilgamesh et Roumi étaient deux êtres imparfaits avant la rencontre avec leur futur ami. Autres ressemblances entre les épopées : les deux hommes, le roi et le poète mystique, se révoltent contre la perte de l'être cher et donc contre la mort. En fait, le mal est en eux. Le salut s'effectuera par le voyage et la fuite en avant pour Gilgamesh, la prière mystique et la poésie pour Roumi, pour qui « le soufi est le vrai fils du temps ».

Gürbulak, Turquie

Hasan est fin prêt pour le franchissement de la frontière, qui se trouve à trente-cinq kilomètres à l'est de Dogubayazit, par une route qui permet non seulement de contempler le Grand et le Petit Ararat, bordant l'Arménie, mais aussi un cratère de météorite géante, qui s'est invitée sur la terre en 1920, creusant le deuxième plus gros trou de ce genre sur la planète. Un tel projectile suscite encore beaucoup d'interrogations : est-ce un envoi des dieux ? se demande Hasan. Est-ce la trace d'Enkidu qui a atterri sur terre avec force, un peu assommé, dit la légende, par le spectacle de la civilisation ? À moins que ce ne soit la trace d'Utanapishti le Lointain, le Noé de *L'Épopée de Gilgamesh*.

La frontière iranienne est en fait une langue de terre assez longue, sur les hauts plateaux, entourée de petites montagnes. C'est une sorte de no man's land de trois kilomètres de long, bien que le terme soit impropre puisqu'il se trouve toujours quelqu'un à cet endroit de jour comme de nuit, et même beaucoup de monde, car le passage est long, très long, soupire Hasan, les Iraniens sont très gourmands, ça bakchiche à mort de l'autre côté. Quand il s'aperçoit que l'un des chauffeurs qui nous suit, dans sa camionnette-ambulance, est un alcoolique de première, il demande à ce qu'on vide son véhicule, de peur que cela ne contrecarre notre entrée en Iran, comme tout le convoi de véhicules qui attend, voitures en plus ou moins bon état, autobus déglingués, taxis habilités à franchir la frontière, camions chargés jusqu'à ras bord. La visite dans la camionnette est rapide et fructueuse, dans la mesure où soixante-douze canettes de bière, trois bouteilles de whisky, trois bouteilles de vin blanc et diverses autres boissons plus ou moins fortes sont découvertes au fond des caisses, des malles et des valises, ce qui vaut au conducteur une sévère réprimande. Les bouteilles connaissent alors trois trajectoires : le gosier de ceux qui attendent dans le no man's land, l'auberge qui jouxte le poste de police turc et dans une petite porportion le caniveau, option nettement moins intéressante pour les gens du cru. Au bout de quelques minutes, la file des passagers et conducteurs qui attend les formalités côté turc est passablement éméchée, une petite libation par-ci, une grande cuite par-là, ce qui permet, unis par le vin d'Omar Khayyam et de Roumi, d'égayer l'atmosphère en fin d'après-midi et d'oublier notre sort commun, celui d'être bientôt taxé par les gabelous et fonctionnaires iraniens qui attendent à quelques centaines de mètres comme des rapaces. Goethe et Hafiz ont raison, qui chantaient le même vers, « À tous les moments de la vie / Il convient de savoir jouir », même à la frontière de Dogubayazit.

Le premier obstacle n'est pas pour autant franchi car le commandant de la police turque bute sur le titre de voyage de Barmak, qui n'est pas un passeport, sans visa de surcroît. Le commandant, qui est en fait colonel et qui a pour tic de lisser continuellement sa moustache, est d'autant moins enclin à négocier qu'il vient d'appréhender le matin même un passeur de clandestins avec un faux passeport français. La sagacité de l'officier a pu venir à bout de la ruse, et le passeur a fini en prison. Cette perspective glace un peu plus le sang de Barmak, mais c'est sans compter sur l'entregent de Hasan qui connaît son colonel sur le bout des doigts et commence à lui parler de sa propre famille, ainsi que de la vie à Dogubayazit, qui est quand même plus agréable que ce bout du monde infernal infesté de bandits, de contrebandiers et de divers hors-la-loi. Hasan excelle dans ce numéro d'autant plus qu'il a participé à la razzia dans la camionnette-ambulance, malheureux d'abandonner cette cave sur roues au tenancier de l'auberge. Moyennant quoi, Hasan retrouve à la fois le troc qui fit la gloire de la route de la Soie, les soieries ayant servi de monnaie aux négociants et officiers de l'Empire ottoman pendant des lustres, et l'ivresse chère aux poètes persans, à Roumi et à d'autres – « L'ivresse, en troublant les yeux du corps, éclaircit ceux de l'âme » (Nerval, *Voyage en Orient*).

Dans ce long poste frontière de montagne entre la Turquie et l'Iran se comptent non seulement une auberge et diverses officines mais aussi une mosquée ainsi que, côté iranien, des hôtels et épiceries, en contrebas, afin de mieux patienter sans que l'on soit pour autant sorti d'affaire. Pour cela, Hasan bataille férocement, tandis que la nuit tombe, et à force de palabres, d'arguments, de souvenirs communs, de circonlocutions, le colonel à la forte carrure finit par accepter de laisser filer Barmak, car si le réfugié afghan est passible d'une punition pour être entré en Turquie, l'homme qui l'a laissé entrer, encore plus. Le colonel reconnaît ainsi qu'il s'agit là d'une erreur pour le moins gênante, voire impardonnable pour l'État turc où un fonctionnaire ne devrait jamais être pris en tort depuis la fondation de la république par Kemal Ataturk, ce qui signifie qu'il peut être en tort mais à condition de ne pas être vu ou attrapé. Le colonel affiche un sourire ironique du genre : « Et qu'on ne vous voie plus traîner par ici ! », manière de dire qu'il est finalement heureux de se débarrasser d'une affaire encombrante et en même temps d'un Afghan qui n'a rien à faire dans les parages, même s'il est en règle avec les pays européens, mais enfin, pour l'instant, c'est une autre paire de manches. Alors, sous le portrait d'Ataturk, le policier tamponne le titre de voyage de Barmak, lequel attend dehors, dans la fraîcheur de la tombée du jour, tandis qu'un Pakistanais, à bout de nerfs, avec sous le bras une petite télévision emballée dans un carton, effectue depuis deux jours des allers-retours entre Iraniens et Turcs et clame que son passeport, lui, est en règle.

L'attente côté iranien est nettement plus longue. D'abord, Hasan doit nous faire franchir un portail coulissant, assez haut, dont on ne sait comment il s'ouvre, enfin ce qui commande plutôt son ouverture, tant les critères de l'attente ou de la non-attente sont nombreux, couleur du passeport, heure, humeur du préposé, longueur de la file d'attente, position du foulard sur le visage des femmes. Une fois franchi ce portail, il faut aller se planter à l'entrée d'un hall, sous le regard sourcilleux de l'ayatollah Khomeiny, puis errer pendant quelques heures avant d'être convoqué pour une autre épreuve devant un autre bureau. Tout cela permet d'observer la vie dans ce no man's land, très peuplé d'ailleurs, sous l'œil goguenard d'un douanier turc à la tête d'Ataturk, à quelques mètres de moi, de l'autre côté de la grille, visiblement heureux d'un tel bordel, manière de rappeler ce que disait le colonel, à savoir qu'ici les contrôles sont tatillons, ce n'est pas comme en Grèce, ils laissent passer n'importe qui, des Kurdes même, donnez-nous l'Europe et vous verrez ce qu'on fera des clandestins.

Le colonel peut s'enorgueillir de régner sur l'une des frontières les plus sûres du monde, du moins c'est ce qu'il affirme, ce qui n'empêche pas les passeurs et les contrebandiers de s'aventurer à quelques kilomètres de là. Quand je demande à Hasan comment font ses amis pour se livrer à un tel jeu périlleux vu le nombre de *jendarma* spécialisés dans la lutte anti-guérilla et le pullulement de mines antipersonnel, il répond que tout cela est un jeu d'enfant, il suffit de s'entendre, de payer les bons intermédiaires, et d'accepter de prendre un peu de risques, ce qui veut dire certes perdre un pied ou une jambe, mais enfin à plusieurs les risques sont mieux répartis. Et comme pour lui donner raison, un homme d'une vingtaine d'années tout de noir vêtu, cheveux gominés, s'approche de la grille, côté turc, plongée dans l'obscurité, afin de recevoir un gros carton rempli de paquets de cigarettes, manège que les gardes turcs, qui bâillent dans la nuit, ne remarquent pas tout de suite, avant qu'une nuée de douaniers s'abatte sur le trafiquant, qui court tout son saoul entre les véhicules en attente. Plaqué au sol, il reçoit une volée de coups, et le carton est prestement récupéré par les assaillants qui disparaissent avec lui. En regardant ce petit jeu, on se demande si les douaniers ne relâchent pas sciemment leur surveillance pour mieux piéger les petits contrebandiers et leur confisquer la camelote afin de s'arrondir les fins de mois, les gros contrebandiers, eux, s'en donnant à cœur joie à quelques collines de là. Hasan me dit que l'on peut trouver de tout à la frontière, côté turc comme côté iranien, il suffit de chercher dans les villages et les villes alentour avec quelques bons intermédiaires, de l'alcool, de l'arak surtout, très prisé en Iran, ainsi que du whisky, des cassettes porno aussi, qui se vendent très bien dans les quartiers chic de Téhéran et surtout sur les hauteurs de Chemiran. On peut aussi trouver de l'opium, en grande quantité des deux côtés, et ses dérivés, morphine et héroïne, en provenance d'Afghanistan. Si l'on en croit un chauffeur routier, cette route de la Soie est devenue une véritable route de la drogue, car cacher un kilo de poudre blanche au fond d'un camion de dix ou vingt tonnes est un jeu d'enfant, même si les commissariats du coin affichent parfois le résultat des prises et quelques photos qui dévoilent les mille et une astuces du trafiquant pour cacher sa came, radiateur à eau, pneus, roue de secours, réservoir d'essence et autres planques.

Le franchissement de la frontière n'est pas fini pour autant, les formalités côté iranien s'avérant particulièrement tatillonnes, avec un circuit entre plusieurs officines dont personne ne semble connaître la recette exacte. Surgissent alors deux hommes d'une vingtaine d'années, l'un à la poitrine bombée, comme s'il allait sauter d'un plongeoir, l'autre un peu avachi, maigre, et les deux se proposent de remplir les papiers, de m'emmener de poste en poste, le tout en un peu moins d'une nuit et une matinée. Je songe à deux douaniers mais il n'en est rien, ce sont plutôt des intermédiaires officialisés qui perçoivent un bakchich pour leur aide, récompense dont ils doivent sûrement reverser une quote-part au chef de la douane, en civil, qui va et vient par le même circuit complexe de voiture à bureau et inversement, sans que l'on sache exactement à quoi correspond ce manège. Toujours est-il que douaniers, policiers, fonctionnaires, intermédiaires, camionneurs, piétons, sont tous impressionnés par ce chef d'octroi régnant comme un sous-préfet voire un pacha sur le monde de la frontière, qui représente quand même plusieurs centaines de personnes. En contrebas, dans la nuit, brillent les feux de la prochaine bourgade, Bazargan, que je ne suis pas près assurément de rallier, et on se dit que les deux empires, l'ottoman et le perse, qui se sont affrontés des siècles durant, continuent leurs vieilles rivalités à qui mieux

mieux en bombant le torse, comme mon intermédiaire, et cette rivalité se manifeste par un embrouillamini de formalités, de déclarations, d'errances de bureau à bureau dont le seul intérêt consiste à recevoir un coup de tampon de plus.

Les deux intermédiaires, l'homme au torse bombé et le maigrelet, qui s'appellent Cyrus et Cyavosh, connaissent une partie du circuit mais pas la totalité, ce qui explique pourquoi le chef d'octroi est indispensable. Deux leçons s'imposent d'emblée au candidat au passage, lequel d'ailleurs n'est plus candidat car il ne peut pas retourner en arrière et n'a donc guère le choix, deux leçons qui se comprennent facilement, malgré la fatigue, l'altitude, les tracas. Primo : plus le regard du chef est sourcilleux, avec des rides qui lui barrent le front comme s'il préparait une grosse colère, et plus le bakchich se révèle élevé. Secundo : plus le circuit est compliqué, plus le pouvoir est grand, et ce pouvoir ne souffre pas de contestation, à voir les regards de révérence que jettent mes deux passeurs au chef à chaque fois qu'il pointe ses gros sourcils. Comme la perspective d'avoir une biographie aurait pu empêcher Cioran de vivre, la vue, déprimante il faut le dire, de ce poste frontière, ville dans la ville, empire dans l'empire persan, invite le voyageur à renoncer à tout déplacement.

Cyrus et Cyavosh vivent là en quasi-permanence, dans ce poste frontière long de plusieurs kilomètres, et ils dorment comme ils le peuvent, sur des banquettes ou dans un bureau. De ces deux passeurs concurrents, officiels ceux-là, Hasan ne s'inquiète pas car il a ses propres contacts ici, côté iranien, et le fait qu'il parle plusieurs langues, le turc, le kurde, le persan, l'anglais, le néerlandais, le rend indispensable, quoique le néerlandais soit resté plutôt ce qu'il appelle une langue sentimentale, un peu comme la poésie de Roumi qui a ses propres accents.

Pour se dégourdir les jambes et détendre aussi l'atmosphère, Cyrus au torse bombé et Cyavosh le maigrelet improvisent une partie de foot, juste sous les bureaux du chef, ce qui ne le dérange aucunement, vu le bazar ambiant. À le voir jongler en courant, contourner ses adversaires, une bande de camionneurs rigolards et pas très solides sur leurs jambes, sûrement en raison d'un plein non pas de carburant mais de boissons fortes en Turquie avant l'ascèse, Cyrus démontre une habileté étonnante, aussi à l'aise sur un terrain de foot que dans les méandres de la douane persane, malgré les taches de gas-oil sur le macadam, ou à cause de cela précisément, ce qui le fait glisser comme une danseuse de cabaret.

La nuit est déjà fort avancée, Barmak est fatigué, et pour dormir, après un bref passage à la cafétéria, Cyrus et Cyavosh nous désignent la pelouse attenante au poste du chef d'octroi, avec une double vue, l'une sur Bazargan et ses lumières semées sur le plateau en contrebas, et l'autre nettement moins enviable qui donne sur les camions à la halte. Il convient cependant de regrouper ses affaires, même dans cette lisière, ce point de rencontre de deux empires qui se sont toujours regardés en chiens de faïence, au mieux, car les voleurs pullulent, ce que confirme Hasan. Barmak et moi replions nos bagages avec la troupe du convoi sous quelque tente, sur la pelouse humide, mais l'affaire n'en reste pas là car Cyrus et Cyavosh, décidément inséparables, annoncent qu'il faut des gardes pour être sûrs de ne pas être dépouillés de nos effets, des gardes qui seront payés évidemment. Bref, au milieu de la nuit, quand on commence à s'allonger sur la pelouse, les mains accrochées à ses bagages, dans une odeur de gas-oil et un bruit permanent de moteurs qui ronronnent, on se demande ce que le chef gabelou au regard sourcilleux et sa bande vont encore inventer, tant leur propension à carotter le voyageur est grande dans ces confins compliqués. Un pèlerin se fait plumer un peu plus, malgré ses prières qui semblent s'envoler vers les cieux. Des cartons saisis dans un minibus, sans que l'on comprenne pourquoi, sont emmenés par deux sbires vers l'arrière du front, celui des portefeuilles, des coffres-forts, des calculs incessants. La frontière de Bazargan, assise sur deux empires, est à l'inverse d'Istanbul, ancrée sur deux continents. La ville du Bosphore est ivre de Dieu, propice à la lumière, à l'émerveillement, à l'élévation des sens et des esprits. À Bazargan, la duplicité est reine, pauvre héritière de la *taqia*, l'art de la dissimulation, qui permit pendant si longtemps aux chiites de survivre, et on se prend dans ce poste frontière de la perdition à regarder les âmes tomber.

LE GRAND FESTIN DE L'ORIENT

Un homme déambule devant Barmak, à peine réveillé. Il porte un ballot sur le dos. Il rentre chez lui, en Iran, après plusieurs années d'exil en raison de ses idées politiques jugées peu conformes au credo des mollahs de Perse. Il ne sait pas encore ce qu'il va retrouver, mais s'en moque. Il a fait son choix et veut vivre au bercail. H. a remonté une bonne partie de la route de la Soie, depuis l'Italie, pour revenir dans sa ville, près de Téhéran. Il dit qu'il aura peut-être des ennuis en bas du poste, c'est-à-dire en Iran, avec les mollahs, les pasdarans, gardiens de la révolution, et les komiteh, les miliciens de la police religieuse, mais il s'en moque, car l'ennemi pour lui, rappelant la parole d'Antigone, est désormais un frère, et le vrai ennemi d'aujourd'hui c'est le temps. On croirait voir Utanapishti le Lointain descendre de son Arche de Noé. Le poste de Bazargan, gigantesque caravansérail sur la route de la Soie, c'est aussi le spectacle de l'éternel retour, ce mythe qu'avait exploré Mircea Eliade, fasciné comme tant d'autres par l'histoire de Gilgamesh et d'Utanapishti.

Frontière turco-iranienne

Ce retour au bercail, c'est ce qui attend Barmak, sans savoir au juste de quoi demain sera fait dans le pays suivant, l'Afghanistan. Il a bien son frère là-bas, retour d'exil parisien lui aussi, et son père et sa mère. Mais les embûches sont nombreuses, et la route du soufisme est semée de chausse-trapes. Être soufi, ou proche du soufisme, sur la voie de la soie, c'est connaître le même destin que le Juif errant, cette parabole inventée par le christianisme de l'exilé perpétuel condamné à vadrouiller sa vie entière, à ne jamais mourir pour avoir insulté Jésus sur le chemin de croix. Goethe, Byron, Shelley puis plus tard Fruttero et Lucentini avec *L'Amant sans domicile fixe* et Hyam Maccoby dans *L'Exécuteur sacré* ont glosé sur cette légende du Juif errant, avec parfois l'image d'un porte-parole de l'humanité *en souffrance*. Le soufi ne peut connaître d'État, il est trans-frontière, il ne se rattache qu'au divin, et au divin dans le cœur des hommes, ce qui fait qu'en ce sens il appartient à l'humanité tout entière. Roumi n'est ainsi jamais autant bafoué que lorsqu'il est *approprié* par les uns et les autres, Afghans, Turcs, Iraniens. Les vrais soufis vous répondent que le maître n'a pas de nationalité. Le soufi a une terre promise, celle de l'Absolu. Il ne peut vivre qu'en dehors du pouvoir temporel, et en ce sens il s'oppose à maints représentants de la foi musulmane. Son voyage est onirique, dans un « espace du dedans » cher à Henri Michaux, et dans un Orient que ne renierait pas Nerval à la poursuite de ses chimères. Même si le monde environnant n'a pas produit à son égard de schème exterminateur, le soufi rencontre cependant un ostracisme profond dans l'ouma, la communauté des croyants. Son discours gêne, d'autant plus que sa poésie est fascinante, apte à pénétrer plus aisément les âmes. Sa convocation de Dieu sur terre effraie, car oubliant les intermédiaires de Dieu.

Il est donc condamné à errer.

Frontière turco-iranienne

Le passage de la frontière n'est pas pour autant terminé, même si Barmak commence à respirer, heureux de ne pas subir le sort du Pakistanais qui vadrouille d'un côté à l'autre de la frontière avec sous le bras sa petite télévision emballée dans un carton. Attitude qui inspire à Hasan, aux yeux bouffis par une nuit pratiquement sans sommeil et à l'estomac gonflé par une bouillie épaisse servie à la cafétéria sous les auspices de Cyrus au torse bombé et de Cyavosh le maigrelet, la réflexion suivante : ces immigrés sont eux aussi des sortes de Juifs errants, condamnés à la fois par leur pays quand ils en ont un et par la communauté internationale, qui ne peut ou ne veut les accueillir. Telle est précisément la condition des Kurdes, étalés sur cinq pays, de l'Irak à l'Arménie, de l'Iran à la Syrie et sur tout l'est de la Turquie, des Kurdes qui demeurent soit soumis à la répression sur leur territoire, soit voués à l'ostracisme dans les pays vers lesquels ils tendent à émigrer. Hasan en sait quelque chose pour avoir connu plusieurs exils, l'exil sentimental à Amsterdam, l'exil médical pour son frère amputé d'un bras lors d'un passage dans les rangs de la guérilla du PKK, le Parti des travailleurs du Kurdistan, et l'exil financier afin de chercher un emploi en Europe, sans succès. On pourrait même ajouter l'exil conjugal avec sa femme, qu'il a épousée forcé, et qui réside désormais à Istanbul, ville qui est un pays à lui tout seul, et en tout cas, avec tous les « gens de l'Est » comme on dit pudiquement là-bas, la plus grande ville kurde de Turquie et sûrement du monde si on compte les nouveaux arrivants qui ont oublié de se déclarer.

En contrebas, toujours dans la zone frontalière, il s'agit encore de négocier avec les douanes, dans un hall de gare où s'activent les camionneurs, les négociants et les intermédiaires, que l'on repère par leurs mallettes à la main, une mallette remplie de formulaires et que l'agent promène de bureau en bureau, en doublant les queues, sans que cela provoque l'irritation des Afghans et des Turcs qui attendent là, du moins apparemment, passant derrière les tables et les employées voilées de noir des pieds à la tête. Dans ce manège, Hasan est nettement moins à l'aise que d'habitude, doublé par Cyrus au torse bombé et Cyavosh le maigrelet, bien que ces deux-là soient un peu fatigués par leur match de foot de la nuit. Le circuit en fait apparaît de plus en plus compliqué, histoire de montrer que l'héritier de l'Empire perse n'a pas dit son dernier mot, et les coups de tampon succèdent aux discours arrosés de verres de thé. Là, il convient de souligner que les choses se compliquent, car à moins de payer une surtaxe phénoménale, en fait un bakchich « officiel » dit Cyrus, c'est-à-dire assorti de signatures diverses sur un papier à en-tête, nous sommes invités à retourner en Turquie ou à rester quelques jours voire quelques semaines dans cette zone frontalière, qui est de moins en moins un no man's land puisqu'on y trouve de plus en plus de monde. La perspective n'est guère encourageante, bien que différents monuments de la bureaucratie et de la corruption puissent se visiter ici, officines, bureaux, salons pour parler discrètement, tout cela sous l'œil bienveillant de l'ayatollah Khomeiny dont le portrait trône dans chaque pièce. Après trente-six heures d'attente, la situation s'avère encore moins brillante quand nous apprenons que tous les bureaux vont fermer leurs portes, aux alentours de quatorze heures, pour préparer le week-end. Heureusement, Cyrus au torse bombé a repris du souffle, ainsi que Cyavosh le maigrelet, et ils nous permettent d'entrevoir la sortie du tunnel grâce à un chef douanier, un autre puisqu'ils sont si nombreux, qui propose de mettre à notre disposition deux de ses hommes afin de nous accompagner jusqu'à l'autre bout du pays, une sorte de transit escorté afin de vérifier que nous quitterons bien l'Iran et afin d'être sûr que nous ne vendrons rien en chemin, bien que l'on n'ait pas grand-chose à vendre. Avec Barmak, nous soupçonnons un temps les deux hommes de vouloir augmenter leurs émoluments, mais Hasan assure qu'il s'agit de la meilleure solution, que cela se fait exceptionnellement, qu'il n'a aucune connaissance d'un acte similaire depuis vingt ans, et que de toute façon nous n'avons pas le choix. Lui-même est pressé, car sa mère est souffrante, atteinte de la cataracte, et il envisage de l'envoyer de ce côté-ci de la frontière, vers Tabriz, plutôt qu'à Istanbul, où les tarifs des cliniques sont deux fois plus élevés. Comme le soleil est à son zénith et que les employés des douanes commencent à s'impatienter, Hasan conclut le marché et, après un versement à Cyrus et à Cyavosh qui disparaissent en voiture pendant une heure afin sans doute de verser eux-mêmes leur quote-part à un sous-intermédiaire ou apparatchik des frontières, attend la venue de la petite escorte.

Elle apparaît au bout de quelques heures, comme si le temps reprenait peu à peu ses droits dans ces confins compliqués. Il s'agit de deux hommes bedonnants, qui émettent des gargouillements et éructations, signes visibles de leur récent déjeuner, et paraissent mécontents de se lancer dans la traversée de l'Iran, pays qu'ils ne connaissent pas vraiment ainsi qu'ils me l'avoueront plus tard. Cyavosh les devance, leur donne des ordres, comme s'il s'était découvert une soudaine autorité, mais avec une certaine retenue, penaud, confus sans doute de leur peu d'empressement, et on croirait voir Don Quichotte suivi de deux Sancho Pança guère pressés d'en découdre avec les péripéties de la route de la Soie.

Je suis obligé de le suivre de bureau en entrepôt, en effectuant des détours pour que Cyavosh puisse saluer les uns et les autres. Près d'une maisonnette patientent des voyageurs, qui eux sont bien traités. Ils ont tous des Mercedes noires, quatre au total, immatriculées en Azerbaïdjan, et reviennent d'un négoce lointain, apparemment ravis de franchir la frontière aussi facilement. La route qui passe par l'Arménie leur est quasiment interdite, jugée trop dangereuse en vertu des inimitiés entre les deux peuples, arménien et azéri, ce qui fait que les habitants de l'enclave du Nakhitchevan, de l'autre côté du mont Ararat, province de l'Azerbaïdjan, sont obligés d'effectuer un grand tour par la Turquie et par l'Iran afin de se rendre dans la capitale, Bakou. Mais ceux-là, dit Cyavosh en pointant le menton vers les Mercedes noires, ceux-là vont où ils veulent, car ils ont l'argent et paient vite et bien tous ceux qui les aident, les petits comme les gros intermédiaires. Et Cyavosh s'approche d'eux, les salue, repère une connaissance, et autour de lui les bouches qui sourient découvrent des dents en or tandis qu'une femme soulève sa jupe sans précaution aucune pour les agents iraniens afin de s'asseoir sur le coffre pour dévorer un sandwich.

Barmak, lui, ne se départ pas de sa bonne humeur, peut-être parce que ces va-et-vient aux frontières lui rappellent sa condition de réfugié, et il sort sa guimbarde, ce qui a l'air d'irriter l'un des deux sbires, comme il les appelle. Mais quand il apprend que Barmak est afghan et qu'il parle donc persan, ou du moins sa version afghane, le dari, le sbire numéro un, à peine moins gros que le sbire numéro deux, s'empresse de se rapprocher de lui, un frère, me dit-il, avec un clin d'œil appuyé. Et bras dessus bras dessous, selon ce que Barmak me rapportera plus tard, il s'en va lui demander s'il ne peut pas lui procurer une femme, ou même deux, des Occidentales en bon état, en échange de ses bons et loyaux services, à savoir le transit d'une frontière à l'autre, ce qui représente tout de même une bonne semaine de travail et de voyage au rythme où vont les choses. Barmak a beau vouloir se défaire du sbire, celui-ci devient de plus en plus pesant, lui tient le bras, lui répète que tout cela peut arranger le voyage. Quand il comprend que ce marché s'avère un peu compliqué, si loin de l'Europe, le sbire numéro un se calme et revient vers moi pour conclure le marché, deux cents dollars, une bagatelle, vous comprenez, on aurait pu tout à l'heure vous prendre cinq mille dollars, on vous a fait le prix, et puis vous ne pouvez plus revenir en arrière. Après d'âpres négociations, les deux sbires héritent d'un bon mois de salaire en prime et nous accompagnent vers la sortie de cette frontière infernale, bien, trop bien gardée, où les fonctionnaires s'arrondissent les fins de mois avec de larges sourires, tandis que Cyrus au torse bombé et Cyavosh le maigrelet s'apprêtent à nous quitter, la larme à

FRONTIÈRE TURCO-IRANIENNE

l'œil et la main tendue, pour rester de l'autre côté de la barrière afin de guetter d'autres voyageurs, quand il y en a, d'autres camionneurs, d'autres chauffeurs de bus, d'autres pigeons à plumer, près du mur d'enceinte qui délimite ce royaume perdu de la frontière. Barmak, lui, qui n'a pratiquement pas dormi de la nuit, n'a pas la larme à l'œil et a plutôt des démangeaisons pour balancer deux ou trois bras d'honneur mais se retient, sait-on jamais. Et là, en franchissant la frontière à une heure avancée de la journée, au-delà du mur, après d'ultimes coups de tampon, de nouvelles vérifications de passeport et une journée et demie d'attente, je dois avouer au risque de créer quelques rancœurs que les Turcs, malgré leur insistance à se présenter comme les champions du contrôle tous azimuts, et les meilleurs gardes-frontières de l'Orient sont très largement battus.

Bazargan, Iran

Roumi détestait les murs, et leur préférait de loin les déserts. Dans le *Masmavi*, il écrit que « la limite unique du soleil dans le ciel devient une centaine de lumières dans les cours de nos maisons. Mais si les murs sont enlevés, il n'y aura plus qu'une seule lumière ». Au-delà du mur d'enceinte, à quelques mètres des derniers douaniers, les bus et les taxis collectifs patientent à la recherche des passagers, turcs et iraniens. Barmak, qui a rangé sa guimbarde, n'a qu'une envie, c'est de fuir Bazargan, ce bourg qui jouxte le poste frontière et qui suinte le profit de passeur, le racket de contrebande « officielle ». Hasan lui aussi est pressé. Il lui tarde de se rendre à Tabriz. Sur la route, qui serpente à travers les hauts plateaux et entre les montagnes jaunes, il paraît soudainement très fatigué, voire abattu, comme si la tension de ces derniers jours se relâchait brusquement. Il murmure qu'il a beau se trouver dans une province où l'on compte beaucoup de Kurdes, il n'en demeure pas moins vrai que ses frères iraniens sont soumis à d'énormes restrictions, certes pas autant qu'en Turquie, mais enfin le jour où les Kurdes pourront jouir d'une vraie autonomie est encore loin. En attendant, il vante les mérites de Hafiz et des autres poètes persans, qui ont engendré chez lui tant de rêves. Cette route, c'est encore celle de Roumi, à rebours, quand il parcourait la Perse avec son père et sa famille à la recherche d'un havre.

Hafiz nous renvoie sans cesse aux Lumières. « Hafiz, cet autre Voltaire », s'exclamait Goethe. « Les maîtres de mes lectures s'appelaient Baudelaire et Hafiz, Voltaire et Saadi », dit l'écrivain iranien en exil Sorour Kasmaï, qui ajoute très justement qu'au XVIIIe siècle « la littérature française se servit du regard d'un Persan comme d'un miroir ». *Les Lettres persanes* de Montesquieu mais aussi les *Contes* de Voltaire reprennent ces images de l'orientalisme naissant, qui permettent à l'Occident de se redéfinir, de borner son imaginaire. Héritiers d'une poésie et d'une littérature millénaires, les Persans, eux, ont tenu à renouveler leur prose, jusqu'aujourd'hui, y compris dans l'exil. Rester fidèle au testament de Schéhérazade est leur credo, afin qu'ils soient épargnés et survivent tant qu'ils inventent leurs histoires, malgré les drames, l'isolement du pays, la confiscation du pouvoir par les mollahs. Une sorte de nouvel iconoclasme s'est installée dans la Perse des miniatures, la Perse des Reza Abbasi, Mo'in Mosavver, Behzâd, un iconoclasme qui fait frémir nombre d'écrivains iraniens, symbolique et plus redoutable encore : celui du bandeau noir sur le visage des otages occidentaux en 1979, « une nouvelle image qui devait balayer toutes les autres » juge Sorour Kasmaï. C'est un refus du regard et de l'image en retour que l'Iranien s'impose, « sans soupçonner pour autant que cette absence de regard allait devenir le pire des châtiments qu'il pouvait s'infliger », écrit encore Kasmaï dans le recueil collectif *Les Jardins de solitude,* pour qui la seule issue s'offrant aux Iraniens à la culture chargée en images et miniatures consiste alors à remplacer l'iconoclasme symbolique par un afflux de nouvelles figures, de nouveaux personnages, de nouvelles représentations, entre onirisme et réel.

Les deux sbires chargés de nous accompagner jusqu'à l'autre bout de l'Iran n'ont pas l'air si malheureux que ça, comme s'ils cachaient bien leur jeu, et ils vont sûrement nous demander encore autre chose, souffle Barmak. Avant de remonter dans l'une des voitures censée nous amener jusqu'à Tabriz, et même au-delà, le sbire numéro un est visiblement très content d'arborer l'oreillette de son téléphone portable, comme s'il attendait perpétuellement un appel. Quant au sbire numéro deux, il me répète sans cesse qu'il veut nous parler dans un endroit discret, afin de nous expliquer les conditions du voyage, ce à quoi nous lui rétorquons que les conditions ont déjà été discutées, mais non, il s'agit de petits changements, et nous comprenons très vite que ce pirate des frontières, mandaté par quelque capitaine, envisage d'augmenter sa part de butin. À la halte, dans un petit village entre deux montagnes où des marchands proposent d'immenses pastèques, Barmak lui explique que, pour les femmes, il en a déjà discuté avec le numéro un, lequel n'a pas attendu longtemps pour me dépouiller de mon couteau suisse et de quelques babioles en guise de cadeaux de présentation. Mais le sbire numéro deux est vraiment tenace, aussi tenace que son ventre est volumineux et, crachant une haleine fétide, il s'évertue à palabrer, à demander sans demander, à arrondir les angles pour mieux profiter de l'aubaine, vous comprenez, un accident est si vite arrivé, il faut faire attention, nous, on vous protège, l'Iran est un grand pays, certes bien gardé, mais sait-on jamais, il reste encore des brigands, et là, dans ces gorges humides, sous les montagnes jaunes, on a envie de se pincer, si l'on n'avait les deux mains et le nez dans la pastèque, pour savoir si on ne rêve pas, tant l'Iran demeure ce pays des frontières, entre onirisme et réel. « L'Occidental sent, comprend, divise spontanément par deux, moins souvent par trois et subsidiairement par quatre. L'Hindou plutôt par cinq ou six, ou dix ou douze, ou trente-deux ou même soixante-quatre » écrit Henri Michaux dans *Un Barbare en Asie*, en cheminant sur sa route de l'Orient extrême et en considérant que l'Inde appartient au Moyen-Orient. On pourrait ajouter qu'en Iran les gabelous multiplient tout par quatre.

Maku

Au fur et à mesure que les paysages défilent, paysans dans leurs champs, écoliers qui rentrent de la bourgade voisine, femmes qui rajustent leur voile sur le bas-côté de la route, les pieds dans la boue, Hasan a l'air de plus en plus triste, sans qu'il puisse expliquer avant la ville de Maku la raison de sa mélancolie. À Maku, petite ville paisible qui semble si éloignée des combines de Bazargan, Hasan se révèle plus prolixe, invité à boire un thé par Barmak et moi-même à la terrasse d'un boui-boui. En fait, ce qui attriste Hasan le passeur, c'est non seulement la malhonnêteté, car il existe des passeurs honnêtes et des passeurs malhonnêtes, mais l'hypocrisie régnant en Iran. D'un côté, il y a les interdits, les tabous, la vertu proclamée à longueur de panneau, d'affiche, de slogan, de colonne de journaux, et de l'autre les enrichissements, les petits et grands profits, les marlous du régime, les malandrins de la mollarchie, les bandits du rigorisme. Plus précisément, ce n'est pas l'enrichissement sur le dos des autres qui gêne Hasan, car pour tout négoce, pour toute richesse, il convient de prendre sa quote-part quand on est dans la chaîne, surtout au sommet, et quand on ne peut rien faire, la bonne conscience s'en charge avec la *zakat*, le principe de l'aumône musulmane. Mais le pire pour Hasan, c'est de voir un enrichissement sur les tabous, sur les contraintes, avec le passage des frontières taxé par ceux-là mêmes qui sont censés régenter la circulation, et puis les octrois sur les marchandises, un ballot par-ci, une caisse par-là, des jeans, des cigarettes, des livres, des cassettes, et pourquoi pas des cassettes porno et même de l'opium tant qu'ils y sont...

Hasan sur ce point est très proche de la réalité, car au-delà de Maku un hôtelier, ancien officier de l'armée iranienne qui a tâté de la geôle pendant la guerre Iran-Irak et même après, avoue en me recevant dans son petit restaurant fraîchement refait et clinquant qu'il en a marre de ce régime, comme d'ailleurs bon nombre d'Iraniens, si ce n'est pas la quasi-totalité. Ce qui l'agace, ce qui l'attriste aussi, c'est l'opium qui coule à flots dans le pays, et tout ce qui s'ensuit, morphine, brown sugar, héroïne, qui commence à faire des ravages à Téhéran et dans les grandes villes, à tel point que dans la capitale on distribue depuis peu des seringues gratuitement afin d'éviter que le sida ne soit propagé par les junkies. L'aubergiste, qui claudique depuis son incarcération et dont nous tairons le nom bien qu'il serait ravi d'accueillir des voyageurs de la route de l'Orient, mais qui préfère encore demeurer seul ou presque dans une auberge du bout du monde qu'embastillé dans une prison grouillante, l'aubergiste avoue que tout cela, ce trafic de drogue, ce flot ininterrompu de paradis artificiels, est savamment entretenu par les mollahs, malgré leurs grands discours de vertu, afin que les velléités libertaires du peuple soient refrénées, ensevelies sous un manteau de rêve, entre onirisme et faux réel, pour rester dans la métaphore de Sorour Kasmaï. Moyennant quoi, si l'on en croit l'aubergiste, un jeune sur deux s'adonnerait à la drogue, du moins dans les provinces frontalières, ce qui représente, vu le nombre d'Iraniens en dessous de vingt-cinq ans, une part non négligeable de la population. L'aubergiste, qui connaît bien son monde militaire et douanier, avoue aussi que beaucoup de personnes touchent leur écot, du petit officier au grand, hormis quelques fonctionnaires honnêtes, isolés, ou trop exposés au regard de tel ou tel grand commis de l'État iranien, ou de ce qu'il en reste, tant l'administration paraît léthargique et honnie. L'aubergiste reconnaît aussi qu'en l'absence de bon système de protection sociale, l'opium qui circule fait bien les choses, remplaçant à la fois l'aspirine, le whisky, le vin cher à Hafiz, et l'espoir d'un changement rapide, à tel point qu'il se demande, tout en baissant la voix, si de nombreux mollahs ne sont pas des dealers eux-mêmes car, quand on détient le pouvoir à la fois temporel et spirituel, on peut tout se permettre. Les deux pouvoirs, voilà la source du drame pour Hasan, qui estime qu'on ne peut mélanger les deux, encore moins les trois puisque certains mollahs influents du régime sont en même temps de grands bazaris, négociants du bazar qui pèsent sur toute l'économie du pays.

La brume s'étire sur l'Azerbaïdjan iranien et augure d'un manteau de pluie qui cache les petits villages au loin, sur les collines et au bas des crêtes. Un torrent a creusé son lit dans les parois des montagnes comme une tranchée, coup d'épée dans les flancs rocheux. Sur une hauteur couverte de bois, entre deux falaises, alors que le véhicule peine dans la montée, on aperçoit un troupeau de chèvres suivi d'un berger et de trois chameaux, et c'est ce qu'il reste des vieilles caravanes, dit Hasan. Des fermes dressent leurs murs pour protéger les vergers de la province azerbaïdjanaise, fameux dans tout l'Orient.

Tabriz

Tabriz est une ville d'intrigues qui fut la capitale de la Perse avant que les shahs aient pris Ispahan et qui complota contre le monarque Mohamed Ali en 1908 avant que les Russes viennent mater dans le sang la sédition. Mais le pourpre a laissé la place au cours des siècles au bleu, celui des miniatures, des faïences de la mosquée Kabud ou Mosquée bleue, des céramiques qui répètent les mille et un noms d'Allah, des mosaïques de lapis-lazuli, extrait des mines d'Afghanistan. Tabriz est non seulement la ville de la couleur de la maturité, pour reprendre le mot de Goethe, mais aussi celle du soufisme, la ville natale de Shams, le père spirituel de Roumi.

Mais du « soleil de Tabriz », nulle trace. Le bercail est ingrat. Il est ingrat d'ailleurs avec tous les derviches, qui se cachent, quand ils existent encore. Le soufisme a toujours joué un rôle de contrepoids dans l'islam, revendiquant une liberté de pratique et de cœur. Avec la victoire de la révolution islamique, les mollahs s'aperçoivent bien vite que ce courant mystique est un péril pour leur omnipuissance, d'autant qu'au cours du XXe siècle ont fleuri les confréries soufies se réclamant du chiisme et aspirant à un changement dans la vie politique, quitte à se rapprocher de la franc-maçonnerie. C'est une double hérésie pour la mollarchie qui ne tolère pas ces écarts canoniques, ces légèretés de rites, ces dérives qu'ont empruntées nombre de hauts fonctionnaires du shah. Le confrérisme s'apparente à un concurrent aux yeux du clergé chiite, voire à un ennemi. La geôle ou l'exil est dès lors la seule alternative pour maints soufis, dont le psychiatre Javâd Nurbakhch, qui prennent le chemin de l'Occident, au bout de la route de la Soie, le chemin de la rédemption. Istanbul, havre de tolérance depuis des siècles, Paris, Chicago, Londres, Genève, les accueillent. Ils gardent cependant des liens avec ceux qui demeurent en Iran, clandestins spirituels. D'autres choisissent un compromis avec l'islam des ayatollahs, car les derviches ont de longue date entretenu des liens avec des imams chiites dont Djafar al-Sadiq au VIIIe siècle. Certains ont même affirmé que le chiisme, par sa proximité avec l'ésotérisme, présentait des affinités avec le soufisme. Toute une tradition soufie, qui se réclame de la philosophie persane, a survécu ainsi, mais difficilement.

Tabriz, fort de son goût pour la dissimulation, représente un îlot en Iran. Les confréries y sont tolérées, riches de l'apport des Kurdes et des Turkmènes, qui ont développé leurs propres ordres, dont la *naqchbandiyya*, originaire de Boukhara. Des librairies arborent des livres de mystiques soufis, et non seulement ceux d'Ibn Arabi, sunnite vanté par l'ayatollah Khomeiny lui-même lors d'une lune de miel à Qom qui n'a pas duré, mais aussi ceux de soufis jugés par certains mollahs comme de dangereux rivaux.

Si Tabriz demeure si discret sur Shams, c'est qu'en fait on ne connaît pas grand-chose de sa vie jusqu'à sa rencontre avec Roumi en 1244 à Konya. La légende prétend que son père était marchand, peut-être d'origine princière, et que la beauté de Shams était telle que sa mère était obligée de le cacher dans un harem. On le berce, on le couve, des femmes le choient, lui apprennent à broder et le surnomment Shams le Brodeur, des femmes qui le confinent dans un univers de sensualité dès le plus jeune âge, le saturant de caresses et de baisers, ce qui explique pourquoi, un peu écœuré, il aurait décidé de prendre la route, bâton de pèlerin en main. Ces débordements de sensualité ne lui conviennent guère, et lui préfère s'interroger sur la vie et la mort, le sens de l'existence, jusqu'à en perdre le sommeil. Selon les phrases rapportées par Sultan Valad le fils de Roumi, Shams aurait dit à son protégé de Konya : « Quand j'étais enfant, je voyais Dieu, je voyais l'ange, je contemplais les choses mystérieuses du monde supérieur et du monde inférieur. Je pensais que tous les hommes voulaient de même. »

Puis il connaît l'ivresse des longues nuits de rêve éveillé. Il parle comme un mystique, à tel point que ses parents ne comprennent plus l'enfant songeur, trop songeur, qui s'exprime par métaphores et paraboles. Un matin, Shams se lève, se rend chez un vannier de Tabriz, Abu Bakr Sele-bâj, qui est maître soufi, et comprend que son destin réside là, dans la parole mystique. Il devient derviche errant, vagabonde de maître en maître, vêtu d'une éternelle cape noire, les cheveux longs, le visage penché vers la terre, et veut révéler aux hommes l'amour divin. Il apparaît et disparaît sans cesse dans toute l'Asie centrale. On l'appelle Shams le Volant tant il multiplie les étapes et les rencontres dans les caravansérails beaux et sordides de la route de la Soie, qui est aussi celle du soufisme. Un soir, il entend une voix qui lui redonne espoir : « Dirige tes pas vers l'Anatolie. » Et c'est ainsi que Shams se rend à Konya, au seuil d'un caravansérail pour marchands de sucre, dans une cellule de misère avec une pierre pour poser sa tête, afin d'y rencontrer l'âme sœur, celle de Roumi.

Tabriz

Tabriz, ville d'intrigues à l'instar d'Istanbul, est donc le lieu idéal pour se débarrasser des deux sbires qui nous suivent. Après un dîner de brochettes pris fort tard, dans le quartier des anciens caravansérails, des mosquées, des écoles coraniques, des *khânagâ*, les monastères pour derviches, là où les marchands se rassemblaient avant d'affronter les turpitudes du grand festin de l'Orient, Hasan, afin de mieux soudoyer les deux hommes repus, propose qu'on leur verse quelques semaines de salaire pour avoir la paix, ce qui ne représente qu'une poignée de dollars. Ils somnolent et semblent s'ennuyer, loin déjà de la frontière. Ici, plus aucun chef ne les surveille, et quand ils sortent de leur somnolence ils jettent un regard attentif à deux femmes qui tournent dans ce qui tient lieu de salon à l'hôtel, un entresol où l'on trouve les cuisines, la réception, et trois canapés. Les deux femmes, âgées d'une quarantaine d'années, n'ont pas cru bon d'ajuster leurs voiles malgré la présence de ces deux fonctionnaires de la République islamique, et virevoltent plutôt à leur aise. Je remarque que l'une d'entre elles lorsqu'elle s'assoit écarte les jambes, sans retenue. Elle se lève plusieurs fois, s'approche du sbire numéro un, qui se requinque tout à coup. Veut-elle négocier un passage à la frontière ? Hasan en rit, me glisse à l'oreille qu'elle n'est pas iranienne mais azerbaïdjanaise et qu'elle fait commerce de son corps dans cet hôtel qui est en fait un semi-bordel, institution fort ancienne sur la route de la Soie, notamment dans l'Empire ottoman et en Perse, ce dont semble se réjouir le sbire numéro un, pour qui notre présence brusquement importe peu. L'ennui, c'est que la prostituée de Bakou demande cher, une passe correspondant à une semaine de travail du douanier selon Hasan, et le douanier assis sur sa chaise, visiblement ravi que l'on s'intéresse à lui, tente de négocier à voix basse, ce qui engendre chez la putain d'incessants mouvements de tête et de redressement du corps. Le second sbire se rapproche alors, manifeste son intérêt pour l'autre Azerbaïdjanaise, en s'efforçant de ne pas sourire pour cacher ses dents avariées.

Quand les deux hommes reçoivent leur obole de la main de Hasan, leur visage s'éclaire d'un large sourire. Ils feront tout pour nous accorder leur aide, en clair pour nous laisser filer jusqu'à la frontière afghane, quitte à nous attendre à Machad avec les tampons nécessaires, et cela leur convient fort bien. Comment les deux sbires vont s'affairer à passer leurs vacances ne nous regarde aucunement, mais il est évident, à voir la mine joviale qu'ils arborent face aux deux femmes, qu'ils vont faire bombance une bonne partie de la nuit. Les prostituées ont accéléré leur danse, toute discrète afin de ne pas éveiller les soupçons du quidam, bien que personne ne soit dupe dans le petit entresol de l'hôtel, surtout pas le cuisinier qui se rince l'œil devant ces odalisques, et la scène évoquerait pour un peu un tableau de Delacroix, en moins romantique, ainsi qu'un acte de la vie à Babylone au temps de la prostitution sacrée. Ce qui correspondait aussi à la tradition de la Perse, puisque le chevalier de Chardin au XVIIe siècle en dresse un tableau précis dans son *Voyage de Paris à Ispahan* : « Les villes en sont pleines (de prostituées) néanmoins ; et les gens estimés les plus réguliers et les plus saints s'en servent. Vous voyez tous les soirs, en vous promenant dans les collèges ou dans les grandes mosquées, des femmes publiques couvertes de leur voile, les unes suivies de leur servante, d'autres seules, entrer dans les petits logements des prêtres et des régents, tantôt chez l'un, tantôt chez l'autre. » Chardin observe le même manège dans tous les caravansérails de la route de la Soie où il s'arrête et où se mélangent petites gens et marchands étrangers.

TABRIZ

Les deux corrompus des frontières finissent par disparaître, semblant se rappeler qu'ils servent les intérêts d'une république islamique et que celle-ci ne saurait tolérer une quelconque danse du ventre ou autre spectacle de débauche, qui plus est devant trois étrangers, un Turc, un Afghan et un Français.

Tabriz

À la Mosquée bleue de Tabriz, là où le destin tragique de l'écrivain russe du XIXe siècle Griboïedov se scella avant d'aller mourir plus loin, à Téhéran, sous les coups d'une foule rendue hystérique par les mollahs, un universitaire français, Max Schvoerer, spécialiste des archéo-matériaux de la route de la Soie, discute avec le directeur. Outre sa compétence dans le domaine des céramiques et des faïences, Max Schvoerer a une passion obsessionnelle, celle de la couleur rouge, qu'il tente de débusquer dans ce bleu ambiant. La soixantaine, chaleureux, volontiers bougonnant quand il n'arrive pas à obtenir ce qu'il désire, ce qui est plutôt une qualité sur cette route, le tenace Schvoerer, accompagné de son équipe de Bordeaux, deux chercheurs, Sophie et Robert, et une géologue, Françoise, est persuadé dans ce déferlement de turquoise, de vert, de bleu roi, de bleu de Prusse, toutes les nuances qui résument le génie de l'art persan, au temps de la splendeur de l'empire, persuadé donc d'apercevoir du rouge, et effectivement on discerne à l'entrée de la mosquée, sous l'œil du directeur qui acquiesce, une céramique teintée de rouge tirant vers le marron. Pour Max Schvoerer, il ne fait aucun doute que cette nuance est le précurseur du fameux rouge d'Iznik, ville de Turquie, qui engendra dans ses ateliers de fabuleuses céramiques, appelées à tort céramiques de Rhodes, figurant parmi les plus belles du monde musulman. Tandis que Max Schvoerer poursuit sa quête de rouge, le directeur, lui, évoque la beauté du bleu d'ici, « vous ne la trouverez nulle part ailleurs car c'est un bleu cobalt unique au monde ». Le Bordelais ne se laisse pas impressionner pour autant et contemple son bout de rouge, comme dans une polémique entre le pourpre et le bleu d'Asie Mineure, cette bataille qui opposa Constantinople la chrétienne et Istanbul la musulmane. Cela donne un bel échange :

Max Schvoerer : Je suis étonné par la restauration qui n'a pas cherché à remplacer ce qui manque.

Directeur : Mais sachez que le bleu de Tabriz n'existe que dans quelques monuments, dont cette mosquée.

Max Schvoerer : Byzance faisait déjà des feuilles d'or dans les niches.

Directeur : C'est très proche de Samarkand et de Boukhara.

Max Schvoerer : La Perse est un lieu notoire pour la production de céramiques. Et cette mosquée est restée telle quelle, nature !

Directeur : C'est une technique italienne.

Max Schvoerer : À Konya, la ville de Roumi, dans les faïences, les rouges ne sont pas arrivés...

Max Schvoerer, d'une grande érudition, et qui semble réaliser un rêve d'enfant, celui de parcourir tout le trajet des céramiques et des faïences sur la route de la Soie, par les mosquées, anciens ateliers, fours d'artisans, échoppes de faïenciers, est intarissable sur l'histoire des couleurs et des poteries d'art. C'est justement par la route de la Soie, au temps des empereurs Tang, dès le VIe siècle, que la faïence a pu atteindre l'Iran des princes sassanides puis l'Italie *via* l'Espagne des Maures. L'art musulman a donné la réplique à la chrétienté en lui léguant son génie de la faïence, en particulier l'art majolique, en provenance des ateliers arabes de l'île de Majorque aux Baléares, et qui va faire un tabac à la Renaissance. Mais le rouge tarde à revenir dans la chrétienté, du moins par ce procédé, comme si l'islam voulait retenir la couleur du sang, après avoir enterré la pourpre byzantine pour la remplacer par le bleu. Ce n'est qu'à la fin du XVIe siècle que les faïenciers occidentaux pourront maîtriser le rouge, le « rouge de terre », obtenu dans les ateliers de Rouen par de l'oxyde de fer cuit sur de l'argile très fine.

La céramique connaît comme la miniature une envolée fabuleuse dans la Perse et l'Asie centrale des XIIIe et XIVe siècles, à tel point que les deux arts semblent liés, loin de tout iconoclasme, autre revanche de l'islam sur Byzance et la chrétienté d'Orient. On assiste à une floraison d'ateliers, et les artistes suivent les souverains. Les Timourides, les descendants de Tamerlan, mort en 1405, favorisent cet essor des arts et des lettres en Perse orientale et en Transoxiane, depuis leur citadelle de Hérat, à l'ouest de l'actuelle Afghanistan. Ce sont des noceurs, des massacreurs qui aiment la ripaille, mais ils s'avèrent aussi, une fois installés dans l'oasis, de grands amoureux de l'art, des mécènes dans l'âme, comme si l'écrin de Hérat offrait une propension à s'épanouir dans la miniature et la contemplation des calligraphies magnifiques. Ils aident et commandent vite, ces rois noceurs, car ils n'ont pas de temps à perdre pour gagner un titre à la postérité : ils meurent jeunes, menacés par la cirrhose du foie. On mande les artistes de Tabriz, de Chiraz, de Bagdad, de Nichapour. L'art essaime alors dans tout le monde musulman grâce aux caravansérails et aux riches marchands. Des vassaux s'enquièrent des dernières techniques, de la peinture au lapis-lazuli, à l'argent fondu, des suzerains convoquent les artistes en vogue, on s'arrache à prix d'or les faveurs de tel céramiste ou graveur. La couleur est magnifiée, le rouge et le bleu sont allégoriques, aux contours bien délimités, sans se mélanger, dans un nouveau grand festin à distance. En 1301, Abd Gassem el-Gassani, céramiste né à Tabriz, écrit un traité dont l'original se trouve à Sainte-Sophie à Istanbul et qui fait autorité dans le domaine, avec une renommée qui s'étend vite auprès des Seldjoukides, des Abbassides et jusqu'en Chine. Alors qu'il paraît facile d'obtenir du bleu, au cuivre pour une nuance claire, au cobalt pour le sombre, la maîtrise du rouge se révèle ardue car engendré par l'oxyde de cuivre ou des paillettes de cuivre cristallisées. Or, précise Max Schvoerer, ce sont précisément les céramistes de Samarkand, avant Gengis Khan, qui inventèrent une technique, recourant aux cristaux de quartz couverts d'hématite aux reflets brun-noir ou brun-roux. Se promenant d'un bout à l'autre de la Mosquée bleue,

193

LE GRAND FESTIN DE L'ORIENT

Max Schvoerer est visiblement heureux de ses observations, tant elles lui permettent de montrer que la route de la Soie a été de tout temps un lieu d'échange non seulement de marchandises mais aussi de symboles, et que l'Orient et l'Occident ont aussi dialogué par couleurs interposées.

Qazvin

Hasan nous quitte, le regard embué de tristesse. Il est pressé cependant de rentrer car il veut s'occuper de sa mère et ne connaît pas les derniers embêtements de la frontière et tout ce que les douaniers iraniens peuvent encore inventer pour battre les Turcs au record de la tracasserie. Ce qui l'inquiète, en nous disant au revoir, ce n'est pas tant la maréchaussée, membres de la police religieuse, espions ou agents que je pourrais rencontrer en route mais les innombrables camions, autobus, tracteurs et autres tombeaux roulants que nous allons croiser, « car il faut être fou pour conduire ici, il paraît que beaucoup de conducteurs meurent comme ça, ils se croient invincibles, ça les galvanise de conduire ».

Une ou deux heures de trajet vers Qazvin suffisent à donner raison à Hasan, avec un défilé ininterrompu de voitures qui doublent les autres véhicules de tous les côtés, d'autobus qui s'élancent à grande vitesse entre deux camions, lesquels s'amusent à faire peur à un tracteur zigzaguant à grands coups de klaxon qui doivent résonner à des kilomètres à la ronde et réveiller n'importe quel *shahid*, martyr de la route. Dans un défilé, c'est une voiture qui se jette dans le fossé sous la falaise, avec un attroupement de badauds surgis de nulle part. Plus loin, un camion renversé gît sur le bas-côté, son chargement de pastèques étalé sur le bitume et dans la poussière comme celui d'un marchand un peu trop pressé. C'est néanmoins la montée d'Alamut qui se révèle la plus dangereuse, de nuit, bordée de temps à autre par un ravin qui attire les véhicules sujets aux erreurs de conduite. Barmak a préféré filer vers Ispahan, pour voir les mosquées, les faïences, et j'espère bien l'y rejoindre.

C'est compter sans le nombre de pannes à venir et surtout la vétusté de la petite route qui serpente entre les montagnes jusqu'à la citadelle et qu'empruntent de rares voitures, quelques taxis collectifs chargés jusqu'à la gueule et des camions bringuebalants qui semblent dater de Darius. À deux mille cinq cents mètres d'altitude, en pleine nuit et même bien plus tard, aux environs de deux heures du matin, alors que la voiture menace à la suite d'une fausse manœuvre de verser dans le ravin, Sadegh nous recueille sur la route qui mène à Alamut. Sadegh est camionneur, si on peut appeler son engin un camion tant il crache de la fumée et semble rendre l'âme à chaque accélération, mais il est surtout opiomane à ses heures, c'est-à-dire une bonne partie de la nuit. Bourru et enthousiaste à la fois, grogneur et ardent, il mélange les genres soit pour brouiller les pistes soit parce qu'il est en manque. À trois heures du matin, dans la petite maison du village dont nous tairons le nom, au pied de la montagne, dans un salon qui ouvre sur un verger, avec cette « odeur moussue et somnolente des vieilles demeures qui est la même dans tous les pays » (Milosz), Sadegh est encore affairé à faire chauffer des boulettes d'opium sur un réchaud à gaz, démontrant une dextérité certaine et une aisance qui vaut celle des plus fieffés membres du cercle des opiomanes du XIXe siècle, sis dans l'hôtel de Pimodan, au 17 du quai d'Anjou à Paris, « espèce d'oasis de solitude au milieu de Paris » selon Théophile Gautier, où se réunissaient dès 1845 les amateurs de paradis artificiels. La boulette d'opium chauffée est ensuite approchée d'une tige de métal chauffée elle aussi, et la fumée qui s'en dégage est inhalée par Sadegh, les yeux exorbités, qui semble décidé à ne pas en perdre une volute. Il fume encore quelques pipes d'opium, raconte le bonheur de se procurer la pâte noire, que l'on trouve n'importe où en Iran, et murmure que même des policiers du coin s'adonnent au plaisir de la fumée âcre, et ceux d'en bas, dans la vallée, se moquant bien d'endiguer le trafic, qui inonde toute la région, ne perdent pas leur temps à monter si haut pour une cause perdue d'avance. Sadegh finit par avouer que tout cela, l'inhalation, la préparation, le trafic, prend beaucoup de son temps et que, pour fumer un peu plus, il a décidé de travailler moins, de dormir davantage, de conduire moins souvent les camions, bien qu'il assure être compétent en la matière, même après quatre pipes d'opium, ce qu'il me propose de vérifier sur-le-champ, moi assis à la place du passager, trois fois mort d'avance, proposition que je décline aussitôt.

Au réveil, la maison de Sadegh noyée dans un jardin luxuriant offre un point de vue remarquable non seulement sur l'opiomanie et ses ravages mais aussi sur une belle vallée, avec des montagnes hautes et des gorges profondes. La lumière est douce, les couleurs saturées, le ciel d'un bleu de cobalt semblable à ceux de la mosquée de Tabriz, et Sadegh est frais comme un gardon, « tu vois, je n'ai pas forcé, ici, on a tous l'habitude ». Au premier étage de la maison vit le reste de sa famille, oncles, frères et sœurs, père et mère, qui nous accueillent pour le petit déjeuner, consistant pour moi en une galette de pain et pour Sadegh en une nouvelle boulette d'opium, sous l'œil de ses parents qui ont l'air vraiment habitués à ce que leur garnement de fils se déplace avec un réchaud à gaz à la main, afin d'être prêt à griller sa pâte noire si une envie pressante le prenait. Sadegh possède une bonne quantité d'opium en provision, dans un sac qu'il ne cache même plus, une manie à lui de stocker, ce qui ne représente pas une grande dépense puisque son paradis artificiel coûte vingt mille rials le kilo, soit moins de trois dollars. Quand il redescend de son nuage, ce qui prend quand même un peu de temps, il propose de monter lui aussi jusqu'à Alamut, dans une vieille jeep.

Alamut

Alamut est une citadelle perchée sur des collines battues par les vents, dressée telle une nef sur le flanc d'une montagne dont elle se détache, et qui servit de refuge aux membres de la secte de Hasan Sabah, le maître des Assassins, né aux alentours de l'an 1048 en Perse. Pour atteindre le nid d'aigle, royaume des ombres dansant sur les rochers, il convient de marcher depuis le village de Qasr Khan, « le Château du Seigneur », d'enjamber un torrent, le Qasr Rud, de contourner un bloc de montagne, de franchir une gorge étroite et de gravir la falaise jusqu'à la crête, le fameux Rocher, auréolé encore de sa légende noire, où trônent des débris de fondations, des excavations dans la roche rouge ayant servi de citernes d'eau, suffisantes pour résister à un long siège, et quelques murets qui attestent d'une petite vie sur ces hauteurs, sous le mont Haudegan, avec vue sur la ville en contrebas, au-delà d'un précipice, les châteaux voisins de Nevi Sharchah et d'Ilan, anciennes possessions de la secte également, et les pentes de l'Elbourz.

Au XIe siècle, les fidèles du « Vieux de la Montagne », dissidents du chiisme qui ont fui l'Égypte, écument tout l'Orient et partent à cheval assassiner quelque souverain ou ennemi sur un ordre de leur guide spirituel, qui désire avant toute chose un renouveau du califat chiite. Ismaéliens, c'est-à-dire chiites septicémains, ne reconnaissant que sept imams sur les douze des autres chiites, les Assassins élevèrent le crime au rang du mysticisme. Leur forteresse d'Alamut fascina longtemps les voyageurs occidentaux et terrifia le monde qui résonnait des coups des sicaires, notamment contre l'occupant seldjoukide qui voulait imposer le sunnisme, doctrine des califes de Bagdad. Subjugué par le témoignage des voyageurs qu'il croisa sur la route de la Soie, Marco Polo écrit ainsi : « Aucun homme n'avait le droit de pénétrer dans le jardin s'il n'avait l'intention de devenir son *ashishin*. Il y avait, à l'entrée du jardin, une forteresse assez solide pour pouvoir résister au monde entier, et pas d'autre chemin pour s'y introduire. Le grand maître gardait à sa cour un grand nombre de jeunes gens du pays, âgés de douze à vingt ans, afin de leur donner le goût du métier des armes... Puis il les introduisait dans son jardin par quatre, six ou dix à la fois, après leur avoir fait une certaine potion qui les plongeait dans un profond sommeil. Ainsi, lorsqu'ils se réveillaient, ils se trouvaient dans le jardin. Quand donc ils se réveillaient et que leurs yeux découvraient cet endroit enchanteur, ils pensaient qu'en vérité ce devait être le paradis. Avec ces dames et ces demoiselles qui badinaient avec eux au gré de leurs désirs... »

La peur s'insinua jusque dans les palais lointains, par l'inéluctabilité de la promesse. Déguisés, les tueurs qui se comptaient jusqu'à cinq mille se fondaient dans la foule et pouvaient attendre des années que leur proie, souverain ou potentat local, émir, vizir, vassaux des califes, montre quelque signe de faiblesse, ce qui tend à prouver que Hasan Sabah non seulement inventa l'assassinat politique et la rhétorique du martyre mais aussi ce qu'on appelle aujourd'hui les « réseaux dormants ». Cependant Hasan Sabah, qui a vécu au Caire et a connu le vieux calife fatimide, de confession chiite, ne veut pas que le meurtre, il veut aussi influer secrètement sur les destinées du monde musulman, puisque, trop seul, il ne peut régner. Il bâtit ainsi tout un système de liens occultes afin de mieux contrôler certains vizirs et entretient même des relations avec les croisés, ce qui lui vaut une haine plus grande encore des sunnites, qui appellent ses partisans les *batini*, « ceux qui font semblant de croire ».

En l'an 1105, le sultan seldjoukide entreprend un siège de la forteresse. Mais, grâce à ses hommes infiltrés, le vieux renard retranché sur les hauteurs voit le coup venir depuis longtemps et parvient à tenir sept ans durant en raison de sorties éclairs et de réserves prodigieuses. Histoire de montrer qui sont les vrais assiégés, le sultan lui-même tombe sous les coups.

Les tueurs, il est vrai, sont intrépides, dévoués jusqu'à la mort au Vieux, réalisant de belles prouesses, dont l'assassinat du grand vizir seldjoukide Nizam al-Mulk, en 1092 (ce qui fait dire à Ibn al-Athir que l'ennemi seldjoukide ne se relèvera plus jamais), le meurtre du calife fatimide du Caire en 1130 et celui du roi latin de Jérusalem, le Franc Conrad de Montferrat, en 1192, à Tyr, par deux cavaliers haschichins déguisés en pèlerins. Le tueur peut rester en sommeil des mois, des années durant, en toute discrétion, mais quand il frappe c'est pour de bon, et en plein jour, au vu du plus grand nombre de témoins afin que se propage la nouvelle sur toutes les terres d'Orient. Les Assassins ont quelques manies, qu'apprennent bien vite les pourchassés : ils tuent de préférence le vendredi à midi, dans ou près d'une mosquée. Ces deux éléments, la présence de témoins et l'heure symbolique, représentés désormais par la télévision et l'heure du journal télévisé, sont perpétués aujourd'hui sur cette même route de l'image par les tueurs et les iconoclastes, avec cette contradiction qui est de détruire l'image, comme la représentation des idoles et des bouddhas, en montrant la destruction par l'image cathodique tant honnie. Certains fidèles de Hasan Sabah s'installent loin d'Alamut, près de Tyr, en Syrie, et le prince Hayton, auteur au début du XIVe siècle de *La Fleur des histoires de la terre d'Orient*, neveu du roi d'Arménie et chroniqueur des croisades, écrit qu'au royaume de Syrie le sultan peut compter sur cinq mille cavaliers et des sergents à pied dans le pays des Assassins, autour du mont Liban. Épisode moins connu de leur épopée, les fidèles de Hasan Sabah, selon la chronique de l'Anglais Matthew de Paris, auraient envoyé une délégation à Paris en 1238 quémander de l'aide afin de lutter contre l'envahisseur mongol. Moins vraisemblable, une relation de voyage moyenâgeuse indique que le comte Henry de Champagne, de retour d'Arménie, invité par les Assassins dans leur forteresse en 1198, aperçut des écuyers et des archers se jeter dans le vide depuis les remparts sur ordre des chefs afin d'impressionner le visiteur, geste d'hospitalité qui à la longue a dû coûter cher à son initiateur, généreux au demeurant en matière de sacrifice.

Ami d'Omar Khayyam selon la légende, Hasan Sabah, en ordonnant la construction de la citadelle d'Alamut, avait fondé à la fois un camp militaire retranché et un lieu de méditation. Il meurt en 1124 mais la secte perdure jusqu'à ce que les Mongols, agacés par cette poignée d'irréductibles, décident de lancer quelques bataillons à l'assaut du nid d'aigle pour rayer de la carte la citadelle de l'insolence.

L'Occident à nouveau fantasme sur cet Orient rêvé, qui prend ainsi la forme d'une utopie du raffinement et de l'expédition punitive, comme vengeance des faibles ou de leurs représentants contre les puissants. Selon le récit de Marco Polo, le Vieux de la Montagne, retranché sur le dernier piton rocheux de la vallée, promettait le paradis, des filles et du vin à ses envoyés ivres de haschich, d'où leur nom de haschichins qui aurait engendré le mot assassin, bien que l'étymologie soit aujourd'hui contestée par certains chercheurs. Les chroniqueurs occidentaux en rajoutent, qui détiennent souvent des récits de seconde main et croient discerner dans les contreforts de la montagne une foule de harems, histoire de motiver un peu les croisés. Avant de connaître les plaisirs de l'Au-delà, ils s'en vont par cohortes, galvanisés, poignard en main, accomplir leur tâche, avec un rêve de sensualité, comme Nietzsche gardait un souvenir de paradis perdu dans la vision du presbytère protestant de son enfance peuplé de créatures féminines. Les tueurs de Hasan Sabah seraient-ils véritablement les ancêtres des kamikazes du Moyen-Orient ? Ou au contraire les tribuns d'une renaissance, les Lumières de l'islam ? Une première lecture assimile les ismaéliens d'Alamut à de grands assassins, des tueurs en série orientaux, des terroristes avant l'heure. Mais une seconde lecture affine cette dimension et rend hommage aux gens d'Alamut pour leur discours de liberté, leur volonté de s'affranchir de la tutelle de l'occupant seldjoukide. Depuis quelques années, des orientalistes estiment que la doctrine du « Maître des Assassins » éclaire l'islam d'un regard nouveau. Messianisme et célébration des ismaéliens d'Alamut ont engendré une nouvelle éthique et une forme de liberté, une « religion de l'épiphanie de Dieu sous la forme humaine » estime ainsi le philosophe Christian Jambet, qui récuse l'application du terme terroriste pour les fidèles de Hasan Sabah, mot utilisé pour mieux discréditer les ismaéliens, notamment par les Abbassides qui régnèrent longtemps sur Bagdad. Et la légende des Assassins a été grandement exagérée, depuis le récit de Marco Polo et les chroniqueurs des croisades jusqu'au Slovène Vladimir Bartol et son *Alamut*, paru en 1938, en passant par le livre de Joseph von Hammer, *Geschichte der Assassinen*, publié en 1818, qui mélange les fantasmes sur les femmes et les vierges, l'apologie du meurtre politique, ou encore le récit de l'orientaliste Silvestre de Sacy qui fascina Victor Hugo, auteur du *Mémoire sur la dynastie des Assassins et sur l'origine de leur nom* qu'il lut en 1809 à l'Institut de France. Le romantisme évoque pêle-mêle la narcose assassine, le rêve de liberté et l'hallucination que vante le club des Haschichins, sur l'île Saint-Louis à Paris, et que fréquente Baudelaire, à la recherche du génie des couleurs et de la « splendeur orientale ». Dans son ouvrage qui porte le même nom, Gautier évoque le « prince des Assassins » et sa « drogue merveilleuse ».

Par la vision occidentale du paradigme Alamut sont ainsi sublimées les alliances de la drogue, de la foi et de l'asservissement. Thomas De Quincey, dans son opuscule *De l'assassinat considéré comme un des beaux-arts*, porte aux nues le tribun des Haschichins : « Quand les toasts nationaux eurent été portés, le premier toast officiel du jour fut "au Vieux de la Montagne" et l'on but au milieu d'un silence solennel. » Nerval s'en mêle depuis le Liban quand il rend visite moyennant bakchich à un cheikh druze jeté en prison pour avoir refusé de payer l'impôt et relate « cette fameuse association des Assassins qui fut un instant la terreur de tous les souverains du monde ». Baudelaire en préambule aux *Paradis artificiels* évoque encore les récits sur la société secrète des Haschichins.

Cette représentation du Vieux de la Montagne résulte en fait d'une transposition de la conception rationnelle et de la dualité du bien et du mal, comme si l'homme, esclave des manichéismes, rêvait le souvenir du paradis perdu, seul héritage qu'il garde de sa racine divine. Et l'Occident s'offre par ce mythe une double image, celle de la terreur inventée ou réinventée comme arme politique, et la vision du paradis, à laquelle même Goethe adhère lorsqu'il évoque la grammaire mystérieuse par laquelle dialoguent l'homme et l'ange et qui décline « pavot et rose ». Dans un poème méconnu, *Vérité supérieure, vérité suprême*, il entrevoit au paradis des jardins, des fruits, des fleurs et des filles admirables.

De cette controverse d'Alamut – berceau du terrorisme politico-religieux ou parole de tolérance et de libération – les habitants de la contrée, dans cet Iran qui a renoncé à exporter la révolution islamique, ont choisi à leur manière. Sur les contreforts du château, les montagnards s'adonnent au délire de l'opium, à l'instar de Sadegh, manière de dire que les Haschichins ont trouvé de dignes successeurs.

La controverse d'Alamut traverse en fait tout l'islam, et au-delà toute l'histoire des relations entre la chrétienté et la religion de Mahomet. Sur la question d'Alamut, deux figures s'opposent, le romancier Bartol et le philosophe Jambet. Le premier fait de Hasan Sabah la figure même du tyran, despote illuminé qui subjugue ses fidèles pour mieux accaparer le pouvoir. Le second rend le Vieux de la Montagne à sa juste mesure, enlève la part de légende, de propagande anti-ismaélienne et restitue le messianisme du héros d'Alamut dans le discours philosophique, en référence au néoplatonisme, et au modèle de liberté. Ce regard constitue le juste retour des choses. Déjà, la philosophie d'Aristote, et grecque en général, tombée dans l'oubli, était redevenue en vogue en Occident grâce aux traductions arabes. Les doctrines néoplatoniciennes, de Plotin notamment, qui circulaient dans le monde musulman dès le Xe siècle, furent elles aussi diffusées en Europe par les textes arabes qui ont profondément influencé les imprécateurs ismaéliens. Imprégné des concepts ismaéliens, par son père en particulier, Avicenne, quant à lui, reprend les thèmes du soufisme dont le mythe de l'oiseau, dans sa philosophie qui est une synthèse des discours de Platon, d'Aristote et de Plotin. Il influence grandement plusieurs penseurs chrétiens, dont Thomas d'Aquin et Duns Scot. Les deux univers semblent converser par des harangues très argumentées.

Avicenne, le « Maître par excellence », médecin de son état, qui dialogue avec Duns Scot le chrétien, surnommé le Docteur subtil : avec ce festin-là, l'Orient se régale.

Alamut

Tandis que Hamzi Hazemi, gardien des ruines, montre avec une certaine fierté ce qu'il reste de la citadelle d'Alamut, quelques pierres sur les crêtes, des fondations, un bout de cheminée, des citernes et une vue imprenable à plusieurs dizaines de kilomètres à la ronde, un paysage à couper le souffle, avec ses vergers, ses petits champs en terrasses au-delà des sentiers escarpés, un enseignant de littérature persane de Kermanshah, à l'autre bout de l'Iran, venu en famille visiter les lieux, confie que le Vieux de la Montagne n'a jamais été aussi populaire qu'aujourd'hui et cela non pas parce qu'il fut chiite comme les Iraniens mais parce qu'il symbolise toute la résistance de l'opprimé face à l'oppresseur, du faible contre le fort, et qu'avec quelques poignards et des volontaires dévoués cela ne représente pas une tâche insurmontable. Hasan Sabah est même, à entendre l'enseignant, la divinité d'Alamut, que tout le monde devrait vénérer sur la planète, une sorte de Robin des Bois malin, un contestataire de la politique qui ferait un sacré ménage aujourd'hui, un pilier de l'antimondialisation qui enverrait quelques tribuns, évidemment sans poignards, sur les estrades de la scène internationale afin de défendre les plus démunis. Puis, appuyé sur le rebord d'un rempart, face à l'entrelacs des vallées et crêtes qui se succèdent, l'enseignant chauve, au ventre rebondi et volubile, déclare sa passion pour les grands écrivains persans, Roumi, Hafiz, Saadi, bien d'autres encore, et tout cela n'est pas un hasard, le château des

Assassins, terme qu'il récuse, jugé trop violent, et la beauté des lettres, la sensibilité des poètes qui ont défendu eux aussi une vision du monde, un monde plus juste, débarrassé de ses truands, ce qui représente une vaste tâche, quelle que soit la latitude considérée. Et il est vrai que les fidèles de Hasan Sabah, depuis son sanctuaire qui disposait d'une énorme bibliothèque, trouvaient leur inspiration dans les livres et la poésie.

En 1932, lorsqu'elle voyage à travers la Perse dans des conditions acrobatiques, Freya Stark, voyageuse imprévisible, qui s'engouffrait dans le moindre vallon interdit, se rend à Alamut, qu'elle peine à trouver, et découvre que les habitants ignorent tout de la légende de Hasan Sabah. Celle-ci n'a été réintroduite que depuis peu, probablement selon Freya Stark par des voyageurs étrangers. Or très vite, dans les années d'après la révolution islamique, les Iraniens vont se réapproprier le mythe, tant pour glorifier l'histoire tumultueuse de la Perse et l'étape glorieuse sur la route de la Soie que représentait la contrée d'Alamut que pour résister à l'idéologie des mollahs, dont beaucoup voient en Hasan Sabah un hérétique.

L'enseignant n'est pas le seul en Iran à défendre Hasan Sabah, que la légende donne pour fidèle ami d'Omar Khayyam, et ses Assassins, considérés par les religieux au pouvoir comme hérétiques. Après les excès de la théorie officielle dès la victoire des mollahs, à savoir l'exportation de la révolution, abandonnée depuis, nombre d'Iraniens considèrent que le souvenir de Hasan Sabah, personnage charismatique capable de décider de l'essentiel, c'est-à-dire de la vie et de la mort, représente une sorte de messianisme, ou plutôt de message à portée universelle, dans le sens où l'opprimé, le faible, le minoritaire finit toujours par se venger, et que tous les puissants devraient se méfier de ceux qu'ils assujettissent. Hamzi, le gardien des ruines, à la peau tannée par le soleil, qui se penche pour ramasser quelques poteries datant, dit-il, de Hasan Sabah, à moins que ce ne soit celles qu'aperçut Freya Stark soixante-dix ans plus tôt, abandonnées par les nouveaux occupants de la citadelle au XVIIe siècle, le rappelle aussi, en montrant une meurtrière taillée dans la roche et isolée, comme pour évoquer à nouveau l'étrange leçon d'Alamut, alors que les paroles du gardien s'envolent dans les vents de l'Orient, au-delà des précipices sans parapets.

En fait, Hasan Sabah reproduit une figure de l'inconscient judéo-chrétien, celui de l'exécuteur sacré. Je tue, donc je suis, et je règne. Mais la finalité n'est pas tant la vengeance ou l'appropriation d'un pouvoir que la confiscation de la violence par une troupe de fidèles afin de la légitimer. Moïse cause la mort de trois mille Hébreux qui ont adoré le veau d'or. Abraham est prêt à sacrifier son fils Jacob. Le pouvoir temporel et le spirituel sont convoqués. Le mythe d'Alamut, au-delà de la violence sacrificielle, repose sur la peur, la peur qui s'insinue jusque dans les sérails et les palais des vizirs, les forteresses imprenables et châteaux de l'Orient. Quand l'un de ses successeurs, Hasan, formé à l'école d'Avicenne et à celle du soufisme, proclame le 8 août 1164 sa « Grande Résurrection » depuis sa citadelle, portant un vêtement et un turban blancs, sur une estrade au pied de la forteresse longue de quatre-vingt-dix mètres et large de trente, les ismaéliens d'Alamut lancent un nouveau règne : la vie divine qui doit être vécue sur terre. On retrouve le précepte du soufisme, surtout celui des derviches tourneurs, convoquer le divin dans l'homme, quitte à susciter le courroux des docteurs de la loi.

La philosophie du Vieux de la Montagne renouvelle ainsi le néoplatonisme, qui se diffuse dans le monde du Coran à partir du IXe siècle en particulier grâce au calife abbasside de Bagdad, et toute la morale de Plotin, nommé Sheikh al-Yunani – « le Maître grec » – par les musulmans, morale selon laquelle l'individu est constitué de trois éléments, l'Un, c'est-à-dire le divin, l'Intelligence et l'Âme. L'Âme ne peut communiquer avec le divin que par le biais de l'intelligence. Le soufisme lui aussi prône cette méthode en convoquant le divin sur terre, dans l'âme humaine. La posture des fidèles de Hasan Sabah en devient libertaire, prônant une perfection par l'élévation spirituelle grâce à l'apparition du résurrecteur qui délivre ses fidèles des contraintes de la loi, puis par l'unité divine elle-même, au-delà de l'acte messianique, et s'oppose au pouvoir, opposition sacralisée dans la défaite du pouvoir fatimide, chiite, au Caire. Goethe, qui ne disposait que de peu de données sur Alamut, dénotait cependant les résistances en Orient à l'absolutisme, à l'encontre de la théorie en cours en Occident sur le despotisme oriental : « Nous trouverons partout, écrit-il dans *Notes et dissertations pour aider à l'intelligence du Divan*, que l'esprit d'indépendance, l'obstination de l'individu, font équilibre à la toute-puissance du maître : ils sont esclaves, mais non assujettis ; ils se permettent des témérités sans égales. »

Dès lors, toute la vie matérielle des fidèles d'Alamut doit être tendue vers une fin spirituelle. Le retour du Résurrecteur ne se fera pas sur les bases d'un empire, d'un trône, fort ou fragile, comme celui des Fatimides, mais sur la foi, sur des liens secrets et compliqués, afin de mieux réorganiser le monde. Le discours religieux et le concept de liberté se croisent dans le messianisme de la question d'Alamut, qui transcende précisément les trois monothéismes, le judaïsme, le christianisme et l'islam. La crise perpétuelle de l'islam, c'est celle de la liberté, ou de l'esprit de liberté, dans une double dimension, l'altérité absolue et la divinisation de l'homme. Cette convocation du divin sur terre, dans l'homme, sacralisée avec la parole d'Alamut, est aussi la parabole des soufis et de leur appel au grand festin de l'Orient.

L'enseignant en littérature persane qui descend de la citadelle d'Alamut, à travers la gorge étroite, est un peu fatigué de son ascension et rendu saoul par l'ivresse, la vue et l'émotion qui imprègne ces ruines. Mais il se sent comme délivré, suivi de ses trois enfants, en assurant chacun de ses pas sur la roche. Le mythe des Assassins va renaître, il en est certain, dans une perspective de vérité cette fois-ci, loin des exagérations et de la propagande. La lutte des fedayin, les combattants ismaéliens, s'inscrit ainsi dans une logique de libération, élément d'une stratégie pour défier les coalitions adverses, et non pas dans l'historique de la terreur politique. L'enseignant, qui s'est habitué au sentier rocheux et marche désormais d'un pas alerte, est persuadé qu'il reviendra sur ces hauteurs désolées où il ne reste plus grand-chose, hormis un esprit qui souffle jour et nuit, celui d'une révolte permanente. En contrebas, au-delà du chemin qu'emprunte un paysan juché sur son âne, Sadegh est reparti dans sa vieille voiture bringuebalante, à la poursuite sûrement de quelque chimère en version opiacée.

Qazvin

Quand il écrit *Le Divan*, Goethe éprouve un désir de symbiose avec les poètes persans, et Hafiz en particulier – « Je te ressemble parfaitement, moi qui ai gravé dans mon esprit l'image admirable de nos saints livres. » Ce qui motive cependant l'écrivain allemand, au comble de sa gloire, ce n'est pas une quelconque affiliation avec « Celui qui connaît par cœur le Coran » – et il le reconnaît humblement, dans un poème resté longtemps inédit : « Hafiz, s'égaler à toi, / Quelle folie ! » Il rêve plutôt d'un retour aux sources occidentales, d'un Éden littéraire qui prônerait le classicisme, et c'est cette vision-là qu'il entend rechercher dans la poésie d'Orient. Le domaine rêvé de l'Occident, le Grand Festin auquel le poète de Weimar convie toute la chrétienté, est davantage une quête qu'un lieu donné. Mais Goethe n'est pas dupe. Il sait que le grand festin est borné par l'horizon rationnel de l'Occident et que les croyances d'Orient sont souvent repoussées par l'autre monde. Il n'empêche, plus qu'une fusion, il s'agit d'un cheminement sur la route d'Orient qu'il convient de défendre, une marche de salut pour aller vers l'irrationnel et le sensible et délaisser la pensée cartésienne. La poésie d'Orient évoquée par Goethe est hors foi, hors religion, mais aussi est surtout hors pensée logique. « L'Occident et l'Orient / Ne peuvent plus être séparés », écrit-il encore, avant d'ajouter, dans des poèmes publiés après sa mort sous le titre de *Pièces posthumes*, pour accentuer l'idée de cheminement : « Entre l'Est et l'Ouest ainsi / Se mouvoir, puisse cela profiter ! »

Sans le savoir, Goethe se rapproche des soufis et du Vieux de la Montagne. Dans son *Divan*, il exècre les clichés mais aussi les mauvais exemples de foi, ce qu'il appelle les *abraxas*, telles les idoles hindoues. Par la voix de son personnage Khosrou Ier, roi sassanide au VIIe siècle, il évoque le rejet de Dieu, dans un écrit laissé au fond d'un tiroir, pour ne pas provoquer de scandale – « Salomon abjura son Dieu, / Et moi j'ai renié le mien » – mais salue Jésus au cœur pur qui vénère un Dieu unique ainsi que Mahomet, soumis lui aussi au Dieu unique afin de soumettre le monde. Un étonnant dialogue s'établit ainsi par-delà les siècles entre Hafiz, qui conserve « inaltéré l'héritage sacré du Coran », qualifié de « mystiquement pur », et Goethe, qui demeure un *bibelfest*, un honnête homme capable de citer la Bible pour accompagner chaque événement, chaque péripétie de l'existence.

Le grand festin de l'Orient, c'est d'abord la philosophie du renoncement comme règle morale, en l'absence de Dieu sur terre, et ensuite la convocation de l'un, le divin, dans l'âme humaine. Goethe rejoint Roumi par son apologie de l'amour éternel, grâce au verbe et à l'âme, dans un cheminement où le moi se dissout – « Jusqu'à ce que, dans la vision de l'amour éternel, / Nous finissions par nous perdre et disparaître. » Le dialogue entre poètes des deux mondes devient dialogue vertical, entre l'homme et l'ange, dans un élan mystique de l'écrivain de Weimar, resté longtemps méconnu. « Meurs et deviens ! » clame Goethe dans une injonction désormais fameuse. Hafiz revendique le même appel, et l'un et l'autre utilisent l'image du papillon qui se brûle à la lumière, comme Plotin et les soufis. Hafiz : « Tant que tu ne seras pas, comme les papillons, / Consumé de désir, / Tu ne pourrais jamais te guérir / De la souffrance de l'amour. » Goethe : « Et enfin, amant de la lumière, / Te voilà, ô papillon, consumé. » Pour Hafiz, le salut passe par le sacrifice du corps – « Et d'un cœur pur j'ai sacrifié mon corps » – tandis que, pour Goethe, la vie supérieure transite par le plaisir du corps, grâce au *Ledendige*, au mouvement vital. Mais l'un et l'autre s'accordent pour dire que le devenir nécessite la métamorphose par l'amour, afin de s'élancer au-dessus de la terre ténébreuse. Pour Goethe, plongé dans le lyrisme oriental, la nostalgie romantique devient désir d'accéder à un double grand festin, celui des routes d'Orient et d'Occident, et celui de l'élévation de l'âme, et donc du renouvellement permanent de la vie. Le Zarathoustra de Nietzsche : « En vérité, je suis venu le désir plein le cœur. » Roumi : « Nous possédons le feu de l'amour qui brûle l'amour même. »

Téhéran

Assis dans un restaurant populaire de Téhéran, Chapour Taqizadé, qui s'est spécialisé dans l'exportation de sacs de riz, a fort à faire. Une nouvelle fois, il se présente à l'élection présidentielle, ce qui est une opération compliquée, non seulement en raison des ennuis que lui procurent certains mollahs mais aussi en raison des dépenses engendrées par sa petite campagne électorale, que ses économies ne suffisent pas à couvrir. Devant un plat de *chelo khorecht*, du riz accompagné d'un ragoût de mouton et d'épinards, Chapour Taqizadé raconte ses mille et un déboires, d'abord les affaires qui sont moyennes, l'Afrique achète moins, et pourtant du riz, l'Iran en regorge, on pourrait en envoyer un peu partout dans le monde ; ensuite, sa campagne, qui est mollassonne, car le candidat n'a pas le bras assez long et il lui faudrait un peu plus de relations à la télévision, mais enfin il garde espoir car il a déjà fait quelques apparitions lors d'une campagne précédente. Chapour Taqizadé est sûr de lui, vous verrez, un jour, on parlera de moi. Il ne se gêne pas pour fustiger les dirigeants et l'incompétence de maints d'entre eux, en déclarant que l'Iran a surtout besoin d'une chose, c'est d'un bon coup de balai, et d'une meilleure image aussi. D'ailleurs il s'y connaît en matière de communication, puisqu'il a travaillé pendant quelques années dans une radio locale de Marseille, tout en poursuivant des études de chimie, et ce foisonnement de nouvelles radios ferait bien d'inspirer ses compatriotes. En début de soirée, quand il a fini sa journée, il se rend dans des salles, des lieux de conférences, des petits salons pour exposer ses vues, et même si l'on ne réunit à chaque fois que quelques Iraniens et Iraniennes, des groupes de dix ou vingt personnes, il s'entête, car cette obstination paiera un jour. Pour oublier ses déboires, mais aussi pour bénéficier d'un nouveau passage à la télévision grâce aux émissions littéraires, il écrit des romans, des romans sur tout, sur la vie quotidienne, sur les chiens en France car il y en a trop, beaucoup trop, surtout à Paris, conception qui pourrait lui valoir quelques voix pour une campagne sur les bords de la Seine mais pas nécessairement à Téhéran, ainsi que des récits sur les enfants abandonnés, en Iran ou en France. En fait, ce qui le fascine et l'inquiète, c'est la trop grande solitude de l'homme, solitude qu'il entend combattre grâce à son programme électoral qu'il ne révèle pas en raison du manque de temps ou par oubli de ses nombreuses propositions. Le visage fin, les dents abîmées qui ne lui permettent pas de beaucoup sourire à la télévision, il avoue que face aux mollahs il convient d'être photogénique, car certains d'entre eux le sont – on a même vu dans le Sud un mollah réformateur en blouson de cuir. Chapour Taqizadé affirme qu'il a beaucoup d'amis à Téhéran, comme il a eu beaucoup d'amis à Marseille lors de cette époque folle, la floraison des radios locales, qui a plongé la société française dans un besoin incroyable de communication, mais enfin trop de paroles peut nuire, alors qu'en Iran c'est le manque de paroles qui nuit. Puis, quand il commence à évoquer les soufis ou ce qu'il en reste, son sourire s'illumine, et il raconte les séances de Tabriz ou de Machad, où survit la tradition de Djalaluddine Roumi depuis longtemps, puisque la Perse est le berceau de l'un des premiers mouvements du soufisme, la *malâmatiyya*, qui a grandement influencé le courant des bektachis en Anatolie. Imprégnée d'ascétisme mystique mais aussi empreinte d'une tradition chevaleresque, la *malâmatiyya* a notamment rejeté l'extase, le *sama*, le concert des derviches tourneurs, et la tenue vestimentaire des soufis. En Iran s'est perpétuée la coutume des rassemblements dans les *khânaqâ,* auberges qui accueillent les soufis et fidèles d'autres courants mystiques, notamment les manichéens de Samarkand.

Il est étrange que les soufis aient pu succéder aux manichéens, fidèles de Mani ou Manès, penseur du IIIe siècle inspiré par Zoroastre, et partisans d'une pensée dualiste, le bien contre le mal. Tout oppose les soufis et les manichéens, qui perdurent jusqu'au XIVe siècle en Orient et qui influencèrent les cathares, car les premiers convoquent l'un, le divin, dans l'âme humaine, par la gnose, la dévotion et l'amour, alors que les seconds, enfermés dans la dualité, lumière contre ténèbres, esprit contre matière, ne pouvaient concevoir le désir de s'élever *au-dessus* du bien et du mal. Un autre mouvement est né en Perse, celui de la *qalandariyya*. Ascètes, volontiers distants voire ignorants des rites de l'islam, les qalandars étaient des derviches errants, souvent solitaires, qui demeuraient célibataires. Cette branche de la mystique musulmane s'est répandue jusqu'en Inde, sur les bords de la mer Caspienne et en Anatolie, en particulier au XIIe siècle. C'est surtout Mulâ Sadrâ Chirazi qui donnera au XVIIe siècle un nouvel élan au soufisme en Iran par une filiation avec la pensée d'Avicenne et d'Ibn Arabi, installant le mouvement mystique dans une tradition philosophique reconnue.

Chapour Taqizadé, qui a fini son ragoût de mouton aux épinards avec des taches innombrables sur la chemise, aimerait bien que ces paroles de tolérance aient un peu plus d'écho en Iran, où non seulement les gens ne se parlent plus mais où la peur s'est installée, la peur de la délation, la peur de l'autre, du voisin qui irait rapporter je ne sais quoi aux pasdarans, les gardiens de la révolution, tant et si bien que la paranoïa et les dépressions font des ravages, et cela n'est jamais très bon pour un pays. Dans un récent documentaire, une cinéaste iranienne montrait le cabinet d'un psychiatre téhéranais empli de citoyens qui venaient se plaindre non seulement de problèmes conjugaux mais aussi de l'incommunicabilité, du malaise ambiant qui règne en Iran, comme si la paranoïa, cette impossibilité de se foutre du monde, avait fini par l'emporter.

Voilà pourquoi Chapour Taqizadé est nostalgique de son séjour en Occident où il a fait bombance, de paroles surtout, et c'est ce qui manque le plus à ses proches, parce que le messianisme officiel a confisqué tout espoir et parce que le dolorisme en cours tue le cheminement vers la liberté. Ce que la révolution islamique a confisqué, c'est avant tout le désir, ce qui va de pair avec la confiscation des images, le désir de libération et le désir d'une insoumission perpétuelle, celle prônée par le Vieux de la Montagne d'Alamut.

On ne trouve pas de livres sur Hasan Sabah et la légende noire de son Rocher dans les librairies de Téhéran, à moins qu'ils ne soient cachés derrière des étalages de prêches et de biographies officielles. Mais la controverse d'Alamut – berceau du terrorisme politico-religieux ou parole de tolérance et de libération – demeure plus que jamais brûlante en Iran, où la paranoïa, à entendre maints Téhéranais, gagne le cercle même du régime, doublement entouré par une population majoritairement hostile à l'idée de révolution islamique et par des pays voisins qui ne coopèrent pas vraiment avec la mollarchie ou qui sombrent carrément dans l'anarchie, tels l'Irak et l'Afghanistan.

Le peuple iranien, lui, trouve son compte dans cette nouvelle interprétation d'Alamut, qui est une manière de contestation et une critique du pouvoir temporel.

Caravansérail de Qala Deh Namak

La querelle des images n'en a pas fini sur cette route de la Soie. L'une des rares miniatures concernant la secte des Assassins est enfouie dans les rayons de la bibliothèque du palais de Topkapi, à Istanbul, dans le livre du vizir persan et mécène Rachid al-Din, historien à ses heures de la période mongole. Il s'agit d'une enluminure du début du XIVe siècle qui détaille l'assassinat du vizir Nizam al-Mulk, sur l'ordre du Vieux de la Montagne, pourtant son ami selon la légende. Or le vizir, qui expire sur sa chaise à porteurs ce douzième jour du mois de ramadhan de l'an 485 de l'Hégire, soit le 16 octobre 1092, ne présente aucun visage sur la miniature, gommé par des mains iconoclastes, effacement qui a pour conséquence de donner encore plus d'importance au poignard tenu par le spadassin Tahir Arrani perçant l'épais manteau de l'éminence grise du sultan. C'est la première victime des fedayin, les dévots littéralement, de Hasan Sabah, condamnée pour sa fonction de serviteur du seigneur. L'assassinat, dont l'écho retentit dans tout l'Orient, engendre nombre de vocations. S'ensuit une longue liste de proies, princes, seigneurs, juges, généraux, gouverneurs, chefs de garnison, sous-préfets, qu'il s'agit d'éliminer par tous les moyens puisque, à lire un décret des Assassins, « les tuer est plus légal que l'eau de pluie ». On trucide, pour effrayer, pour renverser, pour avertir, pour se venger, pour humilier, pour asservir, ou simplement parce que tel est le désir du maître sur son rocher imprenable. Et qu'importe s'il s'agit d'un musulman car « répandre le sang d'un hérétique est plus méritoire que tuer soixante-dix Grecs infidèles ». Le visage de Nizam al-Mulk nous demeure inconnu, du moins dans l'épisode non négligeable de sa disparition. Il est frappant de constater que le premier homme à tomber sous les coups des Assassins soit aussi une victime de l'iconoclasme.

Le martyr est sans visage.

On tue l'homme puis on tue son image.

Dans le village de Qala Deh Namak trône un caravansérail fortifié dont les murs semblent vaciller sous l'assaut du temps. À chaque poussée du vent, la citadelle lâche sa réponse fatiguée, un nuage de poussière qui se dépose sur le chemin, les toits et les âmes. De ce décor ocre surgit un jeune Iranien à moto qui s'élance dans le caravansérail, freine au dernier moment sur la terre sablonneuse et s'engouffre dans une minuscule maison qui gît au milieu de la cour, doublement protégée par la muraille et par une enceinte bringuebalante elle aussi, bien que nettement plus récente. Au loin, dans la lumière douce du soleil déclinant, sur une steppe arborée de-ci de-là par quelques peupliers, défile un troupeau de chèvres conduit par un berger haut comme trois grenades, vers l'horizon fou où meurent les bosquets.

Les cheveux longs, un T-shirt qui dut être blanc et qui semble porter toute la poussière du château et même des alentours, Mohsen arbore un immense scorpion dans le dos, un insigne qui lui va bien puisqu'il symbolise ce qu'il aime par-dessus tout, et qui n'est nullement contradictoire, le désert et ses bestioles d'une part, le hard rock d'autre part. Alors, pour un temps, surgit de la maison croulante le son violent d'un groupe heavy metal, qui semble fissurer un peu plus les murailles du caravansérail antique. Mohsen considère que tout cela est normal, la fissuration, la disparition des forteresses, le temps cependant que son squat lui assure un havre tranquille. Les voyageurs qui font halte ici sont rarissimes et cela arrange Mohsen, qui peut mettre sa musique à fond et profiter dans l'intervalle d'un silence qui somme toute lui convient bien. Si les créneaux au sommet des remparts s'écroulent de temps à autre, si l'escalier voit s'affaisser quelques-unes des pierres de muraille, ce n'est pas grave, les siècles font leur boulot, souffle Mohsen, et tout cela sera recyclé, car de la poussière surgiront des briques, et de ces briques on construira d'autres caravansérails, plus ou moins réussis, et puis l'ancien et le nouveau doivent se confondre, c'est comme le bien et le mal, il sortira toujours de cette confrontation un élément nouveau, forcément positif, un cycle qui se répète avec le même refrain que les *ghazals* de la poésie persane. L'ombre de Zarathoustra semble planer sur cette citadelle de la solitude si loin, si près des hommes, tandis que le vent agonise de sa haute solitude.

Mohsen n'est pas un adepte du soufisme mais il est fasciné par la magie de sa poésie, la force de son discours, parce qu'il invente la réalité, un peu comme il écoute sa musique à fond les baffles. D'ailleurs, il aimerait retranscrire cette poésie en un morceau de hard rock, comme Nusrat Fatih Ali Khan, découvert par Kudsi Erguner et Peter Gabriel, a adapté la musique soufie, issue de la tradition qawali, une musique qu'il juge bleutée. Baudelaire voulait attribuer des couleurs aux sons, surtout en écoutant Wagner. Nietzsche, lui, désirait redonner leurs couleurs originelles aux mots, de manière à rendre vie à la langue des hommes, tant abîmée, métamorphose permise par la poésie, née dans le désert des villes, car, écrit-il dans *Naissance de la tragédie*, « on est poète pour peu qu'on possède la faculté de voir sans cesse un spectacle vivant ».

Dasht-e-Kavir, désert iranien

Zoroastre, Zarathoustra en persan, est né selon la légende dans une ville de Médie, guère éloignée de la route qui longe le caravansérail hanté par le motard à scorpion. Des brebis paissent sur le bas-côté tandis que les boucs se livrent à une sérénade de grelots, la litanie des caravansérails antiques, qui répondaient à l'appel du voyageur par un concert de cloches, le « Dig ding dong, dig ding dong, drelin drelin » qu'entendait Loti, en route vers Ispahan. Les lueurs du crépuscule offrent une épiphanie de couleurs sur la montagne au nord, qui vire du rouge au violet et au bleu sombre, couleurs chéries, couleurs maudites de cette route. Serait-ce la montagne du Zarathoustra de Nietzsche ? Mohsen lui aussi regarde cette montagne, puis le désert, selon un axe nord-sud qui traverse l'axe de la route, est-ouest, soleil levant-soleil couchant, et ce double axe correspond aux aspirations du motard hard rock, la route qui file vers Téhéran et le sentier crotté des chèvres du désert, ce désert infini où rien n'accroche le regard, comme tous les vrais déserts, qui ont su engendrer maintes spiritualités, ce désert qui grandit la piété – « La foi du désert est impossible dans les villes » selon T.E. Lawrence –, déserts sans commencement ni fin, comme les arabesques, aurait dit Élie Faure. C'est aussi l'axe d'un autre grand festin, celui de Nietzsche et de Roumi.

À six siècles d'intervalle, les deux hommes se lancent des invectives tranquilles, des reparties sereines, même si ce vocable semble peu correspondre à l'auteur de *Par-delà le bien et le mal*, mort dans la démence à Weimar à l'aube du XXe siècle. Par la mise à l'écart de la pensée discursive, par la référence constante à la poésie, à la métrique, par la critique de la raison, cette trahison de l'homme par l'homme, le philosophe et le mystique ont dessiné un dialogue de proximité, un entendement, comme s'ils se connaissaient l'un et l'autre. « Les denrées de la raison, ce sont les signes et l'amour répand les semences de l'esprit. » Nietzsche n'a pas lu Roumi, mais au moins a-t-il lu Goethe et ce n'est pas un hasard s'il s'empare du personnage de Zarathoustra pour représenter la figure du surhomme. La poésie de Roumi et *Ainsi parlait Zarathoustra* de Nietzsche composent un étrange dialogue, ésotérique, un débat avec le moi profond, destiné aussi à lutter contre la charge d'angoisse dans la condition humaine. Entre les deux œuvres, pour peu qu'on veille bien prendre du recul au sens littéral comme un amateur d'art face à une grande toile, les analogies sont flagrantes.

Nietzsche proclame que Dieu est mort, à travers son personnage de Zarathoustra, et que les valeurs spirituelles, les croyances, se sont éreintées au frottement de la connaissance et de la science. Roumi, lui, estime que l'esprit et l'amour peuvent errer au-delà de la croyance. « Il y a un monde au-delà de l'islam / En dehors de la mécréance / Dans ce monde sans frontières et sans bornes demeure notre amour », écrit-il dans le *Masnavi*.

Nietzsche lance un adieu à Platon et à Socrate, responsables de la déchéance par l'apologie de la raison. Il rejette l'usage des concepts, les trouve trop simplificateurs, trop éloignés de la pensée intuitive et du sensible. Or Roumi, dans une envolée très lyrique, condamne lui aussi la raison, en tout cas la considère comme un instrument : « C'est à l'amour qu'on obéit, obéit, obéit / C'est au revoir à la raison, au revoir, au revoir. » Ces vers résonnent étrangement à la lecture de *Lesbos* de Baudelaire, l'un des poèmes condamnés des *Fleurs du mal* : « Laisse du vieux Platon se froncer l'œil austère ; / Tu tires ton pardon de l'excès des baisers. »

Nietzsche, qui a une certaine intuition de l'éternité, exprime l'*amor fati*, l'amour du destin, qui magnifie le cycle du retour du temps et dissout le dualisme, le bien et le mal, le vrai et le faux. Or le moi doit se dissoudre précisément dans cette conscience du destin, quitte à saper les fondements de la civilisation occidentale et les valeurs des Lumières, à savoir le primat de l'individualité. Roumi, lui, a toujours prôné, comme nombre de mystiques, cette dissolution du moi, nécessaire à l'amour – « Mourez, mourez, dans cet amour mourez, / Si vous mourez dans cet amour, / Le pur esprit vous recevrez. » Pour Roumi, il faut renoncer à son moi pour accéder au non-être, et en fait pour revenir au moi, mais au vrai moi, profond, débarrassé de l'ego.

Nietzsche célèbre l'éternel retour du temps. Roumi, lui, évoque l'éternité de l'instant et représente le temps inscrit symboliquement dans l'infiniment petit, dans l'atome, et c'est ainsi que le temps devient éternel, se diluant lui-même.

Nietzsche entend créer ses propres valeurs, son idéal personnel pour suppléer à la perte des valeurs morales. Roumi, quant à lui, convoque Dieu sur terre, par le *sama*, la danse du ciel, comme une rêverie cosmique, « ce phénomène de la solitude » disait Bachelard. C'est l'idéal du divin en soi, quitte à passer pour hérétique.

Caravansérail de Meyandasht, Iran

Les caravansérails de Zarathoustra, ce sont ceux qui s'étalent le long de la route monotone, peu fréquentée, qui s'élance vers l'Afghanistan. Celui de Meyandasht, de l'époque séfévide et qadjar, à cent kilomètres de la ville de Shamrud, fut longtemps une halte sur le chemin du pèlerinage, vers Machad, plus à l'est. Le caravansérail est dépeuplé mais un homme à Téhéran, Rasool Vatandoust, ami des arts et directeur du Centre de conservation du patrimoine, a décidé de se lancer dans sa rénovation. À l'orée du Dasht-e-Kavir, le grand désert du nord-est de l'Iran, là où le ciel est plus dur que la pierre, là où les volutes de sable dessinent des calligraphies éphémères à l'horizon, la forteresse est impressionnante et sa solitude encore plus, sentiment que ne renie nullement son gardien Ali, qui trouve le temps bien long à regarder les véhicules passer au loin, en trombe. Assis sous le grand porche d'entrée, devant une lourde porte de bois ferrée, Ali cependant relativise son spleen en déclarant que la fonction de gardien de caravansérail déserté, si elle n'est pas lucrative, permet de veiller sur l'histoire, une histoire très ancienne où les caravansérails ne représentent que quelques strates, bâtis sur des sentes anciennes, des chemins oubliés qu'empruntèrent jadis les marchands et les gueux. Ici, par exemple, dit-il en pointant du doigt les ailes du caravansérail, au-delà d'une cour immense, il y avait trois magasins, trois réserves d'eau, de quoi abreuver une armée, un château, des chambres en veux-tu en voilà. La citerne souterraine il est vrai est impressionnante, avec son eau fraîche, une sorte de grande piscine alimentée par les eaux des puits et de pluie, de quoi tenir un siège et de quoi évoquer les caravansérails de toujours, ceux de la route de la Soie et de Loti – « Les portes du caravansérail, qui s'ouvrent devant nous, puis se referment quand nous sommes passés : tout cela, vaguement aperçu, comme en rêve... Et ensuite plus rien, le repos dans l'inconscience... » Ali aime surtout les chambres voûtées du fond, qui bordent une allée couverte, fraîches, éclairées *a giorno* par des lucarnes qui établissent un savant courant d'air qui refroidit la brique rouge. Son patron Rasool a de grands projets sur cette route de la Soie, non seulement réanimer l'esprit des caravanes et ainsi une importante partie de l'histoire de la Perse, mais aussi privilégier l'écotourisme, dans le but de préserver l'environnement. Pour le caravansérail de Meyandasht, qui n'a guère changé au vu des clichés du siècle dernier, Rasool veut tout rénover, avec l'aide de l'État mais aussi de quelques sociétés privées, et convertir l'édifice en un vaste hôtel, avec salon Internet et cafétéria. Même si les fonds tardent à venir, il est confiant, mais le gardien Ali l'est un peu moins, qui n'est pas mécontent de disposer de plusieurs dizaines de chambres pour lui tout seul et quinze mille mètres carrés d'espaces variés, galeries, terrasses, arcades, pièces diverses. Ali d'ailleurs a tout son temps, car les jours passent moins vite ici, sur le bord de la route du désert, et il a l'impression de ne pas vieillir, comme si la surveillance d'un antique caravansérail rendait immortel. Malgré le vent chaud qui souffle sur le désert et les montagnes et détruit tout à son passage, Ali a pu conserver un jardin au milieu de la grande cour, défi à la poussière, qu'il arrose régulièrement avec l'eau de la citerne souterraine, et quand sa tâche est finie, deux ou trois coups de balai dans cette garnison du *Désert des Tartares*, quelques coups de marteau et autres entretiens, il se réfugie au fond de la forteresse et, dans une vaste chambre sombre et fraîche, à l'abri du sable, se livre à quelques exercices de musculation, mouvements qui, assure-t-il, n'accélèrent en rien le temps, tandis que défile sur une radiocassette la musique aux aspects de chants grégoriens du docteur Mohamed Esfahani. Quand il a fini ses exercices, il regagne sa chaise, sous le grand

CARAVANSÉRAIL DE MEYANDASHT, IRAN

porche, me sert une tasse de thé brûlant accompagnée de tranches de pastèque que je lui ai apportées et se dit que le caravansérail ne sera sans doute jamais transformé en hôtel. Cette forteresse pour marchands de la route de la Soie a beau être formidablement située, sur le chemin de Machad, elle risque de demeurer longtemps ignorée des camionneurs et pèlerins qui ne jettent même pas un regard à la bâtisse quand ils foncent sur le bitume. De tout cela, de cette destinée modeste, Ali ne se plaint pas, au contraire, et semble savourer chacune de ses heures comme il savoure les graines de tournesol qu'il croque à longueur de journée. Les spiritualités ont grandi dans les déserts mais la rêverie n'en a pas besoin. Elle se suffit à elle-même dans les cellules de Meyandasht, caravansérail de la perpétuité, à l'orée du désert, là où les croyances s'inventent, là où les rêves aussi se sont brisés.

Dasht-e-Kavir, désert iranien

L'une des périodes les plus florissantes de l'histoire de la Perse est le règne de Abbas Ier le Grand, de la dynastie des Séfévides, qui monte sur le trône en 1588, à l'âge de dix-sept ans, pour y rester jusqu'à l'heure de sa mort, en janvier 1629. Né à Hérat, il réforme la justice, guerroie comme un damné et gagne maintes batailles, de la mer Caspienne à Bagdad. Abbas le Grand, qui est un fin joueur d'échecs, n'en reste pas là. S'il conquiert Kandahar en 1621, c'est pour se rendre maître de la route qui mène vers le nord de l'Inde. S'il pousse ses troupes vers Lahore, c'est pour donner du fil à retordre aux Moghols, qui ne parviennent pas à le contrer. S'il prend langue avec les Anglais, c'est pour assurer un débouché maritime à la Perse. En fait, le souverain malin a une double ambition, qui est la même : assurer la paix et la prospérité à son empire. Pour cela, il mise tout sur la route de la Soie et des caravanes. Depuis ses palais, qu'il sème d'Ispahan jusqu'au bord de la Caspienne, il envoie des bataillons de soldats garder les pistes, et des centaines de caravansérails surgissent de la terre et du sable. Les voyageurs sont accueillis avec tous les égards, et pas trop plumés par les taxes. Le Chah, « infatigable constructeur de palais, de caravansérails, de mosquées et de collèges », note Arthur de Gobineau dans *Trois ans en Asie*, ordonne que les Arméniens de Perse soient déplacés jusqu'à Ispahan, afin que leurs talents soient employés à relancer le commerce de la soie persane vers les ports d'Orient et d'Occident. Par son génie du négoce, Ispahan peut enfin rivaliser avec Amsterdam, Lisbonne, Paris ou Londres, et Chah Abbas peut être heureux : l'âge d'or de la Perse est un âge de soie.

Mais cette renaissance doit s'accompagner d'écrits, et d'images. On ne peut être glorieux sur la route de Venise à Bâmyân *via* Byzance si l'on oublie les enluminures et les miniatures. Alors Chah Abbas, qui ne se déplace qu'avec une cour dispendieuse, fait venir auprès de lui artistes, graveurs, peintres, poètes. Un immense atelier-bibliothèque est installé dans son palais, alors que son maître, le *ketâbdâr* (de *ketâb*, livre en persan), acquiert le rang de chambellan. Cette *ketâbkhâneh*, cette bibliothèque, le monarque veut l'agrandir comme il agrandit son royaume, c'est-à-dire comme bon lui semble. Il sait qu'un despote éclairé est un homme qui peut se permettre d'avoir la main lourde, voire de massacrer allégrement, s'il joue sur les arts et les lettres en retour. Une tuerie, tant de livres. La bataille de machin-chose, combien de rangées de bibliothèque ? Vite, les miniaturistes, calligraphes, relieurs, doreurs, sont convoqués pour offrir au souverain impatient le *Livre des Rois* de Ferdousi et les *Cinq trésors* de Nezâmi, chef-d'œuvre de la littérature médiévale persane – « La poésie est faite pour les Rois pour leur plaisir à la fois et leur gloire » écrivait Aragon dans l'élan du *Fou d'Elsa*. Les artistes se doivent d'égaler le talent scriptural des deux illustres auteurs. La miniature renvoie alors au texte avec élégance, et inversement.

Quand il n'a pas assez de livres, de manuscrits, de copies du Coran, d'exemplaires à fresques hérités de ses aïeux, qui lisaient peu, guerroyaient moins, et commandaient encore moins aux artistes, Chah Abbas envoie son armée ferrailler avec un prince quelconque qui, vaincu, doit donner outre sa tête les merveilles de sa bibliothèque. Aux ennemis, point de clémence. Aux artistes, la magnanimité. Pour les peintres, graveurs et enlumineurs, Chah Abbas s'avère un généreux donateur. Un peu d'argent, de la ripaille, une aile de palais à l'occasion, une esclave comme pour Nezâmi après le succès de son *Trésor des secrets*, et surtout leur tête sauve, et quelle meilleure preuve de mécénat que de laisser la tête sur les épaules d'un créateur, du moins tant qu'il peut créer... Quand le prince ennemi est trop puissant, on troque, on amène ses livres comme les philatélistes amènent leurs albums aujourd'hui dans les jardins de Téhéran, et on échange, on négocie, on mégote. Ce troc-là est bénéfique pour l'esprit de la route de la Soie : on apprend de l'autre, on regarde les imageries d'Orient, on contemple les portraits, on découvre d'autres idées, les hommes sont tolérants, les femmes sont belles, dévoilées, les jardins sont délicieux – « Viens au jardin pendant les jours de printemps / Il y aura des bougies, du vin, des belles aux joues vermeilles » (Roumi) –, le bas monde aime les images et les images aiment le bas monde, le paradis est à portée de main, ou de lecture plutôt, les anges tutoient les humains et les humains sont heureux.

L'un des artistes de la cour, Abd al-Djabbâr, qui illustre le long poème *Khosrow et Chirin* de Nezâmi, histoire d'amour entre le roi sassanide et une princesse arménienne, « une parmi les biches chrétiennes » comme le disaient les Maures d'Andalousie, veut être à la hauteur de l'écrivain, qui n'y allait pas avec le dos de la cuillère, quatre siècles et demi plus tôt. Abd al-Djabbâr sait que la tâche n'est guère facile. Les vers sont subtils, le style est raffiné, plein de sous-entendus, d'images, d'« espoir des implorants », de « rubis qui sortent de la gangue », « de soupirs exhalés par la douleur ». Le poète parle-t-il de la chevelure éparpillée? Le miniaturiste croque les boucles qui tombent en cascade sur les épaules dénudées. L'écrivain évoque-t-il la nudité *a contrario* de la belle, « qu'une pièce de soie bleue vêtait jusqu'aux hanches »? Le peintre montre ses seins nus, blancs comme la neige. Le poème et la miniature s'accordent à merveille, se renforcent, ajoutent de la sensualité à l'histoire, suggèrent le désir, et on comprend pourquoi le roi Khosrow qui cavale près de la source où se baigne la princesse a peur de regarder, car « plus il la voyait, plus il en demeurait muet », hanté par la beauté de ses traits et le charme de ses boucles – « Comme les chevelures / Des sources endormies » (García Lorca). Le poète est allégorique, il évoque l'aurore pareille à une pierre philosophale, et le peintre répond, mélange non pas les couleurs mais le *sens* des couleurs. Les couleurs elles-mêmes sont allégoriques, abstraction avant l'heure, et le Rimbaud d'*Illuminations* y trouverait son compte

– « Les couleurs propres de la vie se foncent, dansent, et se dégagent autour de la Vision. » Les deux teintes souveraines de la route de la Soie, les deux couleurs du festin contrarié de l'Occident et de l'Orient sont employées à foison. Quand le roi amoureux est habillé de bleu, la princesse est en rouge. Lorsque le cheval royal est sellé de pourpre, la monture de la princesse est d'un bleu azur. Les deux couleurs scellent leur union, elles dialoguent, disent la certitude de l'amour comme la certitude du message, écrit et peint ; sa fragilité, aussi. Le souverain musulman et la princesse chrétienne communient par les couleurs, et c'est un nouveau festin, l'un des plus beaux que connaisse cette route, l'incarnation même du banquet si souvent renouvelé entre l'Orient et l'Occident. Tout est dit et rien n'est dit, comme dans la voie soufie de laquelle s'est approché Nezâmi. L'amour est présent et incertain, et l'image est crue et floue à la fois. La métaphore sous-tend le vers mais aussi les enluminures. La poésie ne peut se passer de ce décor-là, et les iconoclastes en prennent pour leur grade : ce que disent Nezâmi et le miniaturiste à près d'un demi-millénaire de distance, c'est que sur cette route compliquée le verbe est roi et l'image sa souveraine.

À la cour de Chah Abbas, un artiste émerge du lot. Il s'appelle Rezâ, élève du peintre Cheikh Mohamad, de l'atelier de Qazvin. Rezâ, qui veut rivaliser avec le grand Behzâd de la cour des Timourides à Hérat, au siècle précédent, « la plus haute expression vivante qu'ait connue l'art musulman » selon Élie Faure et qui élève l'art du portrait au rang de « la réalité intérieure » de Proust, n'a pas froid aux yeux. Il est exubérant, audacieux, il a compris les caprices de son empereur et tombe lui aussi dans le caprice, mais au lieu de couper des têtes il les dévoile. Les femmes sont sensuelles sur ses tableaux, leurs gestes sont gracieux, elles semblent plus souveraines que jamais. Rezâ, c'est l'anti-iconoclaste, comme celui qui portera son nom quatre siècles plus tard, le photographe d'origine iranienne qui s'est chargé de faire revivre le goût de l'image et de l'œuvre d'art sur cette route de la Soie tant meurtrie. Rezâ, l'artiste de l'empereur Chah Abbas, est prolifique. Ses visages sereins, sensuels, remettent au goût du jour le questionnement sur la chair en islam et sous-tendent une nouvelle esthétique amoureuse. Plusieurs portraits audacieux, aux visages épris de tendresse, tel celui de la *Jeune fille assise*, valorisent étonnamment la femme alors que la signature a été grattée. C'est un iconoclasme à l'envers : l'artiste se débride et on lui enlève sa signature. Châtiment ? Crainte de l'artiste qui tient à l'anonymat ? Ou humilité du créateur dont ses propres personnages lui échappent ? Mystère de l'artiste dont la biographie ne survit pas aux œuvres.

Chah Abbas est un boulimique, il sabre et il lit, bataille sur un front et revient dare-dare caresser ses personnages enluminés comme il caresse ses favorites. Même s'il existe plus boulimique que lui, du côté des Moghols tel l'empereur Djanhanguir à Allahabad, Chah Abbas collectionne, c'est-à-dire qu'il ajoute, il empile, il stocke. Tamerlan amassait les crânes à l'entrée des villes soumises, Chah Abbas accumule les ouvrages aux confins de son empire resplendissant. Quand les poètes n'ont plus assez d'imagination, on copie, on recopie, on paraphrase, on glose, on délaie, on recommence de zéro avec d'autres personnages qui ressemblent à s'y méprendre aux précédents, dans l'écrit comme dans l'illustration, où l'on joue à dévoiler les portraits. Le souverain veut en remontrer aux autres puissants de cette route aux innombrables splendeurs, de Hérat où régnèrent les géniaux Timourides jusqu'à l'Occident, celui des rois de France, d'Angleterre, de Russie. Vous n'avez pas vu mon empire ? Venez voir ma bibliothèque. Et les plénipotentiaires accourent ventre à terre pour admirer les chefs-d'œuvre, les enluminures, les miniatures magnifiques comme un minois de jeune servante. Oui, la paix s'installe, le négoce prospère, les caravanes défilent, et la royale bibliothèque s'agrandit.

Nichapour

Modeste ville posée sur le désert, au pied du Kouh-e-Bihnaloud, à l'est de l'Iran, Nichapour fut pendant longtemps la citadelle des poètes persans, un lieu où le voyageur pénétrait en toute quiétude pour en ressortir béni par le monde des lettres, l'alchimie des mots, l'ivresse des quatrains. Roumi et sa famille y furent accueillis lors de leur exode, au rythme des caravanes, par étapes de quarante kilomètres par jour, et c'est dans cette ville que son père Bahoddine Valad, surnommé Sôltan al-Olamâ, le Sultan des Savants, rencontra le poète Farid-ud-din Attâr, qui lui remit un exemplaire de son livre, *Le Livre des secrets*. Fin, très cultivé, Attâr, l'un des plus grands philosophes mystiques de l'époque, et peut-être de tous les temps selon l'orientaliste Eva de Vitray-Meyerovitch, remarque très vite l'intelligence sensible de Roumi, son goût pour la rime, pour le *ghazal*. Roumi est fasciné par les paroles du maître, homme d'une grande modestie et d'une grande tendresse, à l'esprit très ouvert, et s'en inspirera plus tard, pour la forme et pour le sens, tout en conservant son message d'humilité, au point de dire : « Attâr a parcouru les sept villes de l'amour, tandis que nous ne sommes encore qu'au tournant de la première ruelle. »

Ville du poète, escale primordiale sur la route de Roumi et de la Soie, Nichapour est aussi la ville du bleu, celui des turquoises enfouies dans les veines des montagnes septentrionales, dont les gisements de Bar-e-Madan, et la pureté de leur bleu est égale à celle des poèmes d'Attâr, qui utilise une langue fine et empreinte de goût. Les turquoises, ce sont celles du poète lorsqu'il raconte la légende d'un saint qui refuse les trésors portés par quatre à cinq cents belles jeunes filles, « ayant chacune dans la main un plat rempli de toute espèce de choses précieuses, telles que or, argent, rubis, hyacinthes, perles, turquoises ». Les pierres bleues, ce sont aussi celles de Goethe qui, avant de vénérer le soufisme, évoque les rites anciens déformés par le culte de Zarathoustra, dans *Testament de l'ancienne foi persane* : « Quand nous avons vu souvent le roi passer à cheval, / Tout brillant d'or sur lui et autour de lui, / Étincelant de pierreries... »

Fils d'apothicaire – tel est le sens du surnom Attâr, enterré à Nichapour –, le poète soufi reprit l'échoppe de son père et toute sa vie, entre l'écriture de vers, de contes et d'odes, vendit des épices et des parfums. C'est dans cette boutique qu'il décida un jour de changer son destin. Un derviche entra pour lui demander quelques pièces de monnaie et Attâr l'ignora. Le moine errant lui lança alors : « Comment donc vas-tu t'y prendre pour mourir ? » Attâr marqua un moment d'étonnement et répondit : « Comme toi. » Alors le mendiant se baissa, s'étendit sur la dalle et expira. Stupéfait par ce spectacle, Attâr se convertit au soufisme.

Mausolée d'Omar Khayyam

À la sortie de la ville de Nichapour, au bout d'une longue allée d'arbres et de néons, on aperçoit un édifice qui est celui d'Omar Khayyam, guère reluisant mais très fréquenté par les Iraniens. Le mausolée, dans un vaste jardin, est un modèle de laideur conçu par quelque bâtisseur ou architecte soucieux d'éloigner le chaland, dans un geste de piété qui conviendrait aux mollahs, guère pressés de voir ce poète du vin être vénéré par les masses. Mais c'est tout l'inverse qui se produit et des cohortes d'Iraniens à la nuit tombante défilent dans les jardins et devant la sépulture, surmontée d'une coiffe de béton aux dix piliers et décorée d'une mosaïque de fleurs où l'on peut lire quelques quatrains du poète. Tandis qu'un couple lit les vers – « Bois mon ami tant que tu peux » –, leurs enfants plutôt bien vêtus s'amusent sur la pierre tombale, dans la lumière jaune des gros projecteurs. Tout en jouant, d'autres enfants, en guenilles ceux-là, récitent également quelques quatrains avant de se lancer dans un nouveau jeu, l'invention d'un poème rimé à la suite des derniers vers récités. Sur la pierre tombale, les dates indiquent qu'Omar Khayyam est mort vieux, très vieux même, centenaire, ce qui laisse penser que l'alliance de la poésie et des libations rend vieux, très vieux, centenaire.

Si Nichapour est une ville laide, Machad l'est encore plus, avec son mélange de béton, de clinquant, de dorures tape-à-l'œil et ses boutiques qui vendent des gadgets religieux à chaque pas des fidèles. Tout a été conçu pour satisfaire les besoins du pèlerin, ses besoins spirituels comme matériels, sauf le plaisir de l'œil, qui en prend un sacré coup dans certains quartiers.

Machad, dont le nom signifie « lieu de martyre », est la ville sainte par excellence de l'Iran, où mourut l'imam Rezâ. Huitième imam des chiites et descendant du Prophète, celui-ci fut empoisonné par les sbires du calife Mahmoun, fils de Haroun al-Rachid, enterré lui aussi à Machad. Barmak, qui a rejoint la dernière grande ville iranienne avant la frontière afghane, est venu filmer quelques scènes de vie quotidienne mais, bien que musulman, prendre quelques plans du mausolée de l'imam Rezâ, l'Âstân-è Ghods-è Razavi, semble très compliqué, nécessitant plusieurs autorisations et l'accompagnement par un guide. En fait, Barmak est impatient de revoir son pays, au-delà de la plaine désertique, et cette halte ne présente pas grand intérêt, si ce n'est celui de retrouver les deux douaniers censés nous surveiller depuis Bazargan. Apparemment, sbire numéro un et sbire numéro deux ont mené grande vie depuis une semaine, l'œil fatigué, la paupière lourde, les habits neufs, et ils attendent manifestement qu'on augmente le bakchich, garant de notre quiétude pendant toute la traversée de l'Iran. La somme est rondelette mais sbire numéro un aimerait surtout deux choses en plus, un téléphone portable, ce qu'il est difficile de trouver à Machad, sinon au prix fort, et toujours la même doléance pour sbire numéro deux, deux femmes occidentales, « je suis en train de mourir, il me faut de la chair fraîche, fais-en profiter tes amis ». Barmak, qui est non seulement poète mais aussi un excellent rhétoricien, parvient à se débarrasser de l'intrus sans rien lui promettre et le douanier finit par se calmer, conscient que sa demande est un peu difficile à satisfaire, surtout dans une ville sainte comme Machad où le pèlerinage est d'abord spirituel.

Machad a ceci de particulier qu'il a le goût du clinquant et couvre en même temps tout ce qui est ostentatoire ou beau, et d'abord les visages des femmes, plus cachés ici qu'ailleurs en Iran. Robert Byron, en escale à Machad en mai 1934 sur sa *Route d'Oxiane* avec son compagnon Sykes, aimait lui aussi se grimer, au point non seulement de revêtir les habits d'une femme de ménage pour participer au bal costumé de Mrs Gastrelle, l'épouse du consul britannique, mais aussi de se déguiser en pèlerin, le visage noirci au bouchon brûlé, afin de pénétrer dans l'enceinte interdite du mausolée, réservée aux musulmans. Pour distraire les gardiens, Byron et son guide, un enseignant du cru, se livrent à un curieux dialogue en persan, langue que l'écrivain ne comprend pas, ce qui donne des échanges assez cocasses. « Alors je lui ai dit grmml grmml grmml grmml et il a dit grmml grmml ? J'ai dit que j'avais dit grmml grmml grmml grmml grmml comme il m'a dit j'ai dit grmml ! grmmlmmlmmlmml... »

Sbire numéro un et sbire numéro deux n'en ont pas fini avec nous et ils doivent nous délivrer quelques papiers à défaut de nous accompagner jusqu'à la frontière, à une journée de route dans le meilleur des cas, ce qui ne les arrange pas du tout. Bien qu'ayant pris du retard sur leur programme initial, mais guère inquiets de se faire taper sur les doigts par la hiérarchie, laquelle doit sûrement prélever sa quote-part sur ce genre d'escorte, les deux douaniers ne sont nullement pressés de rentrer, sans doute pour mieux profiter de leurs émoluments, mais préféreraient s'attarder ailleurs, loin de cette ville trop religieuse, et plus près des plaisirs. Le sbire numéro un, celui dont l'oreillette de téléphone portable reste constamment accrochée au lobe et au pavillon, adresse ses adieux à Barmak et moi avec une chaleur soudaine, content apparemment d'avoir évité le pire, voyager avec nous, et il nous souhaite bonne route, ne rencontrez pas trop de bandits ou de trafiquants, en cas de problème appelez-moi, on pourra s'arranger, mon téléphone portable est toujours prêt, je connais beaucoup de fonctionnaires dans le coin, et surtout des douaniers, les pauvres ils sont mal payés et ils ont tant de travail, avec toutes ces canailles. Et on se dit en le quittant qu'il a raison, avec sa superbe chemise et ses poches désormais bien garnies, les parages de la frontière sont infestés d'intermédiaires très malins et de sacrées canailles.

Tâybâd, Iran

La route commence à devenir franchement désertique et apparemment très surveillée, avec des policiers dans les hameaux, des gardes-frontières qui patrouillent incessamment et des cerbères en civil qui nous rattrapent au prochain poste de contrôle après que nous avons pris en photo une gigantesque peinture murale de l'ayatollah Khomeiny, et confisquent nos passeports. Le chef de la police du district, qui arrive sous bonne escorte après une demi-heure d'attente, nous fait la leçon car ce genre d'incident est de nature à remettre en question non seulement les rapports Orient-Occident mais aussi, nettement plus important sur le moment, notre voyage, et même à nous attirer de plus graves ennuis. Quand Barmak s'enquiert de la nature du délit, le policier précise qu'il se méfie de tout et de tout le monde à l'approche de l'Afghanistan, laissant entendre que des voyageurs qui s'attardent sous le portrait du religieux aux sourcils épais ne peuvent être que suspects, attitude qui cache sûrement d'autres comportements encore plus répréhensibles. Quand nous rétorquons que le simple bon sens nous aurait conseillé d'être plus discrets si tant est que nous ayons quelque mission à remplir, l'agent de police commence à se calmer en reconnaissant que le délit n'est pas si dramatique que cela, ou plutôt en laissant entendre que c'est tout ou rien, une immense punition ou la libération sur-le-champ. Préférant opter pour la seconde solution, il nous accorde son pardon et nous restitue nos passeports, à condition que nous ne recommencions plus, sans que l'on puisse savoir au juste de quoi il en retourne. Barmak, toujours sensible à la question de l'image, lui qui est originaire d'un pays d'où furent bannis cinq ans durant photographies, dessins, portraits, peintures, aquarelles, films, vidéos, et autres illustrations, s'avoue étonné d'une telle attitude, même aux abords des frontières, et suggère qu'il s'agit là d'un iconoclasme nouveau, avec probablement un effet de contagion en provenance d'Afghanistan. La Perse cultive ce paradoxe d'avoir poussé l'art de la miniature à son paroxysme, avec Behzâd, Reza Abbasi, Mo'in Mosavver, et d'en entraver l'essor en même temps. « Qui me dira pourquoi, dans son vaste atelier, / Pour moi l'éternel peintre a pris autant de peine ? » (Omar Khayyam, *Les Chants*.)

Le poste frontière d'Islam-Qaleh est enserré entre les barbelés et le sable et semble s'ouvrir sur l'infini. Comme si l'ancien Empire perse voulait signifier qu'il s'arrête sur le néant, et qu'au-delà de ses limites commence le rien, le non-État, l'anarchie. Alors que se répète le même scénario qu'à la frontière turque, tracasseries, demandes de bakchichs officiels, attente interminable dans l'enclave frontalière, je me rapproche d'un douanier qui trouve lui aussi le temps long, surtout en fin de journée quand le soleil décline, et qui montre l'horizon désespérément plat, droit devant, hormis quelques collines guère suffisantes pour édulcorer sa mélancolie, pour dire que les bandits lui donnent beaucoup de fil à retordre, on trouve de tout ici, vous comprenez, des trafiquants qui passent de l'héroïne dans les camions, et si on arrive à en attraper un, avec deux kilos de poudre dans le chargement de douze tonnes, dix autres camionneurs passent en douce, et plus loin les voitures franchissent les gués et la frontière par des chemins qu'on ne contrôle pas toujours, et plus loin encore, ce sont les armes, des fusils de tout calibre, et même du whisky – mais à ce moment-là son regard réprobateur s'illumine, sa voix devient plus calme. Et quand j'évoque ce qui est considéré comme un sacrilège égal par le régime iranien, les cassettes pornographiques, le douanier semble moins combatif encore, comme pour signaler qu'il est lui-même abonné à ce réseau frontalier, et que de toute façon ce combat est perdu d'avance. La conversation se poursuit un certain temps étant donné que le petit kiosque qui sert des brochettes, le seul à plusieurs kilomètres à la ronde, vient de fermer et que Barmak doit envoyer une voiture dans la ville la plus proche afin de ramener une pitance locale, mais méfiez-vous, dit le douanier, ici, tout est pourri, la frontière, la ville, les restaurants, tout, tout, tout, et tout le monde.

Nous sommes condamnés à attendre une nuit de plus, comme Gobineau dans le village de Kurremdereh, un siècle plus tôt, une nuit à parlementer à nouveau, éviter que les bakchichs n'atteignent des sommes astronomiques, dignes d'un chef trafiquant, et puis la frontière est fermée, tout juste les douaniers nous acceptent-ils dans l'enceinte, l'entre-frontières, le no man's land où l'on trouve de tout et même une mosquée qui peut servir de gîte, y compris aux camionneurs trafiquants. Un no man's land est censé dépouiller l'homme. Mais c'est la nuit ici qui nous dépouille, qui gomme les frontières, et Barmak ne sait plus à quels confins se vouer. « Libre du radeau de la nuit, toi qui n'es ni d'est ni d'ouest » (Roumi). Ni d'est ni d'ouest, comme Simorgh, l'oiseau fabuleux d'Attâr, dont le nid est au sommet de la montagne Qâf – « Car nous, jusqu'au mont Qâf, au Simorgh nous allons » écrivait encore Roumi. La nuit est longue, angoissante dans la mesure où nous ne savons pas à quelle sauce de compromission va nous manger le chef des douaniers, qui dispose de toute une gamme de tarifs selon ses subordonnés racketteurs, le tarif ami, le tarif philanthropie, le tarif nationaliste, le tarif anti-grand festin de l'Orient, le tarif anti-Afghan, le tarif des autoroutes, à savoir qu'une taxe a été inventée pour l'usage du bitume iranien qui serait endommagé par l'usage des véhicules, ainsi que le tarif mauvaise humeur et le tarif engueulade avec sa femme.

*Poste frontière d'Islam-Qaleh,
Iran-Afghanistan*

De l'autre côté de la frontière, plongée dans la nuit, s'étend la plaine du Khorasan afghan, qui figurait parmi les premières étapes de Roumi et de sa famille durant leur fuite, le Khorasan qui connut son apogée avec le règne des Timourides, des souverains descendant de Tamerlan, lequel, à l'inverse des Assassins qui tuaient d'abord pour gommer les images ensuite, préférait la miniature avant la mise à mort.

Grand pratiquant, Timour le Boiteux, atteint d'une légère claudication, contribua également à faire boiter le dogme dans la mesure où son amour des arts, son acharnement à encourager les peintres, engendrèrent un modèle nouveau d'image, l'image déformée. Par les miniatures qui le représentent sous différents atours, Tamerlan initie peu à peu un mouvement de détournement du dogme, avec des miniatures qui altèrent les traits des personnages, afin de ne pas totalement désobéir au principe du Coran qui interdit la représentation d'Allah, de l'homme et de l'animal, ce en quoi le saint livre se rapproche de l'Ancien Testament – « N'allez pas vous pervertir et vous faire une image sculptée représentant quoi que ce soit : figure d'homme ou de femme, figure de quelqu'une des bêtes de la terre, figure de quelqu'un des oiseaux qui volent dans le ciel, figure de quelqu'un des reptiles qui rampent sur le sol, figure de quelqu'un des poissons qui vivent dans les eaux au-dessous de la terre », Deutéronome, IV, 15. La représentation est biaisée, le personnage est idéalisé, les traits ne doivent pas correspondre tout à fait à leur réalité, avec des peintres qui rivalisaient de subtilité pour éviter la ressemblance parfaite, contrairement au personnage de *Vie terrestre de l'artiste* de Goethe qui se morfond de trop d'*a priori* : « Je ne veux pas, je ne peux pas ! / Ce honteux visage ; cette caricature ! » En ce sens l'iconoclasme doux de l'islam de Tamerlan a engendré une poésie de l'image, une sorte de discours à un deuxième niveau, entre réalité et imagination totale, qui influencera bien plus tard, à l'orée du XXe siècle, la peinture moderne d'Occident. Le Grand Émir aimait que l'imagination s'enflamme, comme pour les poètes de sa cour, mais surveillait aussi de très près cette production, attention particulière qui effrayait parfois les peintres, peu soucieux de rejoindre les minarets de crâne trônant à l'entrée des villes dévastées. L'ambassadeur du roi de Castille auprès de Tamerlan, Ruy Gonzalez de Clavijo, qui avait été impressionné par ces tours de « Tartares blancs », est étonné par les œuvres des artistes du sérail, et notamment ces sculptures d'aigles en argent, proches de la perfection. La remarque était d'autant plus sincère que Clavijo n'écrivit ses impressions qu'à son retour en Espagne, en 1406, se gardant bien de toute remarque sur place, contrairement à l'ambassadeur de Chine qui, venu saluer Tamerlan, s'installait sur une estrade au-dessus des autres ambassadeurs, ce qui entraîna le courroux du souverain, message aussitôt apporté au plénipotentiaire chinois qui le présenta comme l'émissaire d'un voleur, d'un bandit, d'un ennemi, d'un *tongoiuz*, c'est-à-dire un « empereur porc », et qui d'ailleurs allait connaître à l'issue de l'entretien la pendaison.

Cet amour du Grand Émir pour la peinture et les arts, qui vient notamment de son éducation par les derviches de Kech et par les soufis liés à la tribu des Barlas, l'entraîne même à collectionner les icônes byzantines, rescapées de la folie iconoclaste des chrétiens de Constantinople, et que ses hommes ont raflées aux Ottomans. Tamerlan était universel dans l'art, dans la mesure où il encourageait les artistes de tous bords, mongols, persans, turcs, chinois, et en même temps ordonnait, selon la légende, la déportation à Samarkand de peintres, sculpteurs, musiciens, poètes, des pays ravagés et conquis. Ce qui était un gage de survie, non seulement pour leur tête mais aussi pour leur bourse, regarnie grâce au généreux mécénat du souverain. Pour Tamerlan, cela représentait la garantie qu'un jour ou l'autre ses préceptes, dont le souci de vérité, se répandraient dans le monde entier. Si son terrible courroux est connu, il pardonne volontiers à ceux qui revendiquent ce souci de liberté, comme lors de l'exécution des courtisans de Miran Shah, son fils, un peu fou, qui sombre dans la tare, la débauche et la tyrannie. Sur l'échafaud, le bouffon, tenu lui aussi pour responsable de cette déchéance, se retourne et lance à Tamerlan : « Après vous, Seigneur, puisque vous avez toujours voulu être avant moi dans la vie. » Et le chef mongol lui accorde sa grâce, puisque le bouffon a dit la vérité.

Islam-Qaleh

La nuit dans le hall en marbre d'Islam-Qaleh, à la frontière entre l'Iran et l'Afghanistan, est longue, d'autant plus que nous ne pouvons pas revenir sur nos pas car la frontière est fermée. Barmak émet un bâillement, que renouvellent ses voisins, comme un écho de la lassitude et de la fatalité, si proche du but, de retour au bercail, lui qui fait sien le trait de Roumi : « Combien de temps encore laisseras-tu en exil ce cœur errant ? » Hormis quelques camionneurs, la vie est calme dans ce poste, beaucoup plus calme qu'à la frontière avec la Turquie, et on comprend que la route d'Afghanistan ne soit guère tentante. Le no man's land est une séparation d'entre deux mondes, entre le monde persan et le néant, un empire et son contraire. Là, dans ce néant hanté par les vents d'Orient, nous devisons, Barmak et moi, sur ce qui nous attend. Derrière nous, un royaume de la miniature qui a essaimé dans toute l'*ouma*, la communauté des croyants, jusqu'au Levant et au-delà, avec ces peintres et enlumineurs voyageant dans des caravansérails pourris et puants de l'odeur de crottin, un royaume qui a plongé ensuite dans la résurrection des images. Et de l'autre côté, au-delà de ce trou noir, terriblement présent, ce rien qui pointe au-dessus de la mosquée où nous jouons au foot tant bien que mal, et plutôt mal que bien, face à des camionneurs assez costauds, des malins qui pratiquent le culte des images à mi-temps, clichés de femmes dénudées dans leur engin la nuit et prestement enlevés le jour à l'approche des postes et des commissariats le long de cette route, en face donc le pays de l'espoir et de l'anarchie, celui du pavot roi et des seigneurs de la guerre, qui a connu un iconoclasme délirant, celui des bouddhas massacrés, l'iconoclasme par excellence, celui qui détruit le message de tolérance.

Je sens Barmak un peu inquiet de retrouver son pays. Les seigneurs de la guerre se partagent les provinces de plus belle, les trafiquants aussi, de toute engeance, d'art et de drogue, et cela revient au même, les chemins sont identiques, le mal est identique, détruire l'image, puis détruire le cerveau, c'est exactement ce qu'avaient voulu les talibans, tuer l'image et l'esprit, dans un schéma qui pouvait commencer par l'un ou par l'autre. Voici aussi ce qui inquiète Barmak : dans quel état va-t-il retrouver les Afghans ? Quels traumatismes ont engendré les cinq années de silence, de chape de plomb ? Barmak est un poète qui danse et jongle avec les mots et les images, et c'est cette alchimie précisément, ce mariage qui a duré des siècles, depuis la miniature persane et la calligraphie jusqu'aux clichés retouchés et auréolés de poèmes, qui a été balayé par l'obscurantisme.

Le lendemain matin, il faut encore montrer patte blanche, errer de bureau en bureau dans le poste frontalier iranien, afin de tenter de comprendre le circuit complexe du bakchich aux confins de la Perse. Le montant finit par atteindre des sommets astronomiques, avec une foule d'arguments y compris l'utilisation des routes asphaltées. Nous rétorquons que vu l'état de certaines des pistes il nous aurait été difficile de les abîmer davantage, mais le préposé au bakchich, qui a fort à faire ce matin-là avec les camionneurs afghans et avec un importateur de voitures japonaises en provenance du golfe Persique, ne veut rien entendre, en déclarant que de toute façon l'Iran est un grand pays et qu'il se trouvera un jour ou l'autre beaucoup de visiteurs pour payer tout ça, même s'ils se font rares en ce moment. Tandis que défilent quelques camions lourdement chargés, la discussion prend un tour de plus en plus ardu jusqu'à ce que je repère le bureau du directeur général des douanes. En discussion avec deux subordonnés, l'homme est visiblement très heureux d'abréger la palabre et de nous accueillir, lui qui revient d'un séjour à Londres pour du shopping et qui compte se rendre bientôt à Paris, à condition que l'ambassade de France à Téhéran veuille bien lui délivrer un visa. Comme il ne cesse de célébrer l'amitié entre les deux pays, et même entre l'Orient et l'Occident, lui qui s'avoue un grand lecteur, lui qui s'embête à en mourir dans ce bled perdu où la ville la plus proche n'offre que des brochettes guère reluisantes, le chef des douanes ordonne qu'on nous laisse partir sur-le-champ, moyennant une petite redevance, car les routes s'usent très vite en Iran.

Désert de Kohsan, Afghanistan

De l'autre côté de la frontière, en Afghanistan, où des hordes de camions s'assemblent avant de s'élancer vers l'Iran, les choses semblent beaucoup plus simples, bien que le préposé aux douanes, qui règne comme un pacha sur ce coin perdu, soit sourcilleux. L'homme, Abdul Rahim Salehi, est un ancien combattant du commandant Massoud, qui a vingt-neuf ans et en paraît quinze de plus, observe intensivement ses hôtes puis affiche un regard rieur avant de se replonger dans un air soucieux, et ainsi de suite. Depuis sa villa peinte en vert qui borde la route, il a pour tâche de surveiller toute la frontière, non seulement le trafic commercial et autorisé mais aussi les trafics, de manière non pas à les endiguer entièrement ce qui serait très ambitieux, de la portée d'un sultan, mais à les freiner afin de ne pas froisser les Iraniens qui en ont assez de perdre des soldats et gabelous sur la ligne entre les deux pays lors de coups de main contre les passeurs d'opium et d'héroïne. Alors de temps à autre une petite patrouille s'élance sur ces plateaux de sable et de terre pour faire bonne figure et se livrer dérisoirement à la chasse aux marlous, chasse qui tourne généralement court en raison du manque d'effectifs, de moyens, de chaussures, de billets pour payer les informateurs dans les hameaux, bref de tout, tant et si bien que l'on peut parler de patrouilles symboliques, ce qui doit faire rire les trafiquants, autrement plus organisés, avec des véhicules tout terrain pour semer leurs poursuivants, des malles bourrées de dollars, des armes à foison, dont des missiles qui leur permettent de tirer sur les hélicoptères, comme ces trafiquants en provenance de Kandahar, juchés sur deux chameaux et des jeeps et qui ont descendu un appareil des gardes-frontières. Tout cela représente un sacré casse-tête pour Abdul Rahim Salehi, bien plus difficile que le jihad contre les Soviétiques au temps de Massoud, car au moins les choses étaient claires, ennemi contre ennemi, alors que sur cette frontière l'ennemi est invisible et parfois se noie dans l'amitié, à savoir qu'il est connu, qu'il infiltre les hommes les plus intègres, qu'il corrompt tout comme la rouille finit par avoir raison de toutes les tôles du coin, même revêtues de trois couches de peinture. Pendant qu'il parle du président afghan Hamid Karzai, qui a du pain sur la planche avec tous ces trafiquants et ces adversaires de l'État, je détaille la photo officielle du poste frontière, celle qui représente dans un sens peu protocolaire le seigneur de guerre de la contrée, le gouverneur Ismaïl Khan, devant Karzai, comme pour lui faire de l'ombre, comme pour montrer aussi qu'existe une censure plus forte que l'iconoclasme, qui consiste à ne pas éradiquer l'image de l'autre mais à l'édulcorer, à la relativiser par une autre image ou un autre cliché, ainsi que le firent si bien les Soviétiques, qui réussirent à purger non seulement les hommes mais aussi les images des hommes, c'est-à-dire à tuer non seulement les corps mais aussi l'esprit des corps et leur postérité, leur valeur historique. En ce sens, oui, le président afghan a du pain sur la planche, et même beaucoup de souci à se faire, à voir celui qui a rang de préfet lui ravir la vedette. D'ailleurs, les royalties de cette frontière hautement lucrative avec tous ses trafics officiels et officieux atterrissent dans la caisse du seigneur de guerre, qui se garde bien de les reverser à l'État, ou alors avec parcimonie, un tribut qui représente l'équivalent d'une bonne partie du budget de l'État afghan.

En fait, Ismaïl Khan, à entendre ses lieutenants de frontière, se comporterait en vrai chef d'État, comme pour signifier deux choses : 1) que le seigneur de guerre n'est plus un seigneur de guerre mais un dirigeant capable de régner sur tout le pays ; 2) que chef d'État peut s'entendre au titre de chef de petit État, c'est-à-dire la région de Hérat, et d'ailleurs Ismaïl Khan ne s'y est pas trompé, lui qui s'est autoproclamé « émir de l'Ouest ».

DÉSERT DE KOHSAN, AFGHANISTAN

La rivalité entre les deux hommes, l'émir et le président, se caractérise aussi par une émulation sur le terrain, à savoir qui pourra le mieux vanter sa ville, Hérat ou Kaboul, qui nettoiera le mieux ses rues, qui embellira le mieux les places, etc., jeu qui se révèle sans fin, surtout en Afghanistan où il y a fort à faire.

Ismaïl Khan entend ainsi marquer des points dès le départ, c'est-à-dire dès la frontière, avec une piste en très bon état, en cours d'asphaltage, permettant aux camions et taxis de débouler à vive allure, reléguant les routes autour de Kaboul au rang de sentier pour chèvres. Et là, en roulant à tombeau ouvert sur la piste qui a valeur d'autoroute, on mesure la malignité du personnage d'Ismaïl Khan, sans l'avoir encore jamais rencontré. Oui, cet homme-là est un vrai chef d'État, il fait tout d'ailleurs pour s'affranchir de l'autre État, l'Afghanistan, ou le reste de l'Afghanistan, et cette route qui relit Hérat à l'Iran comme un cordon ombilical, avec ses camionneurs, ses soldats, ses trafiquants, ses caravaniers, témoigne de l'ingéniosité de l'émir qui dispose de sa voie romaine, d'un morceau de route de la Soie pour lui tout seul, et d'une sortie vers la frontière en cas de grabuge.

L'habileté de l'émir est encore plus ostentatoire lorsque l'on débouche dans la ville de Hérat, après quelques pannes sur la route, « la cité aimée des poètes, des mystiques et des artistes » comme la vantait l'artiste Sultan Ali à la fin du XVe siècle. Les rues, larges et ombragées, sont remarquablement nettoyées, signe d'un malin plaisir du maître des lieux, et les policiers et agents de la circulation sont innombrables. Exerçant le pouvoir d'une main de fer, comme depuis des siècles tout émir régnant sur la contrée et notamment Tamerlan, Ismaïl Khan a chassé de la ville ceux qui le gênaient, notamment les bandits, même si on échange encore quelques coups de feu la nuit dans les rues, du moins entre partisans de l'émir et partisans du président, et les commerçants y trouvent leur compte, qui sont revenus en nombre, y compris aux côtés des trafiquants et bandits officiels passés maîtres dans l'art de franchir la frontière. Il est vrai que l'oasis de Hérat a toujours cultivé un certain goût pour l'émancipation par rapport à l'Empire perse ou à Kaboul, et ses habitants ont tenu à se doter d'un nouvel impôt, sur le sucre, afin de procéder eux-mêmes au renouveau de la ville.

Dans sa résidence dûment défendue et bâtie sur les hauteurs, Ismaïl Khan peut se targuer d'avoir réussi son double pari, faire la nique à Karzai, qui doit l'avoir mauvaise à constater la réussite de Hérat, et diriger une ville qui est redevenue une étape importante sur la route de la Soie, avec ses trésors en provenance des deux mondes, soit dans le désordre bijoux en or, électronique, tapis, soieries, broderies, vélos chinois, bibelots. Devant sa villa dominant les vieux minarets de la ville et sa citadelle, Ismaïl Khan qui est arrivé dans un véhicule tout terrain sur la banquette arrière de laquelle figure un kalachnikov, celui dont il ne se sépare jamais, Ismaïl Khan, qui caresse continuellement sa barbe blanche, dit que ses projets ne sont pas près de s'arrêter, manière d'enfoncer le clou dans sa rivalité avec Karzai. De son regard à la fois perçant et ironique, l'émir, qui trône devant un immense vase en papier mâché, comme pour rappeler le caractère à la fois infini et éphémère de sa puissance, énonce ses avancées, la route de l'Iran, les quatre cents écoles où quatre cent mille élèves sont scolarisés, l'université avec ses dix branches et ses trente-six laboratoires de recherche, sa bibliothèque de deux cent mille volumes, ses deux piscines municipales, l'eau courante, l'électricité, les quatre-vingt-douze usines plus les cinquante-quatre autres qui vont être bientôt finies, à croire que le chef de guerre s'est transformé en représentant de commerce et porte-parole de ce que Hérodote appelait le grenier à blé de toute la contrée. À défaut de bataille, comme celles sous les Soviétiques dont une seule fit vingt-cinq mille morts parmi les Afghans, Ismaïl Khan considère que reconstruire son pays représente un autre combat, autrement plus difficile, où il s'agit de feindre sans cesse, d'esquiver, frapper, convaincre, porter l'estocade. Entouré de ses hommes, l'émir de l'Ouest semble regretter cependant les années de la guerre sainte, quand il régnait sur un bout de maquis, avec ses combattants qui n'en menaient pas large. Il recevait alors quelques médecins français, qui avaient parcouru tout le pays à pied ou à cheval pour soigner les hommes et les femmes du village, et lui se rappelle de quatre humanitaires, quatre femmes, qui avaient marché pendant mille kilomètres pour lui rendre visite et qui parvenaient à soigner les hommes, en dépit des tabous, et

DÉSERT DE KOHSAN, AFGHANISTAN

même pour l'une d'entre elles, infirmière, à effectuer une césarienne, une prouesse dans de telles conditions, comme si la route de la Soie était aussi ce fil tendu entre l'Orient et l'Occident, une somme de gestes symboliques, un grand festin de la philanthropie, par-delà la guerre et la paix. Désormais, les choses sont nettement plus compliquées, reconnaît-il, et Hérat, un État dans l'État, un royaume en soi, exige beaucoup d'attentions, de la délicatesse, du doigté, et non pas seulement de la force, de la matraque, bien que cela soit parfois nécessaire pour calmer les mauvais esprits, ceux qui violentent littéralement son image, ceux qui veulent déchirer son portrait, ces grandes fresques qui le présentent en combattant, en chef, en martyr potentiel, statut auquel il a finalement échappé mais qui lui a donné une aura de *shahid*, de martyr. À Hérat, c'est l'excès d'image qui domine, comme pour signifier que le pouvoir, si féodal soit-il, est d'abord l'expression du pouvoir des images, puissance de l'illustration et illustration de la puissance. À moins qu'il ne soit celui de l'enfance. L'image ? « Une rêverie vers l'enfance » disait Bachelard. « Et souvent ce n'est rien qu'une bulle d'enfance, / Sous les lentisques du chagrin » ajoutait Jean Rousselot dans son recueil *Il n'y a pas d'exil*. À Hérat comme ailleurs, les potentats souffrent de trop d'images et de pas assez de chagrin.

Hérat

Assis sur son sofa, dans un salon au mobilier kitsch, alors que défile dehors une enseigne électronique affichant des slogans à la gloire du maître, tels que « Ici l'émir général de la région ouest et sud », ou « Offre-nous les mains pour reconstruire », Ismaïl Khan donne l'impression de trôner sur son royaume tel un Zarathoustra de la route de la Soie, à la fois près et loin des hommes, au-delà du bien et du mal, et avec une certaine propension à écarter la raison, à gouverner avec ses émotions et ses impulsions, sa nostalgie des années dures et en même temps heureuses du jihad, lorsque le manichéisme du bon et du mauvais lui permettait de jouir d'une meilleure réputation, alors qu'aujourd'hui il est contesté jusque dans sa ville, un comble, lui qui a tant fait pour elle, lui qui a tout donné pour qu'elle soit à nouveau florissante, comme au temps de la splendeur timouride, l'âge d'or de la Florence de l'Asie. Les monuments, les cinq minarets, le mausolée de Gowhar-Châd, n'est-ce pas lui qui s'en occupe personnellement ? À croire que cette ville est ingrate. À croire aussi qu'Ismaïl Khan veut à tout prix ressembler au dernier prince timouride de Hérat, Badi-oz Zaman, l'ami des artistes, mécène affecté et délicat qui encourageait les peintres sculpteurs et poètes et fut détrôné en l'an 1506 par les Ouzbeks. Dans son exil, il emporta maints manuscrits persans, dont certains ont été acquis à Constantinople au XVIIIe siècle par Antoine Galland, le traducteur des *Mille et Une Nuits*.

263

LE GRAND FESTIN DE L'ORIENT

Ismaïl Khan est ainsi, un roi au-delà du bien et du mal, une synthèse du grand festin à lui tout seul, car son fief démontre que les frontières sont abolies, les bandits d'hier sont devenus les vizirs d'aujourd'hui, les trafiquants et grands commis de ce petit État se donnent la main avec joie, comme une troupe de djinns, ces personnages engendrés par le feu et qui errent dans les déserts, malfaisants un jour, bienfaisants le lendemain s'ils ont rencontré la grâce divine en chemin, mélangés par la magie des vents, tels ces *Diperaniu karwan,* ces caravanes de djinns, que les nomades pachtouns croient apercevoir en chemin. Fatima, fille du prophète Mahomet, dans la pièce de Goethe : « Au-delà des nuées / Des djinns tendres nourrissent / Son enfance / Parmi les granits. »

Hôtel Mowafaq, Hérat

Assis sur la terrasse de l'hôtel Mowafaq, qui a une vue imprenable sur le couvre-feu, c'est-à-dire le néant après dix heures du soir, Lorenzo raconte sa passion pour le monde indien et l'Asie centrale qui l'a amené jusqu'à Hérat. Encore étudiant, de père français et de mère italienne, il passe pour un Afghan grâce à son excellent persan, sa barbe courte et sa tunique blanche. Ce fut la lecture des *Rubayat* d'Omar Khayyam qui l'entraîna sur la route de la Soie, en autobus, *via* Le Caire puis Istanbul, accompagné d'une fille ouzbek. Il laisse alors tout tomber, ses études de physique, son appartement, puis au retour de son périple trouve un poste de serveur dans un petit restaurant afghan du Ve arrondissement à Paris où il apprend peu à peu le persan, avec une nette prédilection pour les termes de gastronomie et de guerre, bien que l'un et l'autre n'aient apparemment pas de rapport direct. Après s'être inscrit au cours de Langues orientales, il ne résiste pas à l'envie de repartir vers l'Orient. Mais c'est à Venise qu'il découvre un trésor. Il s'agit d'une carte datant de 1560, retrouvée au palais des Doges et qui décrit le tracé, avec les étapes, les caravansérails, les villes mythiques, dont Constantinople, Ispahan, Hérat, Samarkand. Lorenzo veut alors pousser l'aventure plus loin, s'enfoncer jusque dans la vallée de la Fergana au Kirghizistan mais des troubles fomentés par des fondamentalistes l'en empêchent. Il se rabat sur une virée à cheval avec son frère Livio jusqu'à ce qu'un nouveau voyage l'entraîne aux portes de l'Afghanistan, mais de l'autre côté, à Peshawar, au Pakistan, où il œuvre dans un camp de réfugiés aux côtés des Afghans pour le compte de l'Organisation mondiale de la santé après avoir enseigné au lycée Istiqlal d'Islamabad. Le 11 septembre 2001 le surprend lorsqu'il se trouve dans les zones tribales, ces régions qui échappent à la juridiction pakistanaise en vertu d'une loi datant du British Rule, de l'Empire des Indes. Lorenzo doit évacuer la contrée mais se promet de revenir. Et c'est à Hérat qu'il débarque, après ces débuts sur la route de la Soie dus à un double amour, pour une fille d'Ouzbékistan et pour la poésie d'Omar Khayyam.

Hérat est plus qu'une étape, c'est la ville par excellence de la route de la Soie, la cité prodigieuse, l'ancienne Alexandrie d'Arie qui sacre ses rois. Alexandre le Grand ordonne sa destruction pour rebâtir « sa » ville. Déboulant au grand galop au XIe siècle, les Seldjoukides la saccagent à leur tour et rebâtissent une citadelle. Puis c'est au tour de Gengis Khan de la raser à nouveau, en 1222, au prix d'un massacre par ses hordes mongoles de cent soixante mille Hératis. Tamerlan se doit donc d'y ajouter sa patte – razzia encore, plus quelques minarets de crânes devant la ville et alentour, dans toute la Transoxiane. Les Soviétiques pendant l'occupation afghane longue de dix ans, de 1979 à 1989, bombardent la ville, le bazar, les vergers, la mosquée, les minarets qui servent ensuite de tours de guet aux soldats de l'Armée rouge. Ismaïl Khan pour prendre possession de la ville n'a pas besoin de la raser, la mission est déjà accomplie.

C'est une citadelle dévastée qu'il reconquiert, une citadelle de l'infortune ravagée par les Soviétiques puis laissée à l'abandon par les talibans. Ceux-là, il les connaît pour avoir tâté de leur geôle pendant deux ans et demi, à Kandahar, après avoir été arrêté à la suite d'une trahison, sa tête ayant été mise à prix pour la modique somme de douze millions de dollars, ce qui correspond à la solde d'un taliban pour quelques siècles. Une promesse lui vaut les faveurs de son garde, qui s'enfuit avec lui, et tous deux sautent en voiture sur une mine. Ils s'en sortent par miracle, avec une jambe cassée et de nouveaux éclats dans le corps pour Ismaïl Khan – cinquante blessures au total, assure l'un de ses lieutenants, avec un demi-kilo de munitions encore dans les entrailles.

Ismaïl Khan, on le voit bien, a tout du héros qui a du panache : il n'a pas rasé la ville, il a vaincu la mort, il a rebâti.

Pour montrer son amour du pays, c'est-à-dire son amour du micro-État, Ismaïl Khan nous convie à de petites réjouissances dans un village historique de soufis, Sofyan, où une foule de jeunes, parents, paysans, chauffée à blanc par des fonctionnaires de l'émirat de l'Ouest, accueille le maître dans une mer de portraits, d'affiches et des kyrielles de fleurs, en une spontanéité parfaitement orchestrée, tandis que les scouts du coin assurent la sécurité et rappellent à l'ordre les plus passionnés et turbulents des enfants. Un vieil homme excite la cohue, l'invite à scander encore plus fort les slogans à la gloire de l'émir. Ses proches appellent cela « la sortie populaire du vendredi », comme il existe des soupes populaires. Et il est vrai que prendre un bain de foule est un luxe inouï en Afghanistan qu'Ismaïl Khan est peut-être le seul parmi les chefs de clan, dirigeants ou politiciens à pouvoir s'offrir. Tout de blanc vêtu, visiblement satisfait de la sagacité des paysans à brandir des portraits au-dessus de leur turban, Ismaïl Khan, sous un jet de pétales de fleurs, face à des enfants qui dressent leur tête cernée d'un bandeau vert, se pavane jusqu'à la mosquée de terre battue, tandis que les villageois et les centaines de voisins chantent « Hérat, la ville des martyrs », « Émir, sois le bienvenu », ou encore « Louanges à notre guide ». Cette abondance d'images plaît au baron, et il prend un certain plaisir à s'attarder devant les caméras de sa propre chaîne de télévision, histoire d'en remonter encore un peu plus à son rival de Kaboul. Quand un homme à calot tente de l'asperger avec une bombe de décoration, le jet blanc est mal dirigé et retombe sur l'arroseur, ce qui n'empêche pas la cible potentielle de crier « Merci à toi ».
Pendant que l'émir se livre à un long discours à l'intérieur de la mosquée du petit village promptement rénovée pour la visite, dans la cour, sur un tapis, de jeunes soufis évoquent la période taliban pendant laquelle le mysticisme a été très sévèrement réprimé. Or Abdul Razek, qui a vingt ans et des yeux verts en amande, paysan à ses heures et soufi tout le temps, appartenant à l'une des quatre écoles de Hérat, celle des *khaderiya*, dit que

les talibans auraient bien fait d'en prendre de la graine, de s'immerger dans le mysticisme et les paroles de tolérance des poètes, Roumi, Ansâri et *tutti quanti*, car à force de tournoyer ou de chanter, on livre davantage son âme à Dieu, le corps s'oublie, et Dieu apparaît sur le tombeau de l'agressivité. À la vision sacrificielle des talibans et de leurs successeurs, nombreux en Afghanistan et au Pakistan, Abdul Razek oppose le sacrifice du cœur, comme pour mieux rappeler les paroles d'Ansâri – « Une brise a soufflé du jardin de l'amour, et nous avons offert le cœur en sacrifice. » En raison de ce sacrifice du cœur, l'homme est touché par la grâce, et donc par l'humilité, et cette convocation de Dieu sur terre revient à créer le seul pouvoir qui vaille, celui de l'amour. Ansâri : « Nous avons découvert un parfum, venant du trésor de l'amour, et nous nous sommes proclamés rois jusqu'à l'extrémité du monde. » Roi, Abdul Razek l'est non seulement sur ses terres mais aussi dans la petite cour de la mosquée, même si des mollahs le regardent d'un air sourcilleux. En face de lui trône un autre soufi, deux fois plus âgé et d'une autre école, celle des naqchibandis. Abdul Sattar est paysan-professeur, ce qui pour lui est la même chose puisque cela revient à semer pour récolter plus tard, bien que selon un proverbe afghan « celui qui sème n'est pas toujours celui qui récolte ». Avec des mots simples, face à un parterre de jeunes du coin, il se lance dans une démonstration éloquente sur les faux fidèles, ceux qui plongent la lumière dans les ténèbres et la foi dans l'obscurantisme, et il en existe beaucoup, clame-t-il, et ce ne sont pas ces hypocrites de talibans qui ont pu empêcher malgré leurs coups de cravache les séances de *zikr*, car cela reviendrait à tuer beaucoup de monde, du moins dans les parages du village de Sofyan. En fait, malgré la visite du grand émir, le village est bien isolé, sans aide humanitaire ou presque, avec des anciens communistes et ex-partisans de l'occupation soviétique qui tendent à monopoliser les emplois des organisations non gouvernementales.

Survient un troisième larron, qui lui se déclare de l'école des Suhrawardiya, qui reprend les préceptes de Roumi et compte des fidèles jusqu'au Bangladesh. Il parle de sa *tarikat*, de son cheminement, mais aussi de ses affaires, son commerce qui s'est appuyé sur tout un réseau d'adeptes du soufisme, comme dans nombre de pays de l'Orient où les amitiés soufies ont remplacé les relations bancaires pour négocier avec le lointain. Tout cela se mélange dans ses paroles, se broie entre ses dents avec douceur et force, se mâche délicatement, se digère, s'éructe lentement, pour le plus grand plaisir des badauds assis en tailleur sur l'immense tapis en osier, les affaires, la voie spirituelle, la lutte contre le moi, le souffle profond, la paix intérieure, et il continue par une histoire qui en laisse plus d'un pantois. Un jour, un grand maître soufi est opéré du cœur, et le chirurgien qui le charcute voit inscrit sur l'organe noble un nom qui brille dans la pourpre, un nom qu'il est incapable de décrypter mais dont il retranscrit les caractères sur un papier. Quand le soufi revient à lui, la poitrine rafistolée, il déchiffre le nom et dit qu'il s'agit de Dieu, « car la vraie maison de Dieu, c'est le cœur ». On ne sait pas en revanche si le grand maître soufi a survécu à son opération et peu importe. Les trois soufis sont en forme, devisent longuement. Mais les sages de Sofyan sont des gens prudents qui font très attention à ce qu'ils disent, surtout en présence des amis d'Ismaïl Khan, dont un collégien de dix-huit ans qui assure qu'il ne laissera personne dire du mal de son dirigeant préféré, et qu'il le défendra toujours, avec un fusil ou un stylo. Un homme dans la rue m'aborde plus loin et me dit que les discussions peuvent être dangereuses en Afghanistan, même dans les villages réputés pour leur sagesse, et qu'il n'aimerait pas que le récit de cette route se transforme en livre à la Salman Rushdie, « parce que cela lui a coûté beaucoup d'ennuis ». À le voir rouler les épaules, on le croit sur parole, et il n'a nul besoin de sortir son arme pour être convaincant. Un autre homme préfère vanter les légendes d'Ismaïl Khan qui a non seulement protégé tous les enfants du coin pendant le jihad contre les chouravis, les Russes, mais qui a aussi brandi son corps comme une cuirasse pour que les balles n'atteignent pas ses hommes.

C'est Ismaïl Khan qui leur rafle la vedette quand il traverse d'un pas solennel la cour ombragée de la petite mosquée pour s'engouffrer, devant une marée humaine, dans son véhicule tout terrain, après une longue séance de pose photo et une interview pour Ismaïl Khan Channel, chaîne un peu monotone au demeurant bien que ses dirigeants ne manquent pas d'imagination pour décliner à toutes les sauces la gloire de l'émir bien-aimé.

Alors qu'Ansâri convoquait Dieu sur terre, évoluant d'une mystique de l'amour à la conception de l'unicité, celle du divin dans l'homme – « Le Soleil est là-bas et le rayon est ici ; et qui a jamais rayon séparé du soleil ? » –, Ismaïl Khan impose sa propre image dans chaque foyer, de manière que cet amour pour le chef soit sans limites, même à l'heure du dîner ou du coucher. Ansâri, né au début du premier millénaire, au moment où l'Occident apeuré inventait toutes sortes de légendes pour repousser ses angoisses, accordait une valeur importante aux images, qui permettaient de prolonger la pensée et surtout de représenter les sensations, par petites touches, tel un tableau impressionniste, avec des allégories sur la pluie, la brume, les gouttes d'eau, les torrents, les rus, les ruisseaux, les fontaines, la mer qu'il n'a pas connue, le tout consacré à la quête spirituelle. Dans les studios d'Ismaïl Khan Channel, les grenadiers-voltigeurs de l'émir ne sont pas en reste, mais plutôt centrés sur le bonhomme, le chef, le caïd, et vantent à longueur de journée les mérites du guerrier, les exploits du maquisard, les idées lumineuses du bâtisseur, dans un fleuve d'allégories très bien drainées par les images. Un peu comme si l'émir, sevré pendant la période taliban et encore plus durant son séjour en prison à Kandahar, avait brusquement envie d'inonder le monde de portraits, de clichés, d'effigies, afin de rattraper le temps perdu et surtout de satisfaire son moi, en cours d'hypertrophie, si ce n'est déjà fait. « Nous sommes maintenant dans le règne des images, des images plus libres que les souvenirs », écrivait Gaston Bachelard dans *La Poétique de la rêverie*. Et les images dépassent les souvenirs, marquent plus que les souvenirs, rattrapent le temps perdu, réinventent le monde autour d'Ismaïl Khan, un monde en soi, un monde pour soi. Le soir même, dans sa villa fortifiée des hauteurs de Hérat, l'émir de l'Ouest, les yeux à demi fermés, main gauche repliée sous le menton, à la fois blasé et fier, regarde longuement le journal télévisé à sa gloire, les plans-séquences interminables sur sa visite de Sofyan, les différents angles des caméras qui ne montrent pas grand-chose du village mais tout ou presque de l'illustre invité, son discours à la mosquée, sa déambulation dans la grand-rue sous une pluie de pétales de roses. Tandis que le vent s'engouffre sous les portes-fenêtres et fait grincer les vitres, ses conseillers ne quittent pas des yeux l'auguste visage de l'émir, et même sa main agrippée sur la télécommande, afin d'y déceler la moindre trace de critique ou d'irritation concernant la couverture de ce grand événement dans la vie de l'émirat de l'Ouest.

Takht-i-Safar, Hérat

Comme au temps béni des duels théologiques, Hérat résonne ainsi de deux sortes d'appels, ceux lancés par le maître depuis sa citadelle, soigneusement relayés par la télévision, et ceux du sanctuaire d'Ansâri, à Gâzargâh, à l'entrée de l'oasis, qui tous les vendredis soir résonne des incantations des soufis. Pour s'y rendre, il faut franchir un parc à mi-chemin, le Takht-i-Safar, qui permet de jouir d'un beau point de vue sur la ville, et qui était particulièrement réputé au cours des siècles pour le culte du vin célébré dit-on dans le palais de Hossein Baïqara, roi timouride qui régna à la fin du XVe siècle, l'âge d'or de Hérat. Il avait pris pour vizir le poète Nawaï et comme conseiller le grand Djami, au milieu d'une cour de deux cents artistes parmi lesquels figure le peintre et miniaturiste Behzâd, prince de l'élégance et génie du raffinement, le peintre des images de Dieu, le génial artiste qui signait humblement « l'esclave », « le serviteur » ou « le derviche », l'homme au « miraculeux pinceau », comme l'énonçait le sultan. Le vin coulait tellement à flots que le roi dut lever un impôt sur les ivrognes, non pour calmer les esprits mais pour construire sa citadelle, laquelle est donc assise sur l'esprit de Bacchus, ce qui se démontre aisément vu l'état de ses murailles et le nombre de fissures. On croirait entendre suinter de la forteresse les murmures du poète, le cri plaintif de Vèsâl le mystique, né à Chiraz en 1782 et qui déclamait, pourpre du sang et rouge du vin mélangés, amour de la terre et terre de l'amour unis à jamais : « Notre corps doit devenir terre, et une coupe en sera faite : / Ainsi l'amour te fera boire un coup versé de notre jarre. » C'est ce chemin que Sultan Ali, le calligraphe préféré de Hossein Baïqara, avait orné d'inscriptions magnifiques à la gloire de son roi, initié au soufisme par la branche des naqchibandis, qui s'étend depuis quelques décennies en Iran et en Asie centrale et qui prêche l'apprentissage de la solitude dans la foule. Quand il voyait des cyprès, l'artiste croyait déceler des lettres allongées et dans les feuilles des arbres quelques syllabes stylisées. Il récitait à son roi un distique ancestral, tiré du *Gulistan* de Saadi : « Chaque feuille et pétale est pour l'œil de l'homme sage / Comme un livre qui vante la grandeur du Seigneur. » Le roi, un massacreur-né versé dans les agapes à temps partiel, Timouride du sang rouge et bleu de Tamerlan, rouge des tueries, bleu de son mécénat des arts, s'intéressait grandement à la poésie et pendant ce temps oubliait de massacrer, donnant ainsi un nouvel usage au lyrisme oriental cher à Goethe, versifier pour ne pas tuer. Puis les deux hommes continuaient d'avancer dans le jardin fleuri en comptant les pieds des vers. « Non, là, il y a un pied de trop ! » s'exclamait parfois le sultan. À Hérat, les calligraphes étaient des poètes et les poètes, des amoureux d'images.

Sanctuaire d'Ansâri, Gâzargâh,

Le sanctuaire de Khwâdja Abd Allah Ansâri, né dans la vieille citadelle en 1006, mort en 1089 et enterré un jour de pluie, est une oasis à lui tout seul, une île de sérénité où viennent les fidèles du mystique le soir à la fraîche, non loin de la Grotte des derviches devant laquelle s'agenouillaient humblement les sultans de Hérat chaque veille de jour saint. Une femme non voilée qui vient de Kaboul annonce à l'entrée, près de la tombe de l'architecte et d'une statue représentant un chien pour mieux marquer son humilité, que ce lieu est béni aussi car il est l'image inversée du wahhabisme, l'endroit où l'on se recueille pour mieux combattre tous les sectarismes. Les fondamentalistes le savent mais en raison d'une légende n'ont jamais vraiment investi les lieux, y compris sous les talibans, car le mausolée est un havre où même les repris de justice peuvent trouver abri. Les poèmes de Djami à la gloire du sanctuaire, qu'il comparait à La Mecque – « Ce n'est pas la peine d'aller à La Mecque, c'est ici qu'on peut faire tous les vœux, tourne-toi vers La Mecque et exprime ton vœu » –, vers qui furent influencés par ceux de Roumi, n'ont certes pas arrangé les choses mais les sbires de mollah Omar avaient d'autres chats à fouetter, et d'abord les fidèles d'Ismaïl Khan. Miroir de la tolérance, le sanctuaire rappelle aussi par ce tombeau au chien que les détracteurs d'Ansâri de son vivant avaient voulu lui intenter un procès en sorcellerie, l'accusant d'anthropomorphisme, de représentation de Dieu à l'image de l'homme.

Alors que l'autre lieu symbolique de Hérat, le siège d'Ismaïl Khan Channel, est beaucoup plus grossier dans sa propagande, le message qui s'échappe du sanctuaire est plus complexe, sorte de jeu de piste, avec des niches, des recoins, des sages, des curieux, des badauds, des catafalques, des mosaïques à moitié détruites, des pierres tombales, sépulture du soufi inconnu, femmes peu voilées, écoliers avec leur cartable sous le bras, anciens moudjahidin, fonctionnaires de l'émirat, le tout dans une lumière orangée de fin de jour, et en filigrane les paroles d'Ansâri, qui aimait dans sa poésie sensuelle semer le mystère – « J'ai de l'eau dans la tête et du feu dans le cœur ; en dedans j'éprouve du plaisir, au-dehors je ressens du désir. » Incontestablement, il se dégage une forte impression de ce lieu, non seulement parce qu'il fut le berceau du soufisme à partir duquel s'est propagé vers les quatre points cardinaux le mouvement mystique, mais aussi parce qu'il rivalise avec Ismaïl Khan Channel. Et quand des postes de télévision sortent les saintes paroles de l'émir, du mausolée surgissent les incantations des soufis, rassemblés à la nuit autour de la sépulture d'Ansâri et qui soufflent du fond de leur poitrine en hochant la tête, debout, moines du désir absolu et sentinelles de l'absolu désiré, tandis qu'un vieux dans une niche psalmodie d'une voix caverneuse et néanmoins joyeuse.

Un homme au crâne chauve surmonté d'une casquette à l'américaine m'aborde et sourit, illuminant un visage étonnamment glabre. C'est un Afghan qui a passé la majeure partie de sa vie au Canada, à Toronto, avant de revenir vivre à Hérat, ou plus précisément non loin de Sofyan, son village natal. Latif avoue que le retour au pays est un choc, certes, mais qu'en vertu de ses liens avec le soufisme, il n'a jamais quitté le bercail et l'a gardé chevillé au cœur, fidèle en cela aux cris d'Ansâri – « Me voilà perdu, errant en plein désert » puis « Mon Dieu ! pour Ton expatrié, l'exil est la patrie ».

Latif m'emmène dans l'un des recoins du sanctuaire, une pièce qui semble creusée dans la roche, et où un homme en calot blanc, un historien de Hérat, trône face à une lanterne posée sur un grand tapis rouge. L'historien, professeur à l'université d'Ismaïl Khan, qui a étudié en Inde, en Turquie, en Russie et en Iran, a été longtemps moudjahid durant la résistance, avant de refuser le grade de général de l'armée de Kaboul. Dans sa grotte, antre qui lui paraît naturel tant les historiens, poètes, savants, derviches, ont dû s'abriter ainsi de la barbarie et de l'obscurantisme des années durant, il prend plaisir à évoquer la mémoire d'un autre général, français celui-là, du nom de Bonaparte, qui voulut couper aux Anglais la route de l'Empire des Indes en s'intéressant de près, une fois proclamé empereur, aux destinées de l'Afghanistan. Bonaparte songe à expédier un contingent vers ces montagnes lointaines, veut signer un traité avec la Perse et le roi d'Afghanistan, mais la bonne vieille Angleterre flaire le coup et effectue un revirement d'alliance. Cet épisode de la vie afghane n'en est qu'un parmi d'autres qui ont plongé le royaume dans un nid d'intrigues, comme durant le Grand Jeu du XIXe siècle cher à Kipling entre Chinois, Britanniques et Russes, et jusqu'à la guerre des talibans soutenus par les Pakistanais. Pour oublier mais aussi prévenir ces malheurs, heureusement qu'il reste le soufisme, dit l'historien, car cette sagesse permet de construire un mur, non pas pour mener une vie d'artiste mais pour rester dans le droit chemin, celui de la tolérance, de manière à « donner de la lumière à la lumière ».

Quand les talibans sont venus dans le sanctuaire afin d'interdire le *zikr*, fouets et fusils en main, les soufis ont continué comme si de rien n'était et les moines-soldats n'ont pas osé s'attaquer à ces illuminés même si à leurs yeux ils méritaient la potence.

L'historien montre alors la tombe d'Ansâri, sorte de cage de bois blanc ajourée, bordée d'un arbre noueux, un pistachier, dont il affirme qu'il date de mille deux cents ans, soit deux siècles avant la naissance du saint homme enterré à ses pieds. Quand le père Serge de Beaurecueil, un dominicain passionné par la vie d'Ansâri à qui il a consacré plusieurs années de sa vie, a voulu creuser autour du pistachier mystérieux pour voir de quoi il ressortait, ses ouvriers n'ont trouvé aucune racine, ajoutant encore plus de secret à l'arbre tombal. Le père de Beaurecueil, qui a commencé par étudier au Caire pour finir par s'installer à Kaboul, a depuis traduit les poèmes d'Ansâri et a créé un refuge dans la capitale afghane afin d'accueillir les enfants pauvres et orphelins, de manière à conjuguer les deux, sa passion pour le maître soufi et son amour de l'autre, ce qui à ses yeux procède du même élan, et ses traductions des œuvres d'Ansâri résonnent du même esprit festif et communiant que *Le Divan* de Goethe.

À cet élan l'historien donne raison car le soufisme est tout sauf une manière de se couper du monde, contrairement à une idée répandue en Occident, qui ramène le fidèle au rang d'ermite ou de Zarathoustra, et nous continuons tous nos métiers, la preuve, dit-il en désignant trois personnes qui viennent de pénétrer dans la pièce troglodyte, voici un soufi mécanicien, un soufi tailleur et un soufi barbier, et il existe même des soufis talibans, bien que ce ne soit pas une gloire pour le mouvement, ou plutôt des talibans proches du soufisme, peut-être enrôlés de force, et qui fermaient les yeux sur toutes ces séances de méditation, danses, éructations, cris lancés dans la nuit.

À ce moment, une dizaine de soufis se mettent à crier dans la cour du sanctuaire, sous le pistachier millénaire, dans un chœur baroque de voix graves, tandis qu'un homme au milieu du ballet secoue interminablement la tête. Tour à tour, les fidèles prennent la parole, lancent une incantation, devisent sur le sort du monde, sur l'éducation, le bien, la souffrance, le voyage, la vie, la mort, puis le chant rauque reprend ses droits, telle une litanie lentement psalmodiée et dédiée au ciel.

Dans cette rivalité entre le palais de l'émir et le sanctuaire du poète, entre le trop-plein d'images et l'image retenue comme un souffle, entre le potentat et les soufis, les seconds marquent des points, bien qu'Ismaïl Khan n'ait pas dit son dernier mot. Il a trente mille hommes pour lui, dûment rétribués, les royalties de la douane et du négoce, octrois féodaux qui servent au moins à alimenter sa seigneurie. Le sanctuaire a pour lui la réserve, la discrétion, la mesure. Si Ismaïl Khan prétend régner sur la ville de la culture, le foyer de la renaissance, passé et présent, le sanctuaire d'Ansâri mérite davantage, à lui tout seul, le surnom donné à la ville, « la perle afghane ». Et de ce combat entre

Ismaïl Khan Channel et Soufi Channel, les Hératis rient parfois, sachant que l'entreprise est risquée puisque leur dirigeant bien-aimé, si populaire soit-il, se laisse aller de temps à autre à un royal courroux, n'hésitant pas à lâcher ses miliciens pour souffleter, lors de l'inauguration de la Commission locale des droits de l'homme, un journaliste du nom de Behzâd, comme le miniaturiste du XVe siècle, patronyme qui devrait au moins inspirer le respect. « À Hérat, si vous étirez vos jambes, vous êtes sûr de donner un coup de pied à un poète tellement il y en a », disait à la fin du XVe siècle Ali Sher Nawai, lui-même artiste et écrivain avant de devenir premier ministre du souverain Hossein Baïqara. Son lointain successeur Ismaïl Khan n'a pas besoin de donner des coups de pied aux artistes, hommes de plume et scribes locaux car ceux-ci sont déjà suffisamment au courant du tribut quand ils ne sont pas eux-mêmes achetés par la cour, y compris par la chaîne de télévision du maître.

Mais tout cela ne serait pas grave pour maints soufis et âmes hératies si l'émir respectait ses propres engagements, à savoir combattre partout l'esprit des talibans. En fait demeure à Hérat une milice quasiment identique à celle des « étudiants en théologie », à savoir la milice de la Promotion de la vertu et de la répression du vice, qui exerce des contraintes pour le moins appuyées sur la population en cas de comportement jugé trop occidental, de port de vêtements féminins mal ajustés ou trop colorés, sans que l'on puisse connaître, malgré le goût de l'émir pour le clinquant et les nuances vives, où commence le trop coloré. Et si le gouverneur se lance dans le culte de la personnalité par l'hypertrophie de l'image, il a pris soin de laisser fermée l'unique salle de cinéma de la ville, histoire d'éviter que le contrôle des images ne lui échappe. Tout juste Ismaïl Khan tolère-t-il que l'une des grandes artères s'appelle encore Avenue Cinéma, dûment éclairée, histoire d'en remontrer encore un peu plus à Kaboul. C'est d'ailleurs là, sur cette avenue, que l'un de ses plus fidèles lieutenants, le commandant Basir, chef de la 85e brigade d'assaut de Hérat, s'est fait descendre en plein jour, au vu de tous, avec un effet bien supérieur que toutes les images d'Ismaïl Khan Channel. Dans son palais, qui domine un petit parc d'attractions où il convie gratuitement la population, histoire de montrer qu'il a son Khanland, l'émir, qui contrôle aussi l'imprimerie et le seul quotidien local, peut se dire qu'un excès d'images conduit au même résultat que l'iconoclasme, de Byzance à Bâmyân, à une semaine de route de Hérat, là où les talibans ont massacré les bouddhas de pierre. Au trait d'Alain, « Le pouvoir rend fou et le pouvoir absolu rend absolument fou », on pourrait ajouter une incidente : « Le pouvoir de l'image rend encore plus fou. »

Village de Kebarzan

Avant que je ne prenne la route, un Afghan de passage à Paris, Ravan Farhadi, ancien professeur à la Sorbonne et à Berkeley devenu ambassadeur de son pays à l'ONU, m'avait signé un petit viatique, demandant à ses compatriotes de ne pas m'importuner ni me jeter en prison. Le mot, inscrit grossièrement en persan sur une carte de visite, se révèle finalement d'un grand secours car Ravan Farhadi se trouve être l'auteur d'un essai sur Ansâri. Présenté à l'historien, le mot m'ouvre les portes d'un village de fidèles, difficilement pénétrable en raison d'un grand besoin de discrétion, et une voiture m'emmène le lendemain, dans la campagne de Hérat, au-delà des vergers aux petits murets et des parcelles soigneusement cultivées, hors de portée des antennes d'Ismaïl Khan Channel, afin de découvrir l'un des multiples lieux du soufisme dans la contrée.

Le village de Kebarzan se cache au bout d'un chemin détourné et d'une allée d'arbres, à l'orée de la baronnie du maître de Hérat. Et là, dans le silence qui gagne la campagne, loin de la propagande féodale à la gloire du seigneur de guerre, loin du décervelage en cours, on se prend à respirer, comme si, avant même de parvenir dans ce haut lieu de la tolérance et de la piété, la chape de plomb disparaissait, écœurée par tant de concurrence.

Celle-ci il est vrai est forte. Au milieu des conifères, entre des maisons disséminées, alors que Lorenzo et Barmak sont restés à Hérat, un mur blanc affiche de multiples miroirs décorés. C'est la maison du *pir*, le maître de l'endroit, qui invite le voyageur à se regarder puis à mieux s'oublier, en contemplant les arbres qui se reflètent dans les glaces, figuiers, cerisiers, acacias, abricotiers, amandiers. Il règne une étrange atmosphère, de quiétude, de recueillement, mais aussi d'originalité à Kebarzan, comme si les soufis voulaient clamer leur précepte dès l'entrée de ce village-verger : « Abandonne là tes certitudes, accepte-toi, et accepte l'autre. » En face de la paroi aux miroirs, de ce palais des glaces étonnant qui renvoie généreusement la couleur bleue et la lumière, de ce trouble reflet de soi (« Lorsque tu dis des paroles devant un miroir, il devient trouble », Roumi), un cimetière étale ses tombes au bout d'une allée moquettée, cernée par des myrtes turquoise et une petite porte en bois. Le village ressemble à un labyrinthe où se mêlent le connu et l'inconnu, l'habité et l'inhabité, la vie et la mort, le profane et le sacré.

Dans une grande maison ouverte aux quatre vents qui sert de *khânagâ*, de lieu de rassemblement pour les fidèles, avec une vaste véranda, le maître soufi, Ali Hadj Sayed Salim Shah Agha, en turban blanc, assis sur une natte décorée de fleurs de lis, face à un parterre de quelques proches, raconte l'origine du mot soufi, qui proviendrait du mot arabe *sûf*, laine, bien que ce ne soit que l'une des hypothèses, ou du mot grec *sophos*, sage, selon Al-Berouni, philosophe du XIe siècle, mais la première version lui convient davantage. Outre le fait qu'elle rappelle le manteau des premiers mystiques, la laine est aussi pour le maître soufi de Kebarzan le symbole de la chaleur, et cela correspond exactement au mouvement spirituel, la chaleur vers l'autre, le fait de se fermer et de s'ouvrir, se replier sur soi pour mieux extérioriser sa pensée. Cependant, assure le maître soufi, le mot qui correspond le mieux à la définition du soufisme reste la pureté.

À côté de lui se tient Ahmad Shah, un Afghan de passage et qui hoche longuement la tête. Il a vécu plusieurs années à Paris, près de la Bastille, et il tremble un peu, non à l'évocation de la sagesse, mais devant son incapacité à pouvoir prendre des photos avec un vieil appareil. Il avoue lui-même avoir fumé un peu trop de haschich depuis le matin, que l'on trouve presque gratuitement dans les rues de Hérat, mais ce n'est pas pour cela qu'il divague. L'objet de son désarroi, c'est l'impossibilité de pouvoir illustrer la sagesse soufie, sa pureté, son universalité, et encore plus la peur de l'image, comme si pour lui, après tant d'années d'absence, il lui semblait superflu de restituer le sens de la représentation à son pays.

Le vieux soufi rétorque que tout cela est dérisoire, qu'il ne faut jamais courber le dos, et c'est en cela que l'Afghanistan a pu tenir le coup, grâce à la résistance intérieure, celle des âmes, même s'il reconnaît que les iconoclastes ont pu faire de sérieux dégâts dans le cœur du peuple afghan. Ce qui a sauvé le mouvement mystique, et au-delà tout le pays, assure-t-il, c'est d'avoir vu débarquer dans les maisons de méditation, clandestines sous les talibans, des jeunes qui n'avaient pas froid aux yeux et maintenaient cet esprit de sagesse et de combat en même temps. Le vieux soufi les initie par des cris et de longues phrases, « Toi qui es venu là, si tu veux emprunter le chemin, tu dois renoncer aux péchés », puis leur apprend le recueillement, le *zikr*, leur livre les paroles de la sincérité et de la ténacité, se lance dans l'éloge de la littérature, cette manière parallèle de vivre, parfois souterraine. S'il transmet son *qeramat*, le savoir des connaisseurs, pendant les nuits blanches de la méditation, c'est aussi pour mieux se déposséder, car la dépossession permet d'atteindre l'équilibre et l'harmonie.

Parfois, il narre un conte, tel celui du loup maigre et du chien gros. Le loup maigre est moins fort mais le chien gros, qui mange certes beaucoup, a une blessure au cou et perd peu à peu de sa puissance. Le sage ne veut désigner personne, mais à l'orée de la seigneurie d'Ismaïl Khan, loin des ondes de sa télévision privée, la métaphore suffit. Et de toute façon, sous l'œil consterné d'Ahmad Shah qui craint le pire et redoute ce retour au bercail depuis longtemps, le vieux soufi ne craint plus rien, ni les loups maigres ni les chiens gros, ni les puissants ni les orgueilleux, – Roumi : « Le vin de l'amour réduit à néant la renommée et l'honneur, / Il ne reste plus ni princes ni mendiants. » Et s'il a reçu l'émissaire de George Bush pour l'Afghanistan, c'est en toute simplicité, comme s'il s'agissait d'un novice.

LE GRAND FESTIN DE L'ORIENT

Le jour décline et les vergers prennent une teinte cuivrée, comme pour rappeler que le feu couve dans chaque demeure de Kebarzan. Ici, dans ce village de quelques centaines d'habitants, tout le monde pratique, assure le vieux sage, ce qui veut dire que j'ai la chance inouïe de tomber sur un village à cent pour cent soufi. Que se passe-t-il dans un village à cent pour cent soufi ? Eh bien, il s'y déroule des choses étranges, non pas qu'elles soient peu orthodoxes par rapport au dogme, mais tout y est signe, l'image est plus forte qu'ailleurs, le verbe aussi, quant à la phrase écrite, n'en parlons pas, les habitants vous récitent du Roumi à tire-larigot, vous parlent de Saadi comme s'ils expliquaient les vertus de leurs semences, débitent les versets d'Ansâri comme paraboles du jour, avec l'envie folle que le vent emporte leurs promesses dans la poussière lointaine du crépuscule.

Les paysans à Kebarzan ressemblent à des magiciens.

Jardins de Kebarzan

Ahmad Shah dodeline de plus en plus tandis que le maître soufi se lève pour parler sur la terrasse, devant la véranda, à un villageois élégamment vêtu. L'Afghan de la Bastille a soif de soufisme, sevré de haschich pour la journée, et n'a qu'une envie, c'est de se plonger dans les textes des écrivains sus-mentionnés, renouer avec les racines de Hérat, les vraies, et non celles de l'image et du culte du moi hypertrophié. Cela dit, Ahmad Shah avoue succomber lui-même à ce culte du moi, devenu paranoïaque par l'exil, car se couper de ses racines, jure-t-il, rend autant paranoïaque que de fumer du haschich, bien qu'il ait abusé des deux. Cette manie le conduit à voir des agents partout, même dans la campagne de Kebarzan, dans les champs, cachés derrière les figuiers et les pistachiers, dans les sillons des vignes profondes comme des tranchées, où les moudjahidin s'abritaient pendant le jihad et qui accueillent sûrement aujourd'hui des agents à sa poursuite. Il se défend de toute démence. Car la paranoïa est une habitude délicieuse à conserver pour ne pas se sentir seul. Mais là, tout de même, convenons-en, cela fait beaucoup, reconnaît-il, ces sbires d'Ismaïl Khan qui me guettent, les agents de la circulation qui me regardent d'un air mauvais, jusqu'au préposé de la poste qui me demande mon passeport, comme si je ne pouvais pas être afghan, et ainsi de suite, car la paranoïa présente au moins le mérite d'accroître l'imagination, et il faudrait en vendre en poudre pour les écrivains et les poètes. Comme ce délire chronique est contagieux, le maître soufi, revenu dans la maison ouverte aux quatre vents, le calme immédiatement, lui assure que la lecture de Roumi le contenterait de suite, lui permettrait de noyer tout cela dans un océan d'amour – « Je t'emporte au haut du firmament, comme la prière des amants » (*Divân-é Shams-é Ta-brîzî*).

Mais sur le chemin du retour, en pleine nuit, Ahmad Shah, à bord d'une vieille jeep, renoue bien vite avec sa paranoïa assez impressionnante et redoute à nouveau d'être arrêté par les agents de l'émir pour avoir pris des photos une bonne partie de la journée, ces images-là n'étant sûrement pas celles que la baronnie du coin met en avant. L'exil est un iconoclasme, une privation d'image, et cette restriction imposée à la rétine peut confiner à la paranoïa aussi sûrement qu'elle mène à la lobotomie. Mais, en retour, comme l'imagination est capable « de nous faire créer ce que nous voyons », disait Shelley, la paranoïa est capable d'engendrer le monde environnant, de le voir, de le considérer. Ahmad Shah n'a en fait qu'une envie, c'est de ne rien payer du tout, et sa paranoïa est aussi un moyen d'échapper à l'acquittement, qu'il s'agisse de l'hôtel Mowafaq ou du véhicule, si miteux soit-il, par crainte de ne plus disposer d'assez d'afghanis pour s'offrir sa dose quotidienne de haschich. En tout cas, il a pris son temps pour fignoler ses prises de vue, n'hésitant pas à demander au maître soufi quelques contorsions et aux villageois de poser devant le fantastique mur aux miroirs, un poème anti-iconoclaste à lui tout seul. Roumi : « Quelle est donc l'utilité du miroir ? / C'est de révéler à chacun qu'il est et ce qu'il est. »

L'Afghan de la Bastille s'est attardé longuement devant le mur, il s'est regardé, observé, semblant se demander si l'interdiction de l'image, appliquée à la lettre, ne devait pas commencer par là, tant les miroirs renvoient les visages des humains mais aussi les poussent à agrandir leur imagination, à voir avec une sorte de deuxième regard. Les talibans dans leur démesure iconoclaste se sont laissés aller. Ils ont oublié l'essentiel, casser l'imagination.

Ils auraient dû briser tous les miroirs.

Masdjed-e-Djâme
(mosquée du Vendredi), Hérat

Behzâd doit bien rire dans sa tombe. Peintre du sultan Hosseïn à Hérat mort aux environs de 1536, le roi des miniaturistes, celui qui a engendré tant de passions et suscité tant d'engouement pictural, prince à lui seul d'une nouvelle renaissance de la Florence musulmane, pourrait se moquer des puissants qui se font tirer le portrait, tel l'émir de Hérat qui n'aime rien tant que de voir sa bobine à la télévision et affichée dans les rues. Comme à Kebarzan, le village soufi, Ismaïl Khan adore semer le doute chez ses innombrables admirateurs, plus ou moins obligés, car aucun des portraits ne lui ressemble exactement, à l'instar des peintures de Tamerlan. L'émir de Hérat subit en fait le manque de rigueur de ses portraitistes, par tremblement ou manque de talent, bien que la tradition de peintre, de céramiste et de restaurateur des faïences se perpétue dans la ville-oasis. On peut comprendre que cette infidélité dans la reproduction des traits incite Ismaïl Khan à moins s'exciter sur les commandes. Ismaïl Khan est une icône à lui tout seul. Un musée des portraits idolâtres à lui tout seul.

Retranché dans sa Florence du Khorasan, de la renaissance des âmes et des couleurs, Behzâd symbolise à lui seul l'envolée de la miniature persane, vocable qui désigne en fait souvent la peinture figurative dans tout le monde islamisé, d'Istanbul à l'Inde des Moghols, et même au-delà, vers la Chine et à l'occident vers le royaume mauresque de Grenade. Dans la miniature persane, tout s'entremêle, le détail et le sérail, l'amour et l'armure, la guerre et la terre. On y aperçoit des personnages galants, des femmes courtisées, des fleurs offertes, des chasses fabuleuses, des chasses amoureuses aussi. Dans un livre publié à Tachkent, *L'Art de la miniature et la littérature de l'Orient*, E. A. Poliakova et Z. I. Rakhimova relèvent que sur cent trente-six miniatures étudiées, un cinquième est consacré à la passion amoureuse. Mais ce que démontrent ces tableaux et peintures est ailleurs : les souverains d'Orient, d'Istanbul à Hérat, de Samarkand à Delhi la Moghole, de l'Anatolie au Cachemire, aimaient le mariage de l'art et de l'amour, du *ghazal* et de la galanterie. La miniature est devenue au fil des siècles une fenêtre sur l'amour de l'art et l'art de l'amour. Et c'est cela que les iconoclastes veulent briser tout au long des étapes de cette route de Soie, qui est aussi selon Barmak la route de l'image de soi.

Alors que les peintres du XIXe siècle se lancent dans un orientalisme romantique, souvent dénué de réalité, projetant un Orient fantasmé, avec ses harems, ses odalisques, eunuques, sultans, massacres et intrigues de sérail, la miniature persane, elle, tombée en désuétude à ce moment-là, va patienter un siècle avant d'influencer la peinture moderne occidentale. Ce qui a frappé Matisse, Renoir et quelques autres, c'est la pureté des couleurs, souvent primaires, leur côté tranché, les nuances vives et rarement mélangées, le peu de perspectives, comme un retour à l'icône, à l'imagerie byzantine, avant la Renaissance. Le rouge et le bleu y sont plus crus, se côtoient sans se mélanger, ou si peu. Les peintures de Behzâd et des autres miniaturistes ont réussi le tour de force de représenter l'homme et la femme dans un aveu de sincérité, avec des couleurs franches, loin de toute contorsion picturale, loin de tout détournement du sens primal par la nuance. Behzâd est un anti-iconoclaste et un révolutionnaire, celui qui a renouvelé la vision du Coran en permettant une exégèse. Son élégance à elle seule est une audace, et ses portraits sont des prêches de tolérance.

La miniature persane, c'est le pourpre de Byzance et le bleu des sultans réconciliés. Une épiphanie de couleurs qui renoue avec le Grand Festin de l'Orient.

MASDJED-E-DJÂME (MOSQUÉE DU VENDREDI), HÉRAT

Barmak s'apprête à reprendre la route, vers les montagnes du Centre, et nul à Hérat ne semble connaître l'état du chemin, la déclivité, le nombre de brigands et de commandants indociles. Quant aux trafiquants de pavot et de *teriaq*, d'opium, ils font florès depuis quelques mois. Bien qu'il préfère en rire, Barmak, lui, craint des attaques sur la route, du petit et grand banditisme contre les voitures et les minibus, et la truanderie avec autant d'armes dans les parages n'est jamais de bon augure.

Hôtel Mowafaq, Hérat

À l'hôtel Mowafaq, Khoshnawaz est venu rendre visite à Barmak et à son frère, Hamed, qui est arrivé de Kaboul. Khoshnawaz est l'un des plus grands chanteurs afghans et ses morceaux engendrent l'émotion et parfois les pleurs. Perpétuant une tradition plusieurs fois centenaire, il inspire les soufis et les soufis l'inspirent. Quand il ne chante pas les joies de son pays, il en chante les drames, le cortège de plaies, et elles sont nombreuses. Barmak veut l'écouter car il joue comme lui du *rubab*, ce luth au manche court dont parle Roumi – « Ô son du rubab, d'où viens-tu ? / Tu es plein de feu, de désordre et d'agitation » –, et Khoshnawaz qui, à cinquante-sept ans, a près d'un demi-siècle d'instrument derrière lui, en est l'un des meilleurs joueurs au monde. Mais l'artiste, qui mange son riz au premier étage de l'hôtel, se rembrunit très vite : on vient de lui apprendre que sa nièce est gravement malade, sur le point de mourir. Il nous quitte aussitôt, avec son fils aux cheveux longs.

Le lendemain, Barmak, qui revoit à l'improviste Khoshnawaz, apprend que la nièce, nullement malade, fournissait un prétexte idéal au musicien pour tourner les talons, sachant que les sbires d'Ismaïl Khan lui ont interdit de jouer devant un Afghan de retour d'exil et un étranger, ordre impossible à transgresser sous peine de finir dans la geôle de Hérat. Et c'est ainsi que non contents de contrôler les images, les hommes de l'émir entendent aussi contrôler la musique, sait-on jamais.

La piste qui s'élance de Hérat avant de s'attaquer aux contreforts du Hazaradjat est encore chaude de la veille, malgré l'heure très matinale, et le miroitement sur la terre est propice aux mirages. De temps à autre, des tourbillons de poussière et de sable s'élèvent droit devant ou sur les bas-côtés, rafales qui relâchent leur étreinte comme une caresse éphémère. Les mirages, Barmak y songe en chemin car l'iconoclasme d'Orient s'est souvent défié des images trompeuses, des reflets incertains, des miroitements sauvages. L'interdit vient sans doute de là, du moins, Barmak en est certain, de son interprétation. En ce sens, le tabou s'exploiterait par le pouvoir édulcorant de l'image. Puisqu'elle trompe, il faut la supprimer. En Afghanistan, l'interdit absolu a entraîné la fin de toutes les images durant le règne des talibans. La bonne pensée ne peut surgir que de la non-image, affirment encore aujourd'hui leurs émules sur la route de la Soie, en Asie centrale et dans le sous-continent indien.

Selon Barmak, un trop-plein d'images entraîne le vide, un aveuglement, et l'absence d'images aussi. Les deux excès se rapprochent. Pensée du néant et néant de l'image disparue. Émirs mégalomanes et talibans, même combat.

Behzâd est le Raphaël du monde persan. S'il faut à l'Italien sa Rome et ses mécènes, il faut au premier, qui est son contemporain, Hérat. À Behzâd, la tutelle bienveillante et pécuniaire du roi Hossein Baïqara. À Raphaël, la bienveillance du diplomate Baldassare Castiglione, qui rédige un mémoire sur le travail du peintre tandis que celui-ci le portraiture. Raphaël s'attelle à renouveler le classicisme, Behzâd la peinture musulmane, et religieuse même, alors que l'Occident s'est lancé dans la laïcisation de la miniature. Tous deux s'imprègnent des courants, des influences du moment, pour mieux exprimer avec force leur personnalité. Ils dépassent leur siècle. Raphaël augure de la peinture italienne du siècle suivant, dont celle de Caravage et son clair-obscur, ou Annibale Caravache et son réalisme, tandis que Behzâd anticipe le courant des miniaturistes du XVIe siècle. L'Italien s'inspire de la peinture vénitienne pour mieux la projeter, avec ses influences byzantines, et Behzâd puise dans les œuvres des artistes d'Istanbul tout juste conquise les mêmes richesses de Byzance, ainsi que la tradition mongole héritée des conquêtes de la tempête Gengis et inspirée par une sagesse d'Extrême-Orient, volutes, cieux mystérieux, falaises abruptes où l'âme vient buter comme pour mieux s'interroger. Une étrange correspondance se met ainsi en place, par les racines de la ville-monde et ses préceptes néoplatoniciens grâce à deux artistes aux antipodes de la route de la Soie : Byzance parle à Byzance, par-delà les siècles, et trouve un écho à Rome, Florence et Hérat. À ce grand festin de l'icône renouvelée, version Occident et version Orient, les deux maîtres se régalent, et leur monde avec eux. Les « choses pures » de Goethe apparaissent à l'horizon, au-delà de l'apparence, et les deux artistes se donnent la main, dans leur avalanche de teintes, de personnages et de dialogue avec Dieu.

Le mot miniature vient de minium, ce rouge vif employé par les illustrateurs et enlumineurs du Moyen Âge, et le vocable, par analogie avec minus, désignant petits tableaux et portraits, demeurera, bien qu'imparfait. Or ce rouge vif est précisément la couleur qui obsède Barmak depuis que nous avons franchi la frontière afghane. Le pourpre, c'est non seulement la nuance de Byzance mais aussi celle de son pays, « la couleur de la vie » selon Kokoschka, « les rousseurs amères de l'amour » de Rimbaud qui teintent « bleuités » et délires. Alors que nous gravissons des pentes vertigineuses, sur des amas de roches sanguines, entre des falaises qui se tutoient pour mieux lancer leurs gravats vers les entrailles de ce bas monde, le raccourci devient évident. Le pourpre s'inscrit dans la pierre, et c'est aussi la nuance des vingt dernières années de guerre. Pierre et martyr, *sang* – pierre en persan – et sang. Dans la poésie persane, les mots se marient allègrement, composent une musique douce, *sang* et *rang,* pierre et couleur. « Le rouge, dit encore Barmak, c'est aussi la couleur des tulipes sauvages qui couvrent les plaines de l'Afghanistan, au printemps. » Le voile de poussière qui nous précède et nous suit renforce cette plongée dans le cuivre et l'ocre. Barmak s'attend aussi à d'autres nuances, plus profanes, à d'autres tulipes, les fleurs de pavot, tout aussi rouges, en amont, qui font également couler le sang et saigner le cœur de son pays. Le rouge de Barmak, c'est la robe des derviches tourneurs qui s'envole vers les cieux et danse comme une flamme intrépide. C'est le symbole de la richesse, incarné par le tapis grenat, qui retient dans les rets de ses motifs généreux la lumière si forte dans les masures. Ce sont les drapeaux plantés sur la tombe des martyrs. Premiers vers d'un poème de Barmak en exil :

*Les racines blessées d'un arbre
Ont rougi ma terre natale
C'est la guerre la plus macabre
Qu'ils appellent chirurgicale.*

Checht-e-Sherif

Au fur et à mesure que la voiture avance sur la piste chaotique qui monte vers les hauteurs du Hazaradjat, Ahmad Shah s'avère de plus en plus en manque. Son délire s'accroît, non seulement avec le sevrage mais aussi avec l'altitude. Le mal aigu des montagnes devient chez lui une divagation permanente de laquelle il ressort notamment, outre qu'il s'incarne brusquement en maître soufi, qu'il n'est plus question de payer ses dettes, ce qui devient inquiétant pour ses créanciers dont le nombre semble s'accroître avec les escales de la route de la Soie, notamment pour Hamed, le frère de Barmak, qu'il a retrouvé à Hérat, et le narrateur. Mais nous nous abstenons d'accroître la faute, car la dette est déjà en soi une culpabilité, ainsi que l'énonce Nietzsche dans sa conception de la « morale-dette ». Des dettes, Ahmad Shah en a déjà assez avec lui-même.

Sur la route du minaret de Jam, les voitures et minibus, quand les véhicules ont la force de parvenir jusque-là, grâce à des rafistolages incessants et des bricolages improbables, s'arrêtent généralement dans un bled perdu, au bord d'un torrent et sous les arbres. Le village prend cependant toute son importance dès que l'on aperçoit la grand-rue aux maisons blanches et cela pour deux raisons, d'abord la présence de petits garages aptes à prolonger le bricolage de fortune de la veille et ensuite pour se recueillir, Checht-e-Sherif étant le bourg d'origine de Sultan Maudud Chechti, qui naquit en 1142 au Séistan, dans l'Est iranien, et qui créa l'une des branches importantes du soufisme. De sorte que l'on croise dans la grand-rue aux bâtisses blanches et surtout dans la *tchaikhana*, la maison de thé crasseuse qui surplombe la rivière Hari, deux espèces de pèlerins, ceux qui recherchent un mécanicien et ceux en quête des racines soufies. Les deux catégories se mélangent parfois sur les tapis rouges du caravansérail car le lieu est magique, perché au-dessus du torrent, ombragé par des allées de pins. Une lumière douce inonde les deux mausolées à l'abandon, merveilles d'archéologie dont les piliers, à moitié effondrés, laissent apparaître des inscriptions antiques, avec des arabesques et des briques tarabiscotées à l'infini qui ne demandent qu'à s'effondrer.

Nul ne connaît précisément l'origine de ces monuments en ruine, et peut-être s'agit-il là, sous forme de mausolée ou d'une ancienne madrasa, des vestiges de l'empire des Ghorides, énigmatique, qui a gardé ses secrets en disparaissant brusquement au XIIIe siècle sous les coups de la horde de Gengis Khan. Mais on sait en revanche que des kyrielles de philosophes, d'hommes pieux et d'artistes se rendirent dans cette ville écouter les paroles du maître Sultan Maudud Chechti puis de ses disciples. Chaque année, jusqu'au début de la guerre avec les Soviétiques, des pèlerins accouraient de tout l'Orient et même d'Inde pour honorer la mémoire du soufi.

Barmak est allé se promener sur les tombes du mausolée, cernées par les herbes folles, et on ne sait s'il s'agit là de sépultures de maîtres soufis ou de simples quidams, mais peu importe. Il déambule longuement dans la grand-rue de Checht-e-Sherif afin de retrouver les traces de la musique qawwali et du barde Nusrat Fateh Ali Khan. Son rythme, sa poésie musicale, le chanteur pakistanais, est allé les puiser dans la tradition des soufis chechtis, et Barmak retrouve dans les disques du disparu toute la souplesse de leur mélopée ainsi que leur poésie. Dans la maison de thé qui surplombe le torrent, des soldats sont rassemblés et boivent le thé sous des posters de villes occidentales et de chalets suisses. L'un des soldats est un adepte de la branche des chechtis, mais quand il commence à expliquer à Barmak en quoi consiste le mouvement, avec ses séances de méditation qui le rendent heureux, les autres s'approchent de lui et se mettent à rire, le plongeant aussitôt dans la gêne et un silence d'outre-tombe.

« *La Porte du Trône* » *(Dar-e-Takht)*

Le lendemain, après une nuit dans une auberge à puces, nous montons au-delà de Dar-e-Takht, la Porte du Trône, vers un village où les soufis sont nombreux et où un instituteur, qui n'a pas touché un sou depuis des années, tente de faire vivre son école, malgré l'absence de fonds envoyés par Hérat et Kaboul. À l'entrée de la maison de pisé, dans un décor de montagnes rouges, noires et jaunes, s'étale une cohorte de chaussures rangées comme des bottes de cavalier à la veille d'une bataille et qui disent toute l'attente des familles pour leurs enfants. À l'intérieur, dans le froid matinal, des fillettes ânonnent un poème de Saadi. Les livres sont en lambeaux, et une écolière se penche pour lire par-dessus l'épaule de sa voisine de devant, pour apprendre à partager les pages et l'émotion. L'instituteur est en fait bizarrement aidé par un jeune de vingt ans qui fut quelque temps taliban. On ne sait si ce séjour à l'école est une rédemption ou un combat, une attente, ou un sursaut. Mais lui lit Saadi, et quand tous les talibans du monde, tous les destructeurs de statues, les briseurs de bouddhas auront lu Saadi, alors il n'y aura plus d'hécatombe. L'ancien taliban me regarde. Il sait que je sais, et il se demande pourquoi je me demande tout ça. Il ne donne aucune réponse et replonge dans sa lecture. C'est le *Faust* de Goethe qui revient à la vie guéri de ses maux et retrouve la couleur – « Ce reflet coloré n'est autre que la vie. » J'ai presque envie de lui lire un poème, *Le Chemin de la taverne*, un poème qui parle du vin, comme métaphore de la vie, un poème qui évoque l'ivresse, l'hédonisme, et qui n'est que nostalgie du lendemain, une *Sehnsucht* à la persane, « Ivre, je suis le chemin de la taverne, cette nuit ; / Je vole sur les ailes du vin, cette nuit / Et chaque fois que mes yeux se ferment, dans la quête de cette gemme introuvable, / Mes cils nagent à travers cent océans de larmes, cette nuit », mais je me retiens, l'ancien taliban va croire que je le provoque, ou va me prendre pour un fou, ou encore que je me lance dans une déclaration amoureuse. Le poème est d'un Persan qui porte le nom de Taleb, étudiant, Taleb-e-Amoli, surnommé le prince des poètes par le Grand Moghol Djahanguir, qui l'accueillit à sa cour des Indes. Il mourut en 1626, jeune dit-on, peut-être à l'âge de mon interlocuteur, ce qui est à la fois jeune et vieux quand on est poète, mais on peut imaginer le carton qu'il aurait fait dans le cœur des autres talibans s'il avait continué sur sa lancée.

L'ancien taliban hoche la tête.

Dans un sac de blé traîne un livre à la jaquette déchirée.

Jam est un minaret solitaire qui intrigue les archéologues depuis des décennies, quand ils parviennent à s'en approcher, en voiture ou à cheval. Daté de 1175 et quelque selon le calcul de Jeanine Sourdel-Thomine, ancien professeur à la Sorbonne, le minaret est sans doute le reliquat de la ville mythique de Firuzkoh, capitale de l'empire ghoride, du XIIe au XIIIe siècle, avant de subir la fureur des Mongols de Gengis Khan. Affairée à fouiller les alentours du minaret, l'archéologue Monique Kervran en est convaincue : le minaret *signe* Firuzkoh. Un écrit persan qu'elle retrouve, celui de Hafiz-e-Abru, chroniqueur du XVe siècle et qui décrit précisément l'emplacement de la capitale disparue, la persuade encore plus. Firuzkoh est son Atlantide. Elle dégotte de-ci de-là des porcelaines de Chine, des statuettes, des objets d'art, qui attestent de la vigueur des échanges sur cette route de la Soie, dans des montagnes *a priori* perdues où les empires se rencontraient, et de la vivacité des artistes qui aimaient mélanger les images du Grand Festin.

Dans les parages, un vieux sage à barbe blanche dit : « Avec le soufisme, mon cœur s'attendrit. »

« LA PORTE DU TRÔNE » (DAR-E-TAKHT)

Pour dénicher le sanctuaire soufi de Jam, au bord d'une gorge sombre, il faut longer le torrent par un sentier étroit, à flanc de rocher, frôler un village aux chiens hurlants, babines retroussées sur des crocs acérés, bien que l'accélération du pas ne laisse guère le loisir de s'attarder sur le portrait des molosses, agressifs comme des talibans réincarnés, franchir un éboulis sous des crêtes rouge sang que dominent des tourelles imprenables, et crapahuter à flanc de montagne devant une sorte d'immense piscine que constitue le fleuve calmé avant de bifurquer à angle droit vers une vallée à la déclivité impressionnante. Barmak et moi nous accompagnons un jeune fonctionnaire, qui incarne le pouvoir de Kaboul ou ce qu'il en reste, face au commandant du coin, tonitruant, qui ne s'entend avec personne et s'est engueulé avec Massoud quelques jours avant sa mort parce qu'il ne lui donnait pas assez de fusils, puis avec Ismaïl Khan et Karzai, virulence qui a le mérite de mettre les siens d'accord sur sa personne. De la mort de Massoud, il se moque comme de son premier fusil Kalachnikov car « dans le coin quand on est fâché avec quelqu'un, c'est pour la vie ». Davantage porté sur la félonie que sur l'altruisme, bien que ces deux critères ne soient nullement incompatibles, le commandant Abdusalam Khan, qui commande les destinées d'une vallée de six à sept mille maisons, soit cinquante mille personnes, assez pour se constituer un petit royaume et donc s'ériger en petit roi, voire en roitelet, se fout du reste du monde, sa combe est trop isolée pour être inquiétée, et de toute façon il règne sur le minaret de Jam, sur les restes de l'Empire ghoride, sur des ruines qui peuvent toujours servir aux trafiquants d'art, car les ruines servent toujours à quelque chose, ne serait-ce qu'à se rafraîchir la mémoire et regarnir son portefeuille, lesquels trafiquants ont déjà abondamment creusé, laissant des véroles un peu partout sur les flancs des montagnes, et aussi quelques parcelles de pavot. Pour montrer qu'il est bien le chef, aussi bien à ses ouailles qu'à Ismaïl Khan, le commandant félon a pris huit hommes arrêtés à Dar-e-Takht pour d'obscures raisons puis a ordonné qu'on les fusille. Réflexion faite, il s'agissait de gens plutôt innocents, mais qu'importe, la sentence est plus importante que la culpabilité. Lui-même a pris un peu de plomb dans l'aile, littéralement, mais, dit-il, les blessures, c'est comme des trophées de guerre. Il veut aussi la tête du gouverneur, « un tyran, un vrai de vrai, qui trempe dans toutes les combines », à Chagcharan, à deux jours de route, et il pourrait s'y rendre, à la tête d'une petite armée, mais pour l'instant il préfère s'abstenir et remettre son expédition punitive à plus tard, histoire de montrer qu'il sait faire la paix, si provisoire soit-elle.

Bref, le commandant est un homme gueulard mais heureux, tandis que le jeune fonctionnaire, que l'on n'ose qualifier de haut en raison du délabrement de l'État, sauf peut-être pour qualifier sa fonction sise à deux mille mètres d'altitude, le jeune fonctionnaire haut est contrarié. Sa tâche n'est guère facile, il doit contrer tous les jours le commandant furibard, et lui n'a pas grand-chose dans sa caisse, il peut à peine se payer, et puis Kaboul se soucie comme d'une guigne de ce bled de montagne. La seule manière pour le jeune fonctionnaire de se ressourcer est de marcher vers le sanctuaire soufi, au bord du torrent, loin de la piste, dans un décor de toute beauté. C'est une femme qui est enterrée là, sous un auvent, une sainte soufie qui contemple de sa dernière demeure le torrent calme. Des fleurs ont été disposées près de la tombe, ainsi que des messages, « d'amour, de famille, de sous, de tout », dit le jeune fonctionnaire haut, tandis que la lumière dessine dans ce boyau pierreux des contours de fée. La gorge étincelle du rouge du soleil couchant, et les donjons lointains s'animent en d'étonnantes contorsions de clair-obscur. Le vallon aux flancs escarpés où repose la sainte soufie est un festival de reflets, un doux royaume des ombres où se tarissent la furie des eaux et le courroux des hommes.

Le jeune fonctionnaire haut sourit enfin, oublie ses tracas de là-bas, la discorde du village, la controverse sur l'image et le reste entamée par un commandant félon qui menace de verser dans le rigorisme absolu, qui déclare qu'« entre les talibans et moi, à propos de l'islam, il n'y a pas l'ombre d'un désaccord » et qui ne compte que sur lui-même, ce qui n'est pas grave, dit un de ses lieutenants, car il y a du pavot à revendre dans les environs.

Badgah et Chagcharan

Maigre comme un épouvantail, un mollah jeune au turban blanc est venu à pied de Hérat pour prier. Il monte en ahanant la piste, cernée par le flanc de la montagne grise qui lâche de temps à autre des jets de pierres comme un dragon versatile. Discret, son tapis de prière roulé sous le bras, Abdulrahman, qui hoche du menton en baissant la tête, est proche du soufisme et juge tous les talibans de la terre, nouveaux, anciens, à venir, comme des hérétiques, des usurpateurs qui ne pensent qu'à s'enrichir, des diseurs de n'importe quoi et surtout pas de bonne aventure, plutôt de mauvaise, qui achètent des armes et cultivent le pavot.

Le mollah se départ brusquement de son sérieux, sourit et me débite un conte, celui du vieux et du lion, que traduit Barmak.

Le vieux dit au lion :

— Tu pues de la gueule !

Le lion prend alors une hache et dit au vieux :

— S'il en est ainsi, fends-moi le crâne.

— Non, ce ne serait pas bien, répond le vieux.

— Si, puisque tu dis que je pue de la gueule !

Et le vieux se laisse convaincre, et il saisit la hache, et il fend le crâne du lion, et le mollah jeune qui hoche du menton en baissant la tête, la relève, rit de plus belle, et son rire résonne entre les parois étroites de la montagne, et moi je ne comprends toujours pas. Barmak insiste, et le mollah jeune répond qu'il ne faut jamais faire confiance aux vieux sages, même si on est lion. Il rit encore et repart à pied, vers son sanctuaire soufi.

Le pavot n'est pas loin, dans les hautes vallées, à deux mille mètres d'altitude et au-delà, sur les hauts plateaux, au pied des sentes improbables, il remue dans les champs en dodelinant de toutes ses corolles, comme une fin de saison maléfique, quand les paysans commencent à montrer les dents et les fourches et les mitraillettes pour défendre leur bien, et tuer à l'occasion le rival qui ferait baisser les prix. Le pavot n'est pas loin, il est partout, et dans les cœurs et dans les âmes, il étourdit les têtes, éreinte les passions, excite les tentations, engendre une foule d'images nouvelles après les interdits d'hier.
Les armes servent à défendre le pavot et le pavot à payer les armes, relançant ainsi le cycle de l'éternel retour.

À Chagcharan, capitale de la province de Ghor, il n'y a que vingt lits d'hôpital pour toute la région, soit un million d'habitants, et il faut aux nomades parfois un jour, deux jours, trois jours de marche pour se rendre au dispensaire, ce qui signifie, dit l'un d'eux, chef de tribu sur les hauteurs fraîches, qu'un enfant atteint de l'appendicite a toutes les chances de rester sur le carreau. En revanche, on trouve beaucoup de pavot, et beaucoup de fusils, des trafiquants des deux sortes, de drogue et d'armes. Bien qu'il ait longtemps servi à soulager la douleur, l'opium qui découle du pavot est réservé au trafic, à l'héroïne, aux marlous afghans, iraniens et pakistanais qui écument la contrée. Sur la route qui mène à Bâmyân, on signale une dizaine d'attaques en une semaine, dont la dernière en date contre un camion chargé entre autres de cent soixante-cinq kilos d'opium, vraisemblablement convoités par un producteur avide et jaloux.

Dans le village de Badgah, enserré entre deux montagnes solitaires, l'aubergiste parle un peu du soufisme et énormément du pavot, qui lui rapporte, à soixante-dix dollars le kilo et à raison de quatre kilos par hectare, dix fois plus que le blé. Il promet que l'an prochain il ne recommencera plus, mais son voisin dit qu'aucun commandant, aucun préfet, aucun Ismaïl Khan ou Karzai ne peut empêcher cela, car ce serait la vendetta pour des siècles et des siècles, et puis qui va payer les voitures, les maisons en construction, les parcelles de champ dans les hautes vallées que l'on rachète petit à petit ? Ahmad Shah nous a rejoints et roule des yeux devant le champ de pavot qui se prépare à la récolte d'automne, comme des foules de paysans et d'ouvriers agricoles ailleurs en Afghanistan, pour récolter cinq mille tonnes de pâte brune, soit la première production au monde, de quoi faire une bonne plâtrée d'héroïne, cinq cents tonnes, et nourrir en paradis artificiels toutes les escales de la route de la Soie jusqu'à l'île des Bienheureux, quelque part dans le fleuve Océan, là où les Grecs croyaient trouver l'immortalité comme Gilgamesh. Un peu à bout, Ahmad Shah ne veut même plus poser de question, il désire simplement tendre la bouche, tendre le bras. Il croyait son pays maudit en raison des étrangers, des envahisseurs, des espions, des manipulateurs, des imprécateurs, des mollahs transfrontières, des gourous en mal de fidèles, bref, de la terre entière, et il s'aperçoit que c'est son pays qui engendre le mal, qui sécrète sa propre malédiction, et qui jette au monde sa détresse, exportée à la tonne. Les talibans se sont servis des royalties de la drogue, ont encouragé la plantation du pavot à outrance, l'ont ensuite interdit, puis l'ont remis au goût du jour. Les milices se reconstituent. Qui est puissant a des armes donc des champs de pavot.

Dans le champ de Badgah aux couleurs rouges et bleues, devant Jahib haut comme trois pommes, couteau en main pour inciser les bulbes, flotte un drapeau, épouvantail pour les corbeaux, trêve pour les trafiquants, étendard de tous les déboires.

Le soir, dans une *tchaikhana* en haut de la montée, Barmak semble triste, moins rassuré que jamais. La fée verte d'Alfred Jarry a balayé les autres couleurs du grand festin, le bleu et le rouge.

Chagcharan compte de nombreux trafiquants mais aussi un gardien des âmes, de la pureté. Comme sous les talibans, un religieux se porte garant du comportement des hommes et des femmes, avec sa petite troupe, celle de l'Irshad, la Guidance, identique en de nombreux points à la milice de la Protection de la vertu et de la répression du vice, de sinistre mémoire. Atiqullah siège dans la mosquée qui domine la ville, bordée de quelques arbres maigrelets, avec une vue sur les hautes montagnes et les plateaux alentour. Sur la vaste terrasse de la mosquée, entouré de quelques fidèles alors que le jour décline et qu'un vent froid balaie la cour, le gardien des âmes dit qu'il faut bien remettre les gens dans le droit chemin, un écart est si vite commis, et de toute façon un bon coup de trique n'a jamais fait de mal à personne, surtout quand il s'agit de pureté, car ce qui importe c'est la piété et la profondeur de la piété. En fait, ce qui motive le gardien des âmes c'est d'œuvrer pour autrui, et il lui rend service, à autrui, il le corrige, lui indique au besoin par le bâton ce qu'il convient de faire et ne pas faire, il l'aide, le console, le réprime, le soutient ensuite. Le gardien des âmes a l'air d'avoir beaucoup d'imagination, et il en faut, dit-il, car vous ne pouvez pas savoir ce que les hommes et les femmes peuvent commettre comme erreurs, c'est terriblement humain, même les soufis se comportent parfois mal, alors mes hommes les aident. Pour être sûr de régner sur la pureté, le gardien des âmes et banquier de la pureté contrôle les salaires des mollahs du coin, et il dispose pour sa tâche délicate d'une petite armée d'informateurs, des contrôleurs qui se rendent dans les mosquées et observent les fidèles et les religieux afin de rapporter la moindre inflexion, les méprises et égarements, grands et petits, les déviations, à tel point que l'on se demande s'il ne va pas s'écrier comme le poète maudit Georg Trakl : « Pureté, pureté, Où sont les sentiers effrayants de la mort ? » Quand il y a du grabuge, le gardien des âmes se rend lui-même sur le pas de la mosquée incriminée remettre un peu d'ordre dans les esprits et les corps, visite terriblement redoutée par les villageois car le directeur de conscience se permet aussi de lancer aux riverains, de son propre aveu : « Hé toi, pourquoi tu ne vas pas à la mosquée ? », question qui engendre généralement un mouvement réflexe vers le lieu de prière. Le gardien des âmes estime cependant qu'il n'outrepasse pas ses pouvoirs, lesquels d'ailleurs sont incommensurables puisqu'il s'agit de régner sur les comportements et les mentalités. Là où il établit une distinction très nette avec ses prédécesseurs, c'est dans le domaine de la justice car les talibans s'immisçaient dans toutes les affaires, alors que nous, on marque une frontière, et de toute façon les problèmes sont réglés avant, puisque l'on agit en amont. Le gardien des âmes finit son petit discours en disant qu'il est un bon fonctionnaire de la piété car il désire vraiment s'occuper d'autrui en commençant par ses mollahs et miliciens, pas assez payés, et dont il demande l'augmentation, initiative qui soulève une vive approbation autour de lui, signalée par des hochements de tête et un brouhaha. Puis le gardien des âmes s'éloigne de la terrasse et s'enfonce dans la nuit, entouré de ses vigiles très vigilants.

Route du Ghor

Les talibans ont voulu tuer l'amour. Ils ont voulu aussi tuer l'amour dans les pierres. Car l'amour était singulièrement cristallisé dans la roche, et dans les bouddhas de Bâmyân, ces excroissances dans la paroi rouge, ou plutôt ces incroissances, taillées d'un seul bloc, comme pour donner à l'art ce que Friedrich Schlegel, l'un des pères du romantisme allemand, disait au XIXe siècle du langage, « c'est une création d'un seul jet ». L'amour de l'autre, la rencontre de l'Orient et de l'Occident, la première vraie rencontre même, le premier grand festin, entre l'art hellénistique, par les descendants des soldats d'Alexandre, et le canon bouddhique. Bâmyân est une baronnie de l'altruisme et du dialogue. Par l'art du Gandhara, cette synthèse entre les deux mondes, Bouddha est représenté pour la première fois. Avicenne dans l'*Épître sur l'amour* esquisse une théorie du sentiment amoureux qui dessine un ensemble de sphères composant l'univers, et l'amour représenté dans la pierre rejoint l'amour des hommes et du divin. Nous sommes au-delà de l'esprit de finitude de l'Occident, déjà dans le cosmos, et hors de nous, au sens propre, grâce à l'amour. Chez Avicenne, l'ange et la statue se donnent la main. C'est cela qu'ont voulu tuer les nouveaux iconoclastes, et aujourd'hui encore leurs émules. Pour eux, l'amour est aussi inscrit dans l'image. Donc il faut déchirer l'image. L'adoration des statues ? Cela faisait belle lurette que les sculptures gigantesques de Bâmyân n'étaient plus vénérées par les bouddhistes, qui ont fui le pays.

Mais les musulmans les respectaient, et les envahisseurs aussi, même les plus fous, les plus destructeurs, les plus foudroyants, tel Gengis, hormis les armées d'Aurangzeb et de Nadir Shah. On raconte comment des barbares massacrèrent les peuples sur leur passage mais mirent genou en terre devant les gardiens impérieux des roches. Pour les sectaires, les bouddhas étaient condamnables car porteurs de trop d'autrui, cet « excès d'autrui » dont parlait Levinas.

La voiture peine à gravir les pentes, dans un décor de commencement du monde, roches acérées, montagnes dressant leurs pics comme des châteaux hantés, forteresses jadis imprenables qui brandissent encore des donjons se confondant avec les pierres, plissé de ravins et de falaises comme un drapé de robe moirée. J'appréhende l'arrivée à Bâmyân, la vallée des bouddhas déchus, à une semaine de route, et cette appréhension engendre des apparitions, des images qui sortent de ces plis, de ces montagnes qui disent leur humeur en fonction de la lumière et jouent sur les couleurs, celles de la route de la Soie, du violet le matin au rouge à midi et au bleu le soir. Elles déclinent leurs drames, leurs tragédies, comme pour rappeler que le Hazaradjat, le fief de la résistance contre les iconoclastes avec le Panchir de Massoud, avait le plus souffert en retour, privé de ses bouddhas protecteurs. Les montagnes maudites me font peur désormais et je me demande pourquoi je suis venu jusque-là, pourquoi les couleurs s'abolissent, les nuances disparaissent, se mélangent trop, là où les bouddhas se mariaient avec la roche, dans une communion rappelant le précepte du peintre Frenhofer dans *Le Chef-d'œuvre inconnu* de Balzac, à savoir que les trois parties essentielles de l'art sont « couleur, sentiment et dessin ». Les iconoclasmes se ressemblent tous, ils portent la poisse en eux, la poisse de l'humanité, le mal de la destruction. Le jour décline et le sombre s'impose au royaume du Grand Festin, qui est aussi celui de la déchéance et de l'amour de l'autre. Les images sortent à foison des gorges tel un torrent de lave et les émules des iconoclastes ont encore de beaux jours devant eux.

Montagnes, Koh-i-Baba

Finalement on peut comprendre la paranoïa de l'Afghan de la Bastille. Il en veut à tout le monde car le monde a laissé tomber son pays et la vallée des bouddhas qui représentait l'amour du monde. Le poète soufi Mansour Hallâdj a été décapité parce qu'il a crié la vérité, et sa décapitation est devenue le symbole de la mort par amour. Les bouddhas ont été décapités parce qu'ils symbolisaient l'amour.

Luc Gadras rêvait depuis belle lurette d'emprunter cette route, qui monte à n'en plus finir, traverse d'étroits défilés inondés, emprunte des gués improbables, soumis au caprice des crues, avale des lacets interminables, tantôt pierreux, tantôt sablonneux, gravis parfois mètre par mètre. Humanitaire, originaire du Sud-Ouest, avec un accent à couper au couteau et en même temps d'une grande discrétion, Luc le Samaritain est resté trois ans à Bâmyân. Il a fréquenté les talibans, qui le respectaient, et leurs ennemis, les résistants du coin, les Hazaras, qui le respectaient aussi. Il a alors demandé à mollah Islam, le gouverneur des talibans, d'épargner les bouddhas, qui le lui a promis. Mais déjà l'un des gourous de l'iconoclasme, le commandant Abdul Wahid, s'intéresse aux bouddhas, il veut les mater, leur faire rendre gorge, et même briser leur âme qui défie les siècles et le dogme. Un jour, ivre de rage, il tire au canon sur le Petit Bouddha, que les talibans appellent le Bouddha femelle, et vise la tête puis les parties génitales. Au Grand Bouddha, on promet de lui brûler l'œil, et des pneus sont suspendus au-dessus de son crâne pour ternir ses paupières. Un œil au beurre noir souligne dès lors le regard de la sérénité et de la tolérance.

Quelques mois plus tard, Luc le Samaritain s'approche des bouddhas et demande le droit de les visiter exceptionnellement. Les étudiants en théologie laissent de bonne grâce l'humanitaire, sûrement fou, gravir la roche, et Luc s'aperçoit qu'un câble est déjà installé avec des explosifs pour tout faire sauter. Quand il revoit le gouverneur taliban, celui-ci contacte mollah Omar, le baron des moines-soldats, qui consent à réprimander l'iconoclaste. Même Kari Amidullah, le chef des services secrets des talibans, s'en mêle et interdit aux iconoclastes d'approcher. Le répit ne sera que de courte durée.

Luc le Samaritain pressent le pire. Autour de lui monte une forte propension à détruire les statues géantes et une haine indicible, énorme, qui ne peut s'exprimer que par la destruction de ce qui est grand, par l'éradication des œuvres figuratives, afin de récrire l'Histoire. On interdit de plus en plus. Les poupées, objets de représentation humaine, sont bannies. On craint pour les miroirs, pourtant si présents dans la littérature musulmane, dans *Les Mille et Une Nuits,* le conte de l'*Histoire merveilleuse du miroir des vierges,* et les poèmes d'Abou 'Othman al-Khalidi, qui vécut à Alep au Xe siècle : « Ainsi la belle soupire devant son miroir / Si ses charmes sont parfaits et qu'elle n'a point d'époux. » On craint pour la flaque d'eau, l'ersatz du miroir, pour les fenêtres, on craint pour le firmament, l'estampe du ciel de Lorca, on craint pour ses yeux – « J'ai vu que tu étais le miroir universel pour toute l'éternité : / J'ai vu dans tes yeux ma propre image (Roumi) –, on craint pour tout, et même et d'abord, ce qui est le but, le regard de l'autre, et l'autre tout court. Quand un artiste expose des miniatures modernes dans Hérat occupé, ses œuvres sont « caviardées », recouvertes d'une nouvelle couche de peinture à l'endroit où figurent des personnages. À la galerie nationale de Kaboul, petit musée qui accueille les toiles de peintres afghans, dont certains ont fréquenté les impressionnistes à Paris, les maîtres de la censure ont jeté des pots de peinture sur les canotiers et les belles des bords de Seine. Le badaud, quand il existe, n'a alors que le droit de contempler les arbres et les pierres, en se demandant si ces décors eux-mêmes ne subiront pas un jour le verdict des maîtres censeurs. La haine de l'art, c'est la haine de l'autre, exacerbée.

L'ennui, c'est que plus s'égrènent les interdits et plus la détestation des censeurs croît. Le tabou ne guérit pas, il aggrave. Les images détruites, il faut en détruire d'autres, et briser ce qu'il y a de plus grand encore, les statues, les falaises, les symboles.

Les bouddhas sont menacés par ce toilettage censorial car considérés comme idoles, même s'ils furent construits avant l'écriture du Livre. Cette radicalisation de la vision de pureté est une fuite en avant, un iconoclasme paroxystique qui n'a rien à voir avec l'islam, mais relève plutôt d'une tradition du IXe siècle qui rejette l'art figuratif dans une exégèse particulière du Coran, et non sur le Coran lui-même, comme le fit Mahmoud de Ghazni en l'an mille, souverain de l'Empire ghaznévide qui s'étendait de la Caspienne aux Indes et qui brisait toutes les statues sur son passage. La destruction appelle la destruction, et il en va des images comme des hommes. Le chroniqueur attitré de Mahmoud l'iconoclaste, le grand Ferdusi, qui n'hésitait pas à railler son roi entre les vers, déclamait : « Ô illustre monarque ! Tu as fait une faute en déclarant la guerre. »

L'anathème des talibans est rétroactif. On imagine mollah Omar décrétant une fatwa pour détruire les ossements de Lucy au musée de l'Homme parce qu'elle-même ou un membre de sa tribu n'a pas suivi les *futurs* principes saints, ou lancer un commando pour brûler au lance-flammes les parois des grottes de Lascaux. L'idolâtrie, c'est aussi le début de la pensée individuelle. « Toutes les civilisations durables sont nées de l'idolâtrie » écrivait Élie Faure dans son *Histoire de l'art*. Dans les images, ces agrandisseurs de rêves, elles ont puisé le ressort de leur souffle intime, le trésor de leurs entendements, de la raison comme outil de libération. C'est ce ressort que les nouveaux iconoclastes ont voulu briser. Détruire pour créer une mentalité nouvelle, pour définir un canon de la pureté, pour engendrer aussi un syndrome de l'enfermement, pour lobotomiser la mémoire par l'anéantissement du passé, dans une pyramide des besoins absolutistes desquels sont exclus le désir, l'altérité, donc la tolérance. Les émules des talibans prônent les mêmes idées aujourd'hui au Pakistan dans les mosquées de Peshawar et les madrasas des zones tribales. Détruire pour installer la dictature des âmes. « Fanatisme, rigueur viennent de l'ignorance », écrivait Roumi.

Quand il veut en parler autour de lui, Luc le Samaritain, il est déjà trop tard. Un humanitaire proche des talibans le dénonce et veut sa peau. Celui-là ne se gêne pas pour envoyer des messages en France et clamer que le voile des femmes est une pratique traditionnelle qu'il faut se garder de critiquer. Cachons le regard des femmes, plaide-t-il, cachons le regard des images.

Piste de Band-i-Amir

Les bouddhas se sont effondrés lentement. Jusqu'au bout, ils ont résisté. Pendant plusieurs jours, les iconoclastes ont chargé les portefaix comme des mules afin qu'ils aillent placer les explosifs en haut de la falaise puis à l'aide de filins sur les statues. Mais les bouddhas se sont défendus, concédant ici un bras, là un bout de jambe, jamais le corps entier, le temps d'envoyer des messages sur la route de la Soie, la route de l'amour, la route de la parabole, le temps que l'Occident qui festoie seul vole à son secours. Cependant personne n'a répondu au bout de la route, les grandes voix se sont tues. Les poètes se sont tus, comme dans le chant d'Aragon, car « ils ont usé leur vie au danger des images ».

Blessés, ratiboisés, réduits en bouillie, victimes d'un anathème rétroactif, les bouddhas pleurent comme le roi Dârâ (Darius) blessé à mort par des généraux lors de la bataille contre Eskandar (Alexandre le Grand) dans l'épopée contée par Nezâmi et illustrée par le miniaturiste Abd al-Djabbâr. La mort du Persan privé de lumière préfigure la victoire d'Alexandre en aval, sur la route de la Soie. Elle préfigure aussi la rencontre entre l'Orient et l'Occident, par les premières représentations des bouddhas et la stylistique grecque qui fleurissent dans les statues du Gandhara.

Même les sommets de la falaise maudite ont été minés, bien au-dessus de la tête des bouddhas, comme pour miner l'esprit des lieux donc du monde, éradiquer la vie du Grand Festin, car les nouveaux iconoclastes, qui sévissent toujours aujourd'hui, savent que le danger est là, dans la résurrection de l'homme pensé par la puissance de l'âme, au-delà de la mort des images, au-delà des statues réduites à l'état de poussière.

Mohsen Makhmalbaf prend le relais, depuis Téhéran. Il sonne le tocsin, rameute l'opinion. Il tourne un film sur les femmes afghanes, *Kandahar*, sur leur condition d'esclaves, sur la mort de l'amour. Il ne sait pas encore lorsqu'il filme que les bouddhas vont être abattus mais il le pressent, comme Luc le Samaritain. Quand le film sort en Occident, deux mois après la destruction des bouddhas, il est fort bien accueilli par le public et fort mal par certains critiques, qui le trouvent trop esthétisant, avec trop de ralentis. En gros, comment ose-t-on filmer la tragédie avec de belles couleurs ? Comment dire l'indicible avec des personnages remarquables ? Comment dénoncer la barbarie avec du beau ? Le Grand Festin de l'Orient est devenu un antifestin, aux pays même des droits de l'homme. Les iconoclastes jouissent par cette lâcheté d'un étonnant écho et rencontrent par ces critiques des relais opportuns. Images bannies des deux côtés, coupables de trop d'amour et de trop de beauté, alors que les deux se marient dans les statues géantes et les écrits des soufis, dans l'image et la poésie. Roumi dans le *Masnavi* : « Le miroir du cœur une fois poli / Tu verras des images hors de la boue et de l'argile / Tu verras le peintre et la peinture. » Nietzsche dans *Ainsi parlait Zarathoustra* : « Sa beauté dérobe le dieu aux regards. »

Makhmalbaf a fait mouche avec sa caméra, il a lutté contre les barbares avec l'anti-barbarie, la beauté, et a opposé à l'iconoclasme absolu une surabondance de belles images, comme pour dire que les images ne meurent jamais. Il a dit son dégoût de l'exégèse, lui, l'ancien révolutionnaire islamiste de la fin des années soixante-dix qui lançait des cocktails Molotov contre les commissariats du Chah à dix-sept ans. Un réalisateur de documentaires lui reprocha même de ne rien comprendre à l'Afghanistan alors qu'il avait tout compris, et d'avoir filmé avec un regard d'Iranien condescendant alors que tout était humilité, jusqu'à la naïveté. Comme s'il fallait ajouter de la censure à la censure, comme si un documentariste vivant du produit de ses images voulait interdire d'autres images précisément sur l'iconoclasme. Les briseurs d'idoles au bout de la route de la Soie ont des alliés, qui entendent à leur tour briser le message de la tolérance. La sortie de *Kandahar* se situe précisément entre les deux moments de la barbarie souveraine, celle qui tue les âmes, la destruction des bouddhas, et celle qui tue les hommes, le 11 septembre. Makhmalbaf avait tout compris, avant les autres. Le plus beau message d'amitié vint alors non pas de Saint-Germain-des-Prés mais de « là-bas », signé par des intellectuels afghans, de l'image et du texte, peintres, poètes, romanciers, éditeurs, miniaturistes. Adressé à l'« étoile filante » Makhmalbaf, elle saluait le courage du cinéaste : « Au moment où le reste du monde ferme les yeux sur le malheur du peuple afghan, le regard personnel et responsable d'un certain nombre d'artistes iraniens sur les problèmes de l'Afghanistan a donné aux Afghans l'impression qu'ils ne sont pas aussi seuls qu'ils le croyaient. »

Nous en avions discuté en France. Makhmalbaf ne se souciait pas de la critique occidentale, mais plutôt de son propre message, porter le malheur afghan sur la scène internationale avant qu'il ne soit trop tard. Et il était déjà trop tard. L'Occident s'aveuglait. À l'iconoclasme, le monde occidental répliquait par la cécité mentale. Mohsen Makhmalbaf s'insurgeait contre l'égoïsme de certains défenseurs des droits de l'homme, contre les parangons des grandes vertus qui abandonnaient la moitié du monde, alors que, selon son Saadi qu'il citait, « tous les êtres humains sont les membres d'un même corps ». Puisqu'il n'y a pas d'image en Afghanistan, il n'y aura pas d'image de la non-image. Festin de l'iconoclasme roi, aux antipodes de la route de la Soie. Behzâd et Raphaël bâillonnés, ligotés une nouvelle fois. Les barbares trouvaient une résonance étonnante en Occident.

Là-bas, à Bâmyân, on brisait les idoles, on voilait les femmes, dans le même élan.

Ici, on se voilait la face et on restait coi.

Vallon de Shebartu

La piste de la route de la Soie, « ce bouclier devenu cul-de-sac », dit Makhmalbaf, déroule son tapis de poussière entre des flancs vertigineux, surmontés de tours depuis lesquelles des guetteurs annonçaient l'arrivée du voyageur ou de l'ennemi. Mohsen et moi partageons la même mélancolie, et lui radote, par-delà les montagnes, par-delà les caravansérails lointains, dans son Téhéran natal, dans le manuscrit qu'il m'envoie. « Du haut de sa grandeur, le Bouddha s'est senti humilié par l'ampleur de la tragédie et s'est écroulé. Le Bouddha ascète et calme s'est senti honteux face à une nation demandant du pain et est tombé. Le Bouddha s'est écroulé pour que le monde apprenne la pauvreté, l'ignorance, l'oppression et la mort dans lesquelles vit le peuple afghan. » Je crois que sa mélancolie, cette longue-vue pour voir le vrai monde, ne s'est jamais guérie.

Sur la piste rouge comme le pourpre de Byzance, des pans de montagne se sont éboulés et il faut contourner l'obstacle, descendre dans le torrent, franchir des ponts de rondins qui menacent de s'effondrer. Luc le Samaritain revit les moments d'hier, les expéditions vers les parois du Koh-i-Baba, la Montagne du Vieux, au temps des talibans, quand il fallait ruser avec les sectaires chaque jour et avec son délateur. Il redoute comme moi le moment où nous verrons surgir la falaise maudite, demain matin. Mais le voyage est trop chaotique pour penser. Nous nous laissons bercer par les chocs, tandis que Barmak joue de la guimbarde à l'escale pour calmer les esprits et rassurer Ahmad Shah le paranoïaque, qui lui-même redoute notre regard, fidèle à la pensée d'Érasme qui savait « tout le mal qu'on entend dire de la Folie, même chez les fous », et veut nous livrer aux talibans, car il en reste plein, dit l'Afghan de la Bastille, je les connais, enfin je peux les connaître, vous verrez, ce ne sont pas des enfants de chœur, et il rit de plus belle, d'un rire nerveux, se reprenant aussitôt pour annoncer que tout était une blague, avant de se renfrogner, les yeux cernés, le visage mauvais, dans son coin, enveloppé dans un patou, une couverture de laine afghane qui semble le séparer de ce monde qui lui en veut. Barmak et moi avons envie de lui donner le livre de Roumi, où il est écrit : « Lorsque tu hais tout le monde, tout le monde te paraît comme ton ennemi et c'est comme si, jour et nuit, tu errais à travers les ronces et les serpents », mais nous nous en abstenons.

La nuit noire a enveloppé la vallée de Bâmyân lorsque nous parvenons au pied de la falaise, et c'est mieux ainsi. Cela me rappelle l'arrivée l'an dernier au même endroit mais en sens inverse, en provenance de Kaboul, avec l'archéologue Zafar Païman. Il n'avait pas revu la vallée des dieux depuis des années, depuis son exil en France, cette vallée où il avait œuvré justement, en 1974, alors qu'il était jeune étudiant, à restaurer les bouddhas aux côtés d'experts indiens. La lune éclairait les niches vides comme en plein jour, et lui refusa de les voir jusqu'au lendemain, avant de plonger dans une profonde tristesse qui dura longtemps, et qui semble durer encore aujourd'hui quand on le croise dans les rues de Kaboul.

La même pleine lune ilumine à nouveau les sarcophages béants, comme un signe du ciel – « Quelle diaprure vient unir ici / Le ciel à la colline ? » demande Goethe à Hafiz dans *Vision aimable* – et les ombres de la falaise dessinent un contour étrange dans les trous gigantesques, qui miroitent de bleu roi et de pourpre, les deux couleurs de la route de la Soie entre Byzance et Bâmyân, entre Cryzance et Bas Monde, désormais Haut Monde. « Regarde ces couleurs et vois ce maintien, et cette lune, cette pleine lune dans la tunique longue », écrivait

Roumi. Nous n'avons pas vu les nuances ce soir-là, le maintien n'était pas là, et la tunique drapée des bouddhas sereins avait disparu. « Trop de noyés sont assis au festin », écrivait Aragon dans *Plainte pour le quatrième centenaire d'un amour*. Mais le Grand Festin au crépuscule de l'amertume daignait marier les deux couleurs, qui si longtemps ne s'aimèrent pas. C'est le cri de Baudelaire quand il évoque Delacroix : « Les couleurs parlent. » Trakl, le poète maudit : « À la fenêtre l'hyacinthe aussi s'était ouverte bleue, et vint sur la lèvre pourpre du vivant la vieille prière, tombèrent des paupières des larmes de cristal, pleurées sur le monde amer. » La falaise des bouddhas défunts aux couleurs mariées, fenêtre de saphir bleu et lèvre de roche pourpre, est ce soir-là le plus beau des théâtres de la route du Grand Festin.

Un étrange pressentiment avait saisi Bruce Chatwin quand les Soviétiques envahirent l'Afghanistan en 1979 et il avait livré ses impressions dans une préface à *Route d'Oxiane* de Robert Byron, l'un de ses maîtres à écrire : « Nous ne monterons plus sur la tête du bouddha de Bâmyân, dressé dans sa niche comme une baleine en cale sèche. Nous ne dormirons plus sous une tente nomade, ne ferons plus l'ascension du minaret de Djam. (...) Jamais. Jamais. Jamais plus. » Nous aussi nous attendons le lendemain pour voir ou revoir les plaies de la montagne ocre qui saigne. Des gravats inondent les pieds de la paroi rouge orangé. Des failles s'insinuent dans la roche et fragilisent toute la muraille jusqu'à sa crête. Plus de fresques, plus de visages, plus de corps, plus de peintures, plus de dessins, tout est enseveli, détruit, consumé, canonné, iconoclasmé, barbarisé, et seule la poussière des reliquats semble parler à la poussière de la piste, celle qui s'envole vers la route de la Soie, route de la honte.

Mohsen Makhmalbaf, après avoir tourné *Kandahar*, m'avait donné son texte pour le publier dans un livre collectif sur les bouddhas de Bâmyân, intitulé *La Mémoire assassinée*. Mais le récit du cinéaste se révélait tellement fort que nous décidâmes avec Sandrine Palussière de Mille et Une Nuits de le publier *in extenso*, dans un livre à part, accompagné de photos de sa fille

Samira, cinéaste elle aussi, et qui préparait le tournage du *Tableau noir*. Le titre se suffisait à lui-même, *En Afghanistan, les bouddhas n'ont pas été détruits, ils se sont écroulés de honte*. Mohsen y raconte la longue descente aux enfers du pays, et aussi l'indifférence du monde. Femmes sans visage, bouddhas sans visage, images sans visage, peintures sans visage. L'Afghanistan n'a pas d'image, l'Afghanistan n'a pas de visage.

Bâmyân

Sur la falaise en face des bouddhas, on dispose d'une vue imprenable sur la barbarie. Mais des trous sombres semble irradier encore le sourire mystérieux des bouddhas, et c'est ce sourire qui dut énerver les iconoclastes, ce sourire qui disait comme Roumi que l'amour dépasse le néant, que l'amour survit à la destruction. « Une pierre instantanément saturée d'être », disait Mircea Eliade en explorant les mythes des sociétés traditionnelles inscrits dans la roche. Cette falaise-là est saturée d'être, elle déborde d'être, par le souvenir des pierres et leur message qui ne veut pas s'effacer, car les bouddhas ont laissé malicieusement leur empreinte dans le fond des cavités, comme pour dire que jamais ils ne seront totalement vaincus. Voilà ce que n'a pas compris l'Occident : la destruction de l'image inscrit dans sa sentence la destruction des hommes et des femmes. Mettre à bas les statues, c'est mettre à genou l'humanité et aveugler la femme, dans une prison de tissu, comme dans les dernières images de *Kandahar*, et une geôle mentale, contre le poème de Roumi – « La femme est un rayon divin, elle n'est pas cette bien-aimée terrestre, elle est créatrice, on pourrait dire qu'elle est incréée. » Les femmes n'ont pas de visage et ne peuvent être vues des dix autres millions d'Afghans, et cet iconoclasme-là perdure. Alors les hommes à leur tour ne doivent pas voir les images. L'image est une pensée dangereuse. L'image doit être bannie, et l'homme puni d'oser penser.

L'Afghanistan est un pays privé d'image, donc de désir.

LE GRAND FESTIN DE L'ORIENT

Sur la route de la Soie, la route de soi de Barmak, les soufis ont été doublement punis : punis d'avoir inventé la peinture en islam, et punis d'avoir rendu saintes les femmes.

Devant la falaise aux bouddhas morts, les mots de Goethe prennent toute leur saveur. À Rome, en novembre 1786, le poète est conquis par la lumière, envahi même par les nuances, qui paraissent plus fortes que le verbe. « On devrait écrire avec mille burins, car à quoi servirait ici une plume ? » écrit-il dans *Le Voyage en Italie*. À Bâmyân, la plume est à laisser de côté. La falaise doit être décrite avec des burins, des milliers de burins, des torrents d'images, des sculptures à foison. Parfois, on croirait qu'elles sont revenues : dans la prunelle des Afghans de Bâmyân brille la flamme des bouddhas massacrés, une flamme pareille à l'œuvre du Poussin vantée par Stendhal dans *Histoire de la peinture en Italie* qui, « par ses paysages, jette l'âme dans la rêverie ». Ici, les stèles dans les falaises ne veulent pas mourir. Les empreintes des bouddhas défunts dans la muraille sont des guirlandes vivantes.

Shahr-e-Gholghola
(la Ville des Murmures)

Sans image, point de musique. Interdire la pensée dans l'image, c'est interdire la pensée dans la musique. La fin de la musique, c'est la fin des empires, comme les silences de ce sultan ottoman, le dernier, Mehmed VI, qui s'apprête à fuir Istanbul en 1922, marquant à jamais la fin de la gloire impériale, de Byzance à Istanbul. Il s'accroche un temps à son poste, ombre de son ombre, sous l'œil des Grenadier Guards anglais. Il veut encore montrer son panache, lancer à la face du monde qu'il règne sur autre chose qu'un carré de palais accrochés aux rives du Bosphore, et ordonne un *selamlik*, une procession religieuse, dont Wilfrid Blunt disait qu'elle était composée « d'une ou deux compagnies de soldats assez peu soignés, quelques cavaliers sur des chevaux minables, une demi-douzaine de charrettes de nettoyage remplies de sable à répandre sur la route, deux voitures de dames qui ne rentrent pas dans la mosquée ». Mais, ce jour de novembre, l'empereur ne peut écouter l'hymne impérial car l'orchestre a mis les voiles. Et puisque les musiciens ont foutu le camp, le sultan ottoman fout lui aussi le camp, en complet neuf, caché dans une ambulance britannique, afin d'embarquer sur le *Malatya* qui cinglera bientôt vers Malte, avec un adieu pour toujours à Istanbul, privé d'empire et de musique.

La montagne est nue, et le royaume de la tolérance aussi. L'Occident dans son aveuglement a préféré festoyer seul, sans un regard pour le massacre des pierres et des hommes, là-bas. Le retour, l'éternel retour, sera terrible. Les deux sentinelles de roche assassinées annoncent le drame des deux tours de Manhattan. Masquer l'image dans un pays soumis à tous les interdits, c'était entretenir un désir conscient et inconscient de châtier le pays de l'hyper-image. La destruction des bouddhas sonne davantage qu'un autodafé, un assassinat. La mort de l'image signifie la mort du peuple. Et les nouveaux iconoclastes par un ostracisme inédit, par le culte de l'isolement, par la revendication d'une pureté extrême, ont projeté leur haine de l'Occident sur les bouddhas, legs minéral de l'attrait entre deux civilisations, car ils symbolisaient justement cette rencontre et ce Grand Festin, au-delà de toute idolâtrie. La pureté extrême appelle la pureté extrême, et pour germer doit châtier, châtier, encore châtier, dans un corset de rectitudes qui enferment le corps et la pensée, dans une dictature spirituelle, la pire des autocraties. Puis il fallait détruire le veau d'or, sur une île qui trop se *représentait*. Détruire non seulement mais inscrire cette destruction dans la reproduction de l'image. Les iconoclastes contre les iconodules. Byzance contre Byzance, bombes contre bouddhas, pot de fer contre lot d'images, Cyclope contre Disneyland. Dans la fumée des gravats à Bâmyân se lisait la foudre sur le World Trade Center.

Bâmyân aux couleurs mélangées, aux images enterrées, est une phrase inachevée, qui claque comme le trait de Paul Claudel dans *L'Œil écoute* : « Les tableaux de maîtres sont comme emplis par la sonorité d'une phrase non prononcée. »

Bâmyân est un cimetière à cœur ouvert qui semble murmurer : « La folie des hommes ? Demande à la poussière. »

Les bouddhas doivent être reconstruits, dit-on dans certaines chancelleries. Les donateurs sont prêts, les banques d'Asie ouvrent leurs coffres. Il s'agirait de remplacer les bouddhas morts par un bouddha en béton, éventuellement repeint en ocre ou en pourpre. Zafar Païman, lui, crie à l'hérésie, ce serait ajouter de la barbarie à la barbarie. Ce serait, aussi, donner raison aux iconoclastes en remplaçant la beauté par la laideur. Les deux niches devraient donc rester vides, sans doute aussi long-

SHAHR-E-GHOLGHOLA (LA VILLE DES MURMURES)

temps que le Ground Zero de New York restera au niveau zéro. Une coïncidence a rapproché le destin des deux sites martyrs : le même projet d'hologramme, pour remplacer les deux tours de Manhattan et les deux bouddhas géants. L'œuvre architecturale ou artistique sublimée par une image virtuelle. Ce serait un étonnant destin que de remplacer l'âme des disparus par le symbole de l'image, contre les iconoclastes qui ne peuvent que s'avouer vaincus. « La destruction des deux mondes dans cette voie est aussi la construction, / Fuir toutes les raisons, c'est la raison de l'amour », écrivait Roumi.

Bâmyân

Sur la falaise en face des bouddhas morts, ces blessures du monde, comme des boîtes à images brûlées pour sorcellerie, ces orbites de pieuvre aux yeux crevés, la falaise qui dispose d'une vue imprenable sur la barbarie, je retrouve l'ami Reza, photographe d'origine iranienne qui pendant vingt ans a sillonné les pistes d'Afghanistan, avec et sans le commandant Massoud. Lui aussi a eu un étrange pressentiment. Juste avant la mort de Massoud et les attentats de Manhattan, il avait créé une association, Aïna, pour sortir l'Afghanistan de l'oubli. Lui qui porte le nom du plus illustre illustrateur de la cour du roi persan Chah Abbas, prince des couleurs, génie de l'image, m'avait appelé au mois d'août, mais j'étais déjà en route vers la vallée de Massoud, qui m'attendait et que je ne reverrais pas, assassiné avant mon arrivée. Reza sentait cela, l'agonie d'un pays à la parabole de tolérance et au-delà l'agonie d'un monde. Aïna signifie miroir en persan.
Pour Reza, l'image importe autant que le verbe, et un peuple privé d'image ne peut être qu'un peuple prêt à mourir. Avec ses associés, Français et Afghans, il s'attelle à remettre en place ce discours, cette pensée en double et ce miroir de la pensée. Et quand l'image ne pourra être réinventée, il restera la poésie, celle des soufis, des derviches, des amoureux de l'Orient, des voyageurs par les mots, des émules de Rimbaud à qui René Char rend ainsi hommage pour son Grand Festin : « L'instrument poétique inventé par Rimbaud est peut-être la seule

réplique de l'Occident bondé, content de soi, barbare puis sans force, ayant perdu jusqu'à l'instinct de conservation et le désir de beauté, aux traditions et aux pratiques sacrées de l'Orient et des religions antiques ainsi qu'aux magies des peuples primitifs. » C'est aussi le rêve *rerêvé* d'Aragon, le songe les yeux grands ouverts de Nerval, aux Orients fantasmés mais néanmoins révélés, mariés dans le Grand Festin. « En somme, écrit Nerval à Jules Janin le 16 novembre 1843, l'Orient n'approche pas de ce rêve éveillé que j'avais fait il y a deux ans, ou bien c'est que cet Orient-là est encore plus loin ou plus haut. »

Orients inconnus. Plus loin ou plus haut. Images déplacées. Étonnamment, face aux bouddhas disparus, je m'aperçois que Reza ne connaissait pas la vallée sacrée. Pendant vingt ans, il a tourné autour, n'a pu s'en approcher, en raison des mines, de la guerre, des talibans. Il l'a imaginée, lui aussi, l'a rêvée, l'a fantasmée, comme un talisman précieusement conservé et dont on n'ose ouvrir l'écrin. Quand il publie un livre de photos sur l'Afghanistan, il en manque une, celle des statues géantes, et c'est son frère Manoucher qui la lui offre. Face aux niches vides, Reza est comme un animal blessé. « Quand j'ai appris que les bouddhas étaient détruits, je n'en croyais pas mes oreilles, ni mes yeux d'ailleurs, souffle-t-il. Ils ont osé le faire, et le monde n'a rien dit. J'ai pleuré autant pour ce drame que pour l'indifférence du reste du monde. »

Avec Aïna et ses fondateurs, Rodolphe, Florent et Éric, Reza tente de remettre sur pied la mémoire des Afghans par l'image. Florent, je l'avais croisé par un hasard incroyable dans un vieux quartier d'Istanbul, au début de ce périple. Lui, en escale afin de rentrer vers la France, logeait dans une modeste auberge juste en face de la mienne, au fond d'une ruelle. Il allait perdre bientôt toutes ses affaires de voyage, oubliées dans le coffre d'un taxi. Cette escale fut une rencontre magique et en même temps un petit drame, comme la route de la Soie en réserve tant. Il égarait là son instrument de témoignage, un vieil appareil photo dont il ne se séparait jamais, comme si Byzance l'iconoclaste le rappelait à l'ordre, loin de Kaboul qui n'était plus en flammes.

Florent, Reza et leurs amis forment ainsi des cameramen, hommes et femmes, des journalistes, des photographes. Pour publier et diffuser leurs œuvres, ils mettent sur pied des revues et journaux. Une salle de cinéma, la plus grande de Kaboul, l'Ariana, est en reconstruction, pour la joie des Kaboulis, avec le soutien de deux réalisateurs de renom, l'Afghan Siddiq Barmak, dont le film *Ossama* a été sélectionné à Cannes dans le cadre de la Quinzaine des réalisateurs, et le Français Claude Lelouch, qui s'est pris de passion pour l'Afghanistan. Un centre de doublage est en chantier à Kaboul, et on forme des scripts, des monteurs, des réalisateurs, avec des candidats à la pelle, au talent trop longtemps réprimé sous les talibans. Le cinéma afghan revit, grâce à Aïna et en dehors d'Aïna, comme pour répondre à une fringale d'images trop longtemps gommées, déchirées. L'écrivain et réalisateur Atiq Rahimi tourne ainsi à dix-sept heures de voiture de Kaboul, dans une mine de charbon septentrionale, le film tiré de son livre *Terre et cendres,* comme pour montrer que la terre renaît, pour donner raison à Rilke, « Seule la terre *donne* », malgré blessures, trahisons, drames, sangs trop versés, bleu et pourpre mélangés.

Par le miroir, tout l'Afghanistan semble retrouver sa voix, même et surtout les femmes, « semblables à des fantômes sous leur voile » (Dos Passos dans *Orient-Express*). Quand celles-ci ne peuvent diffuser leurs idées, par les films et documentaires, alors que les postes de télévision sont encore rares, les chantres de l'image nouvelle partent en voyage, avec un immense écran de toile, nouveau convoi de l'icône sur la route de la Soie, et projettent les documentaires pour les villageois et les paysans. Aïna est le plus grand cinéma itinérant du monde.

Falaises de Bâmyân

C'est la surprise que réserve Reza pour ce soir. Depuis le matin, une voiture à haut-parleurs venue de Kaboul sillonne la grand-rue de Bâmyân et ses abords pour rameuter ses habitants. « Oyez, oyez, braves gens, ce soir projection sur la falaise. » À bord de la voiture, Fardin, photographe de l'association. Il a vingt-trois ans, et une étonnante maturité, lui, l'enfant de la guerre qui en a trop vu, trop de batailles, de sang, du pourpre des blessures et du bleu de la mort. De l'atelier photographique de son père, en proie à la furie des destructeurs d'images, il n'a pu sauver qu'un vieux daguerréotype. Il le connaît par cœur, prend les clichés en enlevant sa main devant l'objectif, avec un temps de pause qu'il calcule à l'instinct et qui prouve qu'il a l'image chevillée au corps. C'est ce même antique boîtier sur trépied qu'il emmène partout avec lui et qui nous mitraille, Reza, Barmak, l'Afghan de la Bastille et moi, au pied de la falaise blessée.

Là, Fardin et Reza ont installé l'immense toile, dépliée contre la falaise, à gauche de la cavité de feu le Grand Bouddha, sur une roche de plus en plus pourpre, et sous des montagnes bleues, plus bleues que les céramiques d'Ispahan et d'Istanbul. Heure par heure, alors que le soleil décline, les Afghans s'amassent, à même le sol. Pour beaucoup, c'est la première séance de cinéma de leur vie et une épreuve de réconciliation avec l'image, comme une route d'initiation. Avant que la nuit tombe, deux Afghans se querellent. L'un est un soldat à mitraillette, chargé d'assurer l'ordre dans les rangs, l'autre est un villageois enturbanné.

Soldat à mitraillette : Dégage de là !

Villageois enturbanné : Non, je reste.

Soldat à mitraillette, saisissant son arme : Dégage, je te dis, ou je me fâche !

Villageois enturbanné : Eh bien, fâche-toi !

Soldat à mitraillette : Va te faire foutre !

Villageois enturbanné : Va te faire foutre avec ton arme !

Soldat à mitraillette : Espèce de cul d'âne, c'est moi qui commande ici !

Villageois enturbanné : Cul d'âne toi-même. Viens, je te casse la gueule !

Et Villageois enturbanné offre un gnon à Soldat à mitraillette, lequel répond, un peu gêné par son arme, qu'il saisit de plus belle, en essayant de maîtriser sa colère. Barmak et moi, nous nous éloignons, alors que la foule suit le ballet compliqué des deux hommes, qui avancent, qui reculent, qui échangent des coups, cet autre moyen de dialoguer sur la route de la Soie et de l'image endeuillée, ballet qui tend à dessiner une arabesque, une virgule, en direction des restes du Grand Bouddha, celui qui hérita d'un coquart des talibans, un gnon au canon, un petit avertissement de rien du tout au regard de ce qui allait lui arriver par la suite. La foule est divisée en deux camps, non pas en partisans de Soldat à mitraillette et en partisans de Villageois enturbanné mais en adeptes de la bataille qui dégénère et en disciples de la paix, les uns criant : « Vas-y, mords-le », « Défends-toi », « Réponds, coup pour coup », les autres : « Arrête, on est là pour voir du cinéma », « Ne tire pas, ne tire pas, ça va être un carnage... »

Tout finit par rentrer dans l'ordre, et Soldat à mitraillette et Villageois enturbanné sont séparés, pour le plus grand bien de la foule et de ce qui reste de la falaise. Ce court-métrage sur la non-violence fini, il reste à Reza à projeter les deux films de l'association. Quand la nuit devient noire, avec un parterre empli de centaines de résidents de Bâmyân et des villages alentour, qui déferlent en bus, à vélo, à pied, en charrette, à dos d'âne, le projecteur lance ses éclats de lumière vers la toile, et le silence s'impose, et les yeux s'écarquillent, et les bouches s'ouvrent. Un vieil homme sur un tapis volant emmène sa petite-fille au-dessus de l'Afghanistan pour lui apprendre combien il est important de protéger les œuvres d'art, les statues, les minarets solitaires, les peintures, et barrer la route aux iconoclastes, aux trafiquants, aux destructeurs, à tous les barbares de la pensée. Quand le tapis volant s'approche des bouddhas, l'assistance écarquille encore un peu plus les yeux et pousse un han de surprise. Là, devant Reza ému jusqu'aux larmes, la falaise meurtrie reprend vie, et l'on croirait que les niches vides s'animent à nouveau de leurs hôtes de jadis. « Bouddha vivant », s'exclamait Paul Morand. Cette projection est magique, fulgurante dans les esprits, le public communie d'une seule voix, et même Soldat à mitraillette et Villageois enturbanné se sont réconciliés, par-delà les gnons, par-delà le bien et le mal, dans le silence admiratif, comme pour rendre hommage aux bouddhas brusquement ressuscités, à Roumi, aux soufis adorateurs des images, au photographe Reza et son bras droit Fardin, car « quand les lèvres se taisent, le cœur a cent langues ». Par une sorte de procédé subliminal, sur ces falaises endeuillées, c'est toute l'histoire de l'anti-iconoclasme qui défile, tout l'espoir du message afghan aussi, la leçon de tolérance qui sublime la tragédie. Les retrouvailles de la mémoire afghane avec celle du monde, c'est la *Sehnsucht* des romantiques allemands, c'est l'obsession du lendemain, la nostalgie de l'à-venir. C'est le *rerêve*, non pas un retour vers le passé mais une mélancolie de l'ultérieur, cette plongée vers l'onirisme que décrivait Aragon dans *Le Fou d'Elsa*, juste après avoir lu le titre d'une chanson du XIXe siècle, *La Veille de la prise de Grenade*, imprimée chez Poussielgue, 12, rue du Croissant-Montmartre, « ces rêves *rerêvés* qui vous ramènent à une maison qu'on n'a jamais vue, un monde uniquement nocturne, avec ses fleurs et ses lumières, des rapports avec les gens qui n'ont rien à voir avec les liens entre ceux qui nous entourent éveillés ».

Ce soir-là, la vallée de Bâmyân est davantage qu'un caravansérail immense, c'est la plus grande salle de rêve de la planète.

Vallée du Dragon

Le cinéma itinérant d'Aïna est une caravane nouvelle sur la route de la Soie, une caravane où les femmes filment les femmes et les hommes dévoilent leurs sentiments, leurs peurs, leurs frustrations ; face à un public longtemps privé de représentation imagée. Un million d'Afghans devraient voir les films et documentaires d'Aïna. Le « miroir » est un reflet sur l'espoir et une claque à l'interdit des fanatiques. Et là où l'image a été interdite, elle renaît grâce à l'écran magique, qui jette des éclairs blancs sur la paroi maudite, comme pour gommer sa pourpre et le bleu du ciel. À Bâmyân, les falaises aux bouddhas morts sont ainsi devenues des lieux d'immortalité. Sur la route de la Soie et de l'iconoclasme, la vallée des dieux déchus, aux antipodes de Constantinople, rend hommage au dicton byzantin que lançait à son époux l'impératrice Théodora : « La pourpre est le plus noble des suaires. »

Ce qu'enseignent humblement les volontaires d'Aïna, hommes et femmes, aux Afghans, ce sont les retrouvailles du peuple avec sa culture, avec sa pensée, faite aussi d'hospitalité et de tolérance. Si l'art peut mener à la déraison comme dans le roman de Gottfried Keller, *Henri le vert*, publié en 1854-55, l'abandon de l'art, l'autodafé du peintre comme dans *Descendance* d'Aldabert Stifter ne peut venir que de l'être lui-même, en dehors de toute autocratie. La tâche des compagnons d'Aïna est celle de Peter Handke dans *Le Poids du monde*, rendre la vue aux aveugles de la modernité : « Il avait beau ouvrir tout grands les yeux, il n'y entrait ni n'en sortait plus aucun monde. »

Près de Bâmyân, au bout d'un vallon désertique, nuancée de blanc et de rouge, s'élève une petite muraille qui a la forme d'un dragon. La vallée du Dragon est le lieu de pèlerinage des Hazaras, l'endroit où l'imam Ali, gendre et fils adoptif du Prophète, sabra le dragon dévoreur de jeunes filles, au cours d'un combat dont les tenanciers d'estaminets vantent encore la gloire le soir après le thé. La petite falaise a l'allure d'une échine et de la tête du dragon perle une source par un trou rouge, avec des concrétions étranges, des amas de sels minéraux qui dessinent des sillons magiques. Les sillons sont de sang et le lit de la source ressemble à un torrent de larmes. Quand Ali, guerrier intrépide, affronte le monstre, qui demandait une vierge par jour, il libère les peuples de la contrée. Avant de livrer combat, il dort sur les genoux de la fille qui croit vivre sa dernière heure. Quand le dragon crache son feu, Ali s'écarte promptement, saisit son épée et tranche la tête du dragon. Son feu devient une pluie de tulipes rouges, au grand étonnement de la fille promise au sacrifice. Heureuse de ce miracle, la jeune fille court vers la vallée, mais quand les villageois veulent remercier le héros, il s'est déjà envolé, comme tous les saints, tandis que le dragon mué en montagne saigne d'une source claire. « Ruisseau né des rochers / Rit de clartés ! Voyez ! Un astre y voit ! » lance Ali dans la pièce *Mahomet* de Goethe. En chemin, raconte la légende, Ali fend la montagne de quelques coups de sabre pour aider un derviche et il crée les lacs de Band-i-Amir, en amont de la fontaine du Dragon, là où le roi Mansour et ses mille esclaves n'arrivent pas à élever le moindre barrage. Devant ces lacs de toute beauté, Hamed, le frère de Barmak, revoit l'aubergiste du petit caravansérail, la *tchaikhana* Hussein, qu'il connaît depuis trente ans. Les lacs sont des perles dans des écrins sauvages, au dégradé de bleus enchâssés dans de la roche rouge et jaune. On se baigne dans le lac de l'Épouvante pour guérir la stérilité, dit le gardien du petit mausolée, juste en face, et au moment où il prononce ces paroles des femmes s'élancent dans les eaux sombres, habillées, surgissant de nulle part par une porte découpée dans le vide pour en ressortir aussitôt, grelottant de froid.

La légende d'Ali rappelle celle des chevaux célestes du Ferghana, autre étape de la route de la Soie, qui eux-mêmes évoquaient les chevaux-dragons légendaires, enfantés par un fleuve sacré, et prodiguaient à leurs cavaliers la vertu de l'immortalité. Une expédition militaire chinoise est lancée au IIe siècle avant J.-C. afin de soumettre le royaume du Dayuan. Des milliers de chevaux furent capturés. Aux dernières nouvelles, on ne sait si leurs cavaliers vivent encore.

Des reliques minérales, des restes des bouddhas massacrés suinte une complainte, comme un poème d'espoir au-delà du voile de la honte. Personne ne les a secourus, et les bouddhas se sont laissé abattre pour mieux renaître, plus tard. Roumi : « Puisque tu m'as à la tête frappé, je suis là à me consumer. »

Il est étrange comme l'espoir d'éternité peut être court. Zafar Païman, qui œuvre désormais à la DAFA, la Délégation archéologique française en Afghanistan, compte revenir à Bâmyân, contre l'avis des orthodoxes, contre l'avis de ses ennemis qui l'ont menacé de mort, contre ceux qui le trouvent trop proche de l'esprit des bouddhas. Il tente de reprendre la route mais doit renoncer, en raison des nouveaux bandits, des nouveaux barbares, des affidés et amis des talibans plus nombreux que jamais, soucieux encore plus qu'hier de porter leur message iconoclaste. Éternel retour des choses. En 1996, lorsqu'ils parvinrent aux portes de Kaboul, les mollahs et soldats en turbans noirs furent applaudis par le peuple afghan soumis à la guerre des seigneurs, avant qu'il ne déchante très vite. Aujourd'hui, les néo-talibans font recette en vilipendant la *représentation* de l'Occident, et le torrent d'images qui déferlent sur Kaboul, films, photographies, livres illustrés. Certains mollahs ne se cachent plus pour sermonner en plein jour la décadence due à l'image et prôner le retour à l'iconoclasme. Ils rêvent les yeux grands ouverts d'un monde sans image, donc d'un monde décervelé, de peuples lobotomisés. Des sans-grade habiteraient cet univers, privés d'illustration, et l'ordre nouveau régnerait sur les âmes purifiées, car les peuples sans image ne peuvent être que des peuples heureux.

De Byzance à Bâmyân, la route de l'iconoclasme ne laisse pas indemne ses voyageurs. Barmak est plus musicien que jamais, Ahmad Shah plus paranoïaque que jamais, à tel point qu'il commence à croire que les autres existent, Luc plus samaritain que jamais, et le narrateur plus mélancolique que jamais. Mais la halte des bouddhas est là pour nous restaurer, sur la route du Grand Festin. L'éternel retour de Nietzsche annonce son aube nouvelle, et le pressentiment de la destruction est celui d'un renouveau, loin des barbaries et de la fureur iconoclaste. « La roue qui roule d'elle-même » d'Angelus Silesius annonce d'autres fureurs mais le cycle de l'éternel retour en aura raison, car toute pensée est forcément inachevée et « le temps est un cercle ». Roumi : « Et si la roue du firmament est oisive à tourner / Le monde des amants est en labeur. » Zarathoustra : « Le bien et le mal eux-mêmes ne sont que des ombres intermédiaires et des afflictions humides et des nuages qui passent. »

Les images de la route du Grand Festin surgissent des yeux comme des torrents trop longtemps retenus, comme le derviche des poèmes d'Attâr, éperdu d'amour devant le spectacle beau et barbare de la terre, « fit couler de ses yeux des perles, des étoiles ». Bâmyân aux œuvres meurtries prolonge le chemin de Nerval et suggère là plus qu'ailleurs « l'épanchement du songe dans la vie réelle ». Venise, aux prémices de la route, ce fut l'image imitée, un mimétisme de Byzance trop désirée, donc violée. Byzance, ensuite, ce fut l'excès d'icône, puis l'iconoclasme, la controverse de Sainte-Sophie – bâtir, puis mourir, pour survivre par la splendeur des arches. Hérat, la magnificence iconodule, l'amour des images, la renaissance des arts, le mariage de la miniature et du vers, communion du dessin et du poème. Bâmyân, c'est le paroxysme de l'iconoclasme, comme modèle de la barbarie ouvrant sur le néant. Gommer puis se saborder. Effacer, puis, sans le savoir, se suicider. Bâmyân, c'est le divin qui se laisse détruire pour mieux rappeler à l'homme sa faute, et mélanger le bleu d'azur au pourpre du sang. Jadis, les barbares s'inclinaient devant ces statues géantes qui imposaient le respect et disaient l'humilité. On s'incline désormais devant les niches du néant, sur cette étape de la route du Grand Festin qui est une route du rien, pour contrer les nouveaux barbares, massacreurs de la pensée et de la tolérance. Tuer l'image et la statue, c'est tuer le verbe puis le logos.

Maison des derviches chechtis, Kaboul

Kaboul est plongé dans la nuit et la maison des derviches ressemble à une cour des miracles, proche de la rivière Kaboul, royaume du négoce le jour, bas-fonds la nuit. Des dizaines de bougies illuminent l'entrée, puis un hall aux murs jaunes et enfin un jardinet. Dans ce maelström incroyable, des mendiants s'entassent, moignons en l'air, en une forêt de suppliques, des amputés, des suppliciés de jadis, des pauvres, des ermites venus se refaire la langue et taper le bout de gras, des pieux et des preux, des voyageurs accrochés à leur bâton, en guenilles ou en tunique blanche de coton. L'un pleure, d'abandon, de faim ou d'amour, l'autre reçoit un coup de coude. On se presse autant pour la soupe populaire aux grumeaux épais que pour la prière soufie à la mélopée légère, qui semble surgir du puits ancestral sondé par des indigents.

Les lumières des chandelles dansent comme une transe de Roumi et des cuisiniers saisissent leurs chaudrons, de gigantesques marmites, puis agitent la pitance avec une longue louche tandis que des portefaix amènent le bois et soufflent sur les braises. Les bougies entremêlent leur flamme dans les yeux des affamés telle une gigue divine. Les estomacs ici sont vite rassasiés, comme les âmes à l'étage supérieur.

En haut de l'escalier se presse la foule des dévots. Barmak est là, le visage angulé par les chandelles, de biais comme les portraits nobles des miniaturistes persans. Il songe aux images de la longue route, aux escales innombrables, à la superposition

341

des décors, entre les deux mondes, celui de l'exil et celui du bercail. L'éthique des images bousculera tous les iconoclasmes, tous les sectarismes, dit-il, et l'image sera sublimée plus que jamais quand elle dévoilera son sens et non sa perversion. L'art dans le soufisme est sacré et non charnel, et peut donc tout se permettre s'il ne dérape pas vers le sacrilège. Il se remémore les poèmes appris par cœur à l'âge de sept ou huit ans, ceux de Jami, d'Ansâri, de Roumi, Nezâmi, Attâr, Khalilullâh Khalili, père de Massoud Khalili, blessé lors de l'attentat contre le commandant Massoud, des poèmes appris par cœur et qu'il mâchait dans sa bouche, qu'il dévorait de ses yeux, qu'il avalait dans ses boyaux affamés. Huit musiciens occupent la petite estrade avec leurs tambours, tabla, harmonium, luth, près d'une vitrine aux roses en plastique, devant un parterre serein, qui célèbrent une cérémonie de la branche chechti des soufis, celle qui inspira Nusrat Fatih Ali Khan, avec son style qawali. Les chanteurs se relaient, et l'un d'eux, Nur Mahmad, muet, ne chante que par onomatopées, qui parviennent à plonger la salle dans une transe douce, bercée dans la lumière verdâtre par des rythmes brisés et des sons gutturaux, dans un concert d'incroyables vocalises où la rupture de la voix signifie aussi la pénétration dans un autre monde, le succès de la mue. « On ne peut *dire la même chose* par la parole et par la musique, qui sont des systèmes à base différente », disait Benveniste. Le muet de la maison des derviches, lui, incarne la musique même, et ses cris scandés disent toute leur souffrance. Au-delà même du concert, de l'épiphanie des mille et une nuits, des mille et un festins, les couleurs s'accordent au verbe et à la musique, comme si le grand festin de l'Orient réunissait ses couleurs, en une alchimie de l'intime qu'avait notée Kandinsky dans *La Sonorité jaune* : « Les moyens des différents arts sont, du dehors, totalement différents. Sonorité, couleur, mot !... Mais, dans leur profondeur intime, ces méthodes sont parfaitement identiques : le but dernier gomme les différences extérieures et dévoile l'identité intime. » Ce qui sourd de la passion des derviches, c'est un vœu d'immortalité, immortalité de l'âme et de l'esprit, fût-il profane, comme si cette route de Roumi, cette route de la Soie, renvoyait aux mythes de l'immortalité, depuis

MAISON DES DERVICHES CHECHTIS, KABOUL

l'île des Bienheureux des Grecs, dans le fleuve Océan, jusqu'à Alamut et son paradis promis, et à l'épopée des chevaux célestes.

Barmak a retrouvé ses vieux parents, ses amis, les soufis aussi, les musiciens de l'âme, les poètes qui jonglent avec les mots, dansent avec les vers, espèrent avec le cœur. Une petite bande de musiciens soufis donne une aubade, et tous se recueillent, et même un ministre, venu en costume au milieu des hardes. Les puissants se mêlent aux gueux, le chant rauque monte vers le toit, par-delà la cour des miracles, vers les hautes collines de Kaboul et vers le ciel.

Est-ce de la glose, est-ce de la gnose ? Les versets se mélangent aux cris gutturaux, les rimes aux refrains longs. Les soufis rient aussi, et palabrent pour semer le doute, leur doute, comme le rappelait Goethe, « Les nouveaux derviches (...) bavardent sur l'ancien, ils ajoutent le nouveau, / La confusion devient chaque jour plus grande ».

Barmak est ému de retrouver les siens, de s'immerger dans les séances de méditation soufie, dans un torrent de cris, de sons, une avalanche de lumières douces que renvoient les tentures et les rideaux ouvrant sur la cour des miracles, où Brueghel reconnaîtrait les siens les yeux fermés. Barmak, lui, a les yeux grands ouverts, il savoure chaque scène, chaque tableau de cette fresque qu'aucun iconoclasme, cet obscurantisme de la première heure, cet interdit de l'image de l'autre, n'arrivera jamais à abolir, ce renouveau des statues qui ont repris vie, cette renaissance des âmes trop longtemps endormies comme par un sortilège maléfique. La route de Roumi s'achève bientôt pour lui, non loin de Balkh, le lieu de naissance du poète mystique, là où Alexandre prit Roxane la Bactrienne pour femme, scellant davantage le destin tumultueux de la passion Orient-Occident, et il est heureux de voir combien les escales se sont accordées pour délivrer leur sermon de renouveau, fidèles à la démarche des soufis, qui est aussi celle des poètes, la métamorphose.

Une fringale d'images a saisi Barmak depuis quelques jours, il rêve de tout collectionner, de tout mettre en boîtes, en albums, en peintures, en miniatures, il prend des photos à tout instant, et même des séries circulaires où il embrasse l'horizon en une trentaine de poses, avec des repères grâce à une corde tendue sur le sol. « Des archives pour un siècle », souffle-t-il sur du sable blanc, près de l'eau bleu turquoise, face à une falaise qui menace de s'effondrer, au bord de l'une des étendues magiques de Band-i-Amir.

Barmak sent sur ses épaules comme une nouvelle peau et n'a qu'une envie, pour combattre un peu plus les iconoclastes, renouer avec ses peintures, ses fresques, dans une technique qu'il appelle le phytomorphisme. Ce sont des collages et des dessins repeints, représentant des visages sur un décor de plantes, où les traits se fondent dans un paysage. Là réside le secret de sa route, transformer l'être par des degrés de pureté. Il en rit aussi, rappelant une métaphore propre au soufisme, avec un cocon qui se mue en chenille puis en papillon, lequel se met à voler de ses propres ailes et finit par se jeter dans les flammes. Lumière aveuglante ou geste sacrificiel, c'est selon. Mais la parabole veut dire aussi que la mue compte autant que l'escale.

Un homme se juge d'abord sur ses métamorphoses.

Au Pakistan, dans la province de la Frontière du Nord-Ouest, l'une des quatre provinces du pays, des mollahs et politiciens religieux ont fait alliance pour conquérir le pouvoir par les élections, grâce à la coalition de six partis, le MMA, Muttahida Majlis-e-Amal (Forum d'action uni). Ils disent que les talibans, nouveaux et anciens, n'ont rien compris, qu'il s'agit de se battre par les urnes, et le résultat est identique, comme l'énonce doctement le directeur de la madrasa d'Agora Khattak, le résultat est même meilleur car personne ne vient nous déranger, nous respectons la constitution et la loi. Autour de lui, des hommes enturbannés et aux yeux de khôl hochent la tête, avec parfois un sourire étrange, comme pour signifier qu'ils ont déjà gagné depuis belle lurette. Ainsi que le déclare Qazi Hussain Ahmed, dirigeant de l'un de ces partis fondamentalistes, le Jamaat Islami, confortablement installé dans une villa d'Islamabad, « le MMA n'est pas une bande d'illettrés, au contraire, nous avons les gens les mieux éduqués, ils viennent de l'intelligentsia et des classes moyennes ». Qazi Hussain Ahmed veut désormais interdire la mixité dans les universités, imposer un système bancaire sans intérêt, bannir les organisations humanitaires qui ne s'inscriraient pas dans une stricte ligne religieuse et surtout nettoyer « le pays des purs » du torrent d'images qui le submerge notamment par la télévision afin de redresser les esprits dévoyés et les âmes corrompues. Le fantôme des iconoclastes revient, mais incarné par la modernité même. Peu à peu, les hommes du MMA étendent leurs pouvoirs. Dans toute la province, déjà, les chauffeurs de bus ont reçu ordre de ne plus diffuser de musique à bord, car l'image, les couleurs et la musique sont liées, et forcément perverses, le bleu et le pourpre surtout, le bleu d'André Breton dans *Signe ascendant* – « la lueur bleue qui relie les coups de hache du bûcheron » – et le rouge de Rimbaud, « pourpres, sang craché, rire des lèvres belles / Dans la colère ou les ivresses pénitentes ». Des hordes de militants se sont lancés à l'attaque des grands panneaux publicitaires, pulvérisant ce qui montrait une image de la femme trop libre à leurs yeux. Des libraires ont prudemment retiré de leurs vitrines des ouvrages jugés trop profanes. Les images de la province peu à peu se transforment.

Route de Peshawar, Pakistan

Sur la route qui descend de la passe de Khyber vers Peshawar, par les zones tribales et des montagnes ocre, au bout de la route qui mène de Kaboul à l'ex-Empire des Indes, on croise des Afghans qui dévalent la pente juchés sur deux vélos à la fois, deux vélos entremêlés, attachés l'un à l'autre et encore emballés de carton, amenés de Chine et convoyés vers la plaine du Pakistan, en contrebas. Leurs cheveux dépassent du calot, volent au vent et les cyclistes sourient dans leur entreprise périlleuse, les mains sur les freins, prêts à bondir au moindre grabuge. Ces mêmes vélos, on peut les apercevoir dans les arrière-cours de Hérat, celles des anciens caravansérails qui servent désormais à déballer les colis chinois. La contrebande bat son plein à la frontière afghane, et les convoyeurs ivres de vent et d'audace frôlent une petite mosquée blanche, dans un vallon, une mosquée quasiment abandonnée et qui accueillit longtemps les voyageurs soufis. Comme les trafiquants, les mystiques, ces contrebandiers de l'âme, n'aiment pas s'arrêter, ils détestent la halte longue, préfèrent les grands souffles, les traites interminables, comme pour ne pas entraver leur course de papillon, pour mieux profiter de la lumière et du rouge et du bleu. Les poèmes suffisent, ceux qui murmurent la route de Byzance, qui psalmodient les promesses d'Orient, poèmes d'argile faits du vent des pistes, pour remplacer les faïences délavées qui se meurent de tous leurs bleus sur une terre gorgée de rouges, pour perpétuer l'âme des statues brisées, pour chanter la mémoire à venir, pour célébrer le grand festin des âmes et l'hospitalité retrouvée, par-delà les frontières, les couleurs et les arcs-en-ciel, ces fabuleuses écharpes du rêve, ces calligraphies du cœur céleste, pour engendrer mille et un miroirs, comme dans un palais des glaces millénaire où se reflétera à jamais l'ombre des poètes aux semelles de glaise.

« Paix de l'âme chez le voyageur » écrivait Goethe dans *Le Livre de la mauvaise humeur*. La petite mosquée a vu défiler les conquérants, les envahisseurs, les trucideurs, iconoclastes, destructeurs, potentats, barbares, tortionnaires, et les soufis ont souri, pleuré, médité. Ils n'aiment pas les rois et les rois ne les aiment pas, depuis que l'un des leurs fut un éphémère souverain, Kabul Shah, de la lignée des Djaghataïdes, désigné roi de Transoxiane en 1364. « Il ne suffit pas d'être roi, il faut un royaume », disait Camus. Le roi-derviche, un peu fantoche et très mystique, a dû vite replonger dans sa poésie.

Le trône ne sied pas aux pieux derviches, poètes et sages de la route de la Soie, Ils lui préfèrent le manteau de bure, et l'exil du cœur est leur dernier royaume.

Table

Venise	11
Trieste	17
Mer Adriatique	23
Istanbul	31
Istanbul	33
Istanbul	43
Istanbul	49
Istanbul	53
Tekfur Sarayi, Istanbul	57
Pointe du Sérail, Istanbul	63
Cavus Sokak, Istanbul	69
Bosphore	73
Istanbul	85
Bosphore	91
Avenue de Bagdad, rive asiatique du Bosphore	95
Pansiyon Sebnem, Bosphore	99
Istanbul	105
Route de Konya, Turquie	109
Konya	117
Konya	121
Anatolie	127
Cappadoce	131
Hacibektas	137
Hacibektas	141
Hacibektas	145
Sivas	149
Dogubayazit	153
Mont Ararat	157
Gürbulak, Turquie	159
Frontière turco-iranienne	167
Frontière turco-iranienne	169
Bazargan, Iran	175
Maku	179
Tabriz	183
Tabriz	187
Tabriz	191
Qazvin	195

LE GRAND FESTIN DE L'ORIENT

Alamut.	199
Alamut.	207
Qazvin.	213
Téhéran.	217
Caravansérail de Qala Deh Namak.	221
Dasht-e-Kavir, désert iranien.	225
Caravansérail de Meyandasht, Iran.	229
Dasht-e-Kavir, désert iranien.	233
Nichapour.	239
Mausolée d'Omar Khayyam.	241
Tâybâd, Iran.	245
Poste frontière d'Islam-Qaleh, Iran-Afghanistan.	249
Islam-Qaleh.	253
Désert de Kohsan, Afghanistan.	257
Hérat.	263
Hôtel Mowafaq, Hérat.	265
Takht-i-Safar, Hérat.	273
Sanctuaire d'Ansâri, Gâzargâh.	275
Village de Kebarzan.	281
Jardins de Kebarzan.	285
Masdjed-e-Djâme (mosquée du Vendredi), Hérat.	287
Hôtel Mowafaq, Hérat.	291
Checht-e-Sherif.	295
« La Porte du Trône » (Dar-e-Takht).	297
Badgah et Chagcharan.	301
Route du Ghor.	307
Montagnes, Koh-i-Baba.	309
Piste de Band-i-Amir.	313
Vallon de Shebartu.	317
Bâmyân.	321
Shahr-e-Gholghola (la Ville des Murmures).	323
Bâmyân.	327
Falaises de Bâmyân.	331
Vallée du Dragon.	335
Maison des derviches chechtis, Kaboul.	341
Route de Peshawar, Pakistan.	347

Cet ouvrage a été composé et imprimé par

FIRMIN DIDOT
GROUPE CPI
Mesnil-sur-l'Estrée

pour le compte des Éditions Robert Laffont
24, avenue Marceau, 75008 Paris
en mars 2004

Imprimé en France
Dépôt légal : avril 2004
N° d'édition : 44601/01 – N° d'impression : 67451